教师教育精品教材·学前教育专业系列　　i教育·融合创新一体化教材

学前儿童艺术教育

微课版

许卓娅 编著

|第三版|

华东师范大学出版社
上海

图书在版编目(CIP)数据

学前儿童艺术教育/许卓娅编著. —3 版. —上海:华东师范大学出版社,2020
学前教育专业系列教材
ISBN 978-7-5760-0256-0

Ⅰ.①学… Ⅱ.①许… Ⅲ.①学前教育-艺术教育-高等学校-教材 Ⅳ.①G613.5

中国版本图书馆 CIP 数据核字(2020)第 114288 号

学前儿童艺术教育(第三版)

编　著　许卓娅
责任编辑　余思洋
特约审读　李　鑫
责任校对　张　筝　时东明
装帧设计　庄玉侠

出版发行　华东师范大学出版社
社　　址　上海市中山北路3663号　邮编 200062
网　　址　www.ecnupress.com.cn
电　　话　021-60821666　行政传真 021-62572105
客服电话　021-62865537　门市(邮购)电话 021-62869887
地　　址　上海市中山北路3663号华东师范大学校内先锋路口
网　　店　http://hdsdcbs.tmall.com

印 刷 者　上海颛辉印刷厂有限公司
开　　本　787毫米×1092毫米　1/16
印　　张　17
字　　数　389千字
版　　次　2020年11月第3版
印　　次　2024年7月第9次
书　　号　ISBN 978-7-5760-0256-0
定　　价　45.00元

出版人　王　焰

(如发现本版图书有印订质量问题,请寄回本社客服中心调换或电话 021-62865537 联系)

前言
QIAN YAN

我在读研究生的时候,曾经读过一本名为《艺术与视知觉》的书,从此一直期望能够探索所有的、不同领域的艺术,将它们之所以被称为"艺术"的原因寻找出来。那本书在最后说:"相信所有类型的艺术都应该具有共同的创作、欣赏、学习的规律,只是还没有人真正认真研究罢了。"30年来,我一直坚持着对这些规律的研究,并越来越发现:那本书的作者阿恩海姆先生说的是对的。

十年前,许多学前教育和艺术教育领域的同行学者开始讨论和出版专供师范生使用的综合艺术教育教材的问题,但令人遗憾的是,最终没能积累任何相对完善的研究成果。现在感谢华东师范大学出版社,在我们的研究进入相对成熟的阶段之时,给了我们出版的机会,使我们的研究成果可以面向需要它的学习者。

本书共分绪论和上、下两篇。绪论部分主要讨论了艺术教育的宏观理论问题,其中包括艺术教育的性质与地位之争、审美愉悦与幼儿的生命质量提高、循序渐进与幼儿的有效学习、迁移模仿学习与幼儿的创造性表达、身心舒适与幼儿的自律性发展等。这些问题都是直接从这几十年的争论焦点问题中提炼出来的。其中的核心问题是围绕幼儿生活和发展来讨论幼儿园艺术教育的基本价值立场、价值矛盾处理的基本原则。我们知道,价值追求是人的一切行为,当然也包含教育行为的出发点。教育是国之大计、党之大计。培养什么人、怎样培养人、为谁培养人是教育的根本问题。作为学前教育工作者,我们应当培养德智体美劳全面发展的社会主义建设者和接班人,我们只有经过认真思考,认定自己的出发点和最终目标,才不至于一边行走一边困惑自己究竟要到哪里去。

上篇部分主要讨论分领域的艺术教育。其中,第一章讨论幼儿园领域课程中的艺术教学,涉及课程与教学的中观层面的理论问题,其中包括幼儿园集体艺术教学活动的目标设计、结构设计、实施、心理调节和评价等。这些问题也是从30年来反复争论的问题中提炼出来的,更接近实践操作。我们知道,追求价值不能不遵循客观规律,如果我们采取的行动程序和方法违反事物的规律,其后果必将是事倍功半,甚至事与愿违。第二章到第七章讨论微观层面的操作性问题,主要介绍音乐、舞蹈和美术等不同领域教学设计和实施的方法策略,为学习者深入理解各种不同艺术实践的"异同"奠定基础。学习者只有体验和把握不同领域艺术实践的异与同之后，才能更好地综合利用它们来认识世界、认识生活，以及表达自己认识的乐趣。同时，我们力图将各种类型的艺术教育实践同中华优秀传统文化相结合，培养学生的文化自信，加强理想信念教育，传承中华文明，促进学生的全面发展。

下篇部分主要讨论综合的艺术教育。其中第八章讨论综合了艺术教育的中观理论，即领域渗透的相关理论问题。这一章重点讨论了两个问题：一是整体发展观与领域渗透策略；二是心理学理论与领域渗透策略，其中包括了异质同构理论与类比联想策略、迁移理论与经验的网状拓展策略。又进一步讨论了多元智能理论与学习的"扬长补短"策略和思维的精加工与自我知识管理策略。第九章分别介绍从音乐、美术、文学等不同领域切入的集体艺术教学活动。这些成果来自南京师范大学学术团队和南京市多家参与研究的幼儿园所共同承担的国家教育科学研究，即"七五"、"八五"规划十年间研究的积累，这些积累再经过"九五"、"十五"规划第二个十年的验证和发展，初步达到了方便幼儿园教师直接操作的水平。第十章讨论幼儿园集体戏剧教学活动。新中国成立以来，我国的幼儿园课程从未把戏剧教育作为独立的教学实践活动，因此，在第一节"幼儿戏剧教育概述"中，简要地介绍了目前在幼儿园课程中实际存在的戏剧教育形式和内容。"建构性的集体戏剧教学活动"是在新的课程观、教学观和学习观影响下出现的探索性尝试，也是"十一五"、"十二五"、"十三五"规划的又一个十五年的新的探究和拓展。

我们希望，学习者在教师的支持和引导下，独立思考，提出疑问，努力探索和实践。将来要做教师的学习者，如果你们能够认真地对待自己的学习，才能在成为教师以后，能更好地引导你们的学生学习怎样从事艺术实践，学习怎样做人！

本书出版以来，我和我的团队成员又做了一些新的探索，趁此次改版的机会，将新的探索成果奉献与大家分享，希望能够给大家以新的启发。衷心感谢华东师范大学出版社给予的机会和帮助。

许卓娅
于南京师范大学教育科学学院
2023.5

拓展学习资源

以下为本书的拓展学习资源列表。
扫描二维码,观看活动实录,阅读补充学习文章。

(一) 幼儿园艺术教育活动实录

1. 小小魔法师(小班)
2. 妈妈我要亲亲你(小班)
3. 猪小弟变干净了(中班)
4. 蜜蜂斗强哥(中班)
5. 三只小猪(大班)
6. 猜谜歌(大班)
7. 海草舞(大班)
8. 田纳西摇摆(大班)
9. 拔根芦柴花(大班)
10. 小鸡小鸡(上)(大班)
11. 小鸡小鸡(下)(大班)

(二) 学前儿童艺术教育拓展阅读

1. 我国幼儿园综合艺术教育研究发展的20年
2. 我国幼儿园综合艺术教育相关科学研究案例

   案例一 肌肉活动(动作)在感受音乐中的作用
   案例二 情节对记忆舞蹈动作的作用
   案例三 关于图画在理解音乐结构中作用的实验研究
   案例四 案例研究学习——一种新教师在岗培训有效途径的研究
   案例五 "有效教研"的现状及对策研究
   案例六 幼儿园音乐教学目标撰写研究的40年

目录
MU LU

绪 论　艺术教育的相关理论问题 / 1

第一节　艺术教育的性质与地位之争 / 1

第二节　审美愉悦与幼儿的生命质量提高 / 3

第三节　循序渐进与幼儿的有效学习迁移 / 11

第四节　模仿学习与幼儿的创造性表达 / 15

第五节　身心舒适与幼儿的自律性发展 / 19

上篇　分领域的艺术教育

第一章　幼儿园领域课程中的集体艺术教学 / 23

第一节　集体艺术教学活动的目标设计 / 23

第二节　集体艺术教学活动的结构设计 / 26

第三节　集体艺术教学活动的实施 / 32

第四节　集体艺术教学活动中的心理调节 / 38

第五节　集体艺术教学活动的评价 / 51

第二章　集体歌唱活动教学 / 59

第一节　发展幼儿嗓音的艺术表现力 / 59

第二节　歌唱活动的教学内容 / 62

第三节　歌唱活动的材料选择 / 64

第四节　新歌教学导入 / 67
第五节　用有趣的方式与幼儿共享歌唱的快乐 / 78

第三章　集体韵律活动教学 / 83

第一节　发展幼儿动作表演的艺术表现力 / 83
第二节　韵律活动的教学内容 / 86
第三节　韵律活动的材料选择 / 89
第四节　韵律活动教学导入 / 91

第四章　集体打击乐器演奏活动教学 / 97

第一节　发展幼儿乐器演奏的艺术表现力 / 97
第二节　打击乐器演奏活动的教学内容 / 101
第三节　打击乐器演奏活动的材料选择 / 102
第四节　打击乐器演奏整体教学法 / 105
第五节　打击乐器新作品教学导入 / 107

第五章　集体音乐欣赏活动教学 / 110

第一节　发展幼儿欣赏音乐的能力 / 110
第二节　音乐欣赏活动的材料选择 / 111
第三节　音乐欣赏活动的教学导入 / 114
第四节　其他表演艺术欣赏教学 / 116

第六章　创造性集体音乐教学 / 121

第一节　从模仿到创造 / 121
第二节　即兴歌舞的历史脉络 / 124
第三节　创造性集体歌唱教学 / 128
第四节　创造性集体律动和集体舞蹈教学 / 137
第五节　创造性集体奏乐教学 / 145

第七章 集体美术活动教学 / 149

第一节 美术教育与儿童心理发展 / 149
第二节 美术教学活动目标与内容 / 152
第三节 集体绘画教学活动 / 156
第四节 集体手工教学活动 / 161
第五节 集体美术欣赏教学活动 / 168

下篇 综合的艺术教育

第八章 领域渗透的相关理论问题 / 175

第一节 整体发展观与领域渗透策略 / 175
第二节 心理学理论与领域渗透策略 / 179
第三节 多元智能理论与学习的"扬长补短"策略 / 183
第四节 思维的精加工与自我知识管理策略 / 185

第九章 分领域切入的集体艺术教学活动 / 187

第一节 综合艺术教学活动设计概述 / 187
第二节 从音乐切入的集体艺术教学活动 / 192
第三节 从美术切入的集体艺术教学活动 / 197
第四节 从文学切入的集体艺术教学活动 / 217

第十章 集体戏剧教学活动 / 228

第一节 幼儿戏剧教育概述 / 228
第二节 建构性的集体戏剧教学活动 / 236
第三节 教师设计的集体戏剧教学活动 / 254

主要参考文献 / 258
后记 / 260

绪 论　艺术教育的相关理论问题

 学习目标

1. 了解幼儿园艺术教育与幼儿生活的关系。
2. 了解幼儿园艺术教育与幼儿发展的关系。
3. 了解幼儿园艺术教育的基本价值立场和价值矛盾的处理原则。

20世纪50年代,按照德智体美全面发展的思路,艺术教育被划归于审美教育,是为追求发展幼儿的审美能力而设的。20世纪80年代,艺术教育曾经追求过开发右脑、开发智力,后又开始追求开发创造力。20世纪90年代恢复了感性的艺术教育,同时继承和发扬文化传统的艺术教育等不同的艺术教育价值的观点不断被提出。21世纪以来,对幼儿园课程中艺术教育价值的讨论仍在继续,但讨论并没有走向一个非此即彼的统一的"定论",而是逐渐进入视野更广阔的深层次的对话,关注和思考的重心也日益接近幼儿的日常生活和生命体验。

第一节　艺术教育的性质与地位之争

不同观点引发的思想碰撞其实是一种非常珍贵的"动力",正是这些碰撞推动了人类思想的发展。例如:艺术教育就是美育吗？美育就是教人学习怎样审美的教育吗？如果没有人提出这样的问题,而只是给出一个定论——音乐教育就是美育,美育就是教人学习怎样审美的教育。可能许多人就会安然地接受这个定论,而不再思考这个定论是否存在可以质疑的地方或是否能够以此为出发点开拓更宽阔的视野,这对于艺术教育的发展来说,显然是不利的。

可以说,自人类开始思考艺术或艺术教育的本质或价值的问题以来,争论就没有停止过,其中最重要的争论包括:什么是艺术(包括艺术有什么独特价值的争论),艺术本位与非艺术本位的价值,艺术的学科本位与教育本位的价值,艺术教育的社会本位与个人本位的价值,等等。

其实，如果我们能够仔细倾听所有争论中的具体论点，可以说每一种声音都是其他声音的一种补充。那么，作为从事艺术教育的教师，究竟应该怎样不断认清自己的基本立场，同时努力推动各种关于价值的讨论从对立走向对话呢？

假如我们对自己提出"以人为本"的要求，也许可以考虑从这样三个方面来推动这些关于价值的对话：一是个体内部各种价值的"对话"（中国传统哲学的"身心合一"观）——作为个人，应学会关注自身身心健康发展与个人潜在生命价值的实现；二是人类群体内部各种价值的"对话"（中国传统哲学的"人我合一"观）——作为社会成员，应学会关注人际和谐对个体生存以及长远发展的重要性与所有人的潜在生命价值的实现；三是自然内部各种价值的"对话"（中国传统哲学的"天人合一"观）——人作为自然的一份子，应当学会关注所有自然要素的关系和谐，及其对个人、人类群体以及所有自然存在的重要性。

在"以人为本"这一基本认识的前提下，"人为什么要学习艺术"的问题也就变得明朗起来：人类是为了自身的生活和发展而不断创造和发展音乐的；个人是为了更有质量地生活和发展而不断学习音乐，并在音乐创造中不断发展自身的；个人是为了融入"共同生活"而不断学习音乐的，同时在促进音乐创造性发展的过程中，不断增进对自身与环境相互依赖性的理解，并努力达到"天人合一"的境界。

曾经有一些观点认为，现代教育造成儿童分裂性发展的原因在于学科的"分类"和教育的分科，本书以为，关键也许在于：当我们认为"全面发展"等于所有学科或领域的知识技能都获得平行发展或超过最低底线时，可能忘记了人类社会的教育首先应关注的是人要成为大写的"人"，成为自己幸福的源泉、人类幸福的源泉，以及维护自然环境的可持续发展的良性因素。如果我们认可这一点，那么艺术教育的终极目标应该是促进儿童人格的整体和谐发展，即不断帮助儿童建构能使自身内部关系和谐健康的各种经验；不断帮助儿童建构能使人际关系和谐健康的各种经验；不断帮助儿童建构能使人与自然环境关系和谐健康的各种经验。

在上述各种"和谐健康"经验的建构过程中，音乐与其他各种人类语言，如美术、形体、文字与数学等符号体系一样，其创造、应用和发展的实践永远不可能离开群体或个体所面对的追求三种基本健康价值的"真实生活实践"。当我们把音乐看成是建构以上三种和谐健康的人类社会关系实践的行为时，音乐也就不再是小写的"音乐"，即音乐作品；也不再是中写的"音乐"，即音乐作品创作、表演和欣赏的行为；而是大写的"音乐"，即人类群体和个人希望通过音乐不断靠近"天人合一"境界的主观努力。

多元智能理论的创始者、美国哈佛大学的加德纳先生在2004年对中国听众是这样解释他最近几年为什么放弃有关"多元智能"培养的研究而转向"好工作能力"培养的研究的：多元智能本身是没有价值立场的，而教育是不能够没有价值立场的。"好工作能力"包含有创造力地生活的能力和有道德、有社会责任感地生活的能力，即善于吸收并善于积累社会文化营养，能够分辨什么是有助于持续发展的文化营养，并在适合的时机积极地与环境分享建设性的创意的能力，及享受参与共同生活的幸福感和共同成长感的能力。

加德纳先生进一步解释说：如果一个具有很高的人际关系智能或自然观察智能的人道德败坏，那其结果必然是"骗你没商量"或"害你没商量"。其实，爱因斯坦先生早就说过类似的话：如果科学界不能以道德来约束和引导自身的话，人类将会用科学毁灭人类自己。

虽然在讨论艺术实践的"人性"或人的实践的"艺术性"孰重孰轻的时刻,还没有多少人想到拿这些非艺术界学者或伟人的理论来作为论据,但如果艺术教育界人士真正愿意超越已经习惯了的狭隘眼界,开阔的心胸将会给我们带来更敏锐的洞察力。

在初步确立了讨论的基础,即艺术教育首先应该而且必须是"人的教育"这一宏观的基本价值立场之后,我们便可以进入以下几对在当前有着激烈冲突的中微观价值的矛盾中,看看是否可以通过对话的方式来发现这些矛盾中的"共生价值",并尝试找出实现这些共生价值的可能出路。

第二节 审美愉悦与幼儿的生命质量提高

一、艺术实践与生命运动

生活是艺术的源泉,艺术也是生活永葆生机的源泉。艺术因生活而亲切和灵动,生活因为艺术而丰富和精彩。在这种关系里,艺术和生活是对话的、和谐一体的,而对于人和人的艺术实践的终极目的来说,艺术是为了人的发展和人的幸福生活而发展的。

从本质上说,趋向美的运动是生命运动的重要内涵之一。植物在其生命运动中追求花朵和果实的美丽,于是就有了与动物的美丽交往,正因为这种由追求美丽而引发的互动,植物的生命得以代代繁衍延续,其美丽也得以不断进化、升华。动物在其生命运动中不但追求形态和色彩的美丽,还追求"舞姿"的美丽、"爱巢"的美丽和食物的美丽,同样因为这种由追求美丽而引发的运动和互动,动物的生命才得以代代繁衍延续,其美丽也得以不断进化、升华。

在人类和个人的生命运动中,追求美丽也是天性。原始人类因为不满足天生的形态美丽,于是发明了美术,用不断创造出来的各种材料工具"打扮"自己,让自己变得更加美丽。后来,这种"打扮"日益扩展到自己的身体之外,于是人类创造出家的装饰、园的装饰,甚至更大的环境装饰,如山体上的壁画和山洞中的壁画,等等。

除了对外表及外部环境追求"美"以外,人们还用嗓音和身体动作制造出来的美丽形式来求偶、育婴,并相互安慰鼓励。再后来,逐渐形成了恋爱、婚庆、迎接新生儿、丧葬等文明形式,以及其他各种与生产生活有关的"典礼仪式"上的歌舞形式。人们用鲜花或树叶直接装饰自己的身体;用鲜花或树叶的彩色汁液在身体上绘画;用染上色彩的纤维纺织品和刺绣出的花朵和枝叶来装饰自己或周围的环境。再后来,人们发明了美食:不仅能够选择食物天然形色的美丽,而且能够使用工具,以及采用绘画、印染、雕刻、塑造等多种手段将花朵和枝叶的美丽形象幻化到所吃的食物上去。

在我国很多地方,还保存着最朴素的艺术生活形式,这些艺术生活形式仍旧是在并非以艺术为职业的普通人群中发生的自我艺术享用或共享活动。在这些保持了本真生命意念的人群中,母亲或祖母对婴儿哼唱摇篮曲,与婴儿共同享受这一美丽的生命运动过程。农闲的时候,人们编织和刺绣,凑在一起悠然地哼唱兄弟姐妹们共同喜爱的山歌。两鬓染霜的城镇退休职工,在公园、路边跳着扇舞,打着腰鼓,或聚集在一起唱戏、唱歌。天黑了,一对修自行车的老年夫妻相互依偎在马路边,他们脚下的录音机里播放着浪漫的乐曲……

然而,与此相反的现象是,在我们当下的学校艺术教育和社会艺术教育情境中,艺术不再是为了愉快生活而存在的,而是艺术学习活动中的被动重复练习——一般被称为训练(教导、管束、监督)。被动接受训练的外在目的则是考级、拿奖、升学加分,或避免家长、教师对自己不满意。这种现象需要我们严肃反思:原本应该在欣赏或玩味中展开生命美丽的艺术活动,在现代艺术教学的实践中不知不觉地演变成了成人对幼儿的"任意塑造",有时甚至成为成人与幼儿之间强迫与反抗的"战争"。这种艺术实践甚至可以说已经走到了艺术生活的反面,严重地压抑甚至摧残了生命运动中本真的审美价值追求趋向。

当然,有时人们也会因为自我挑战和自我追求而反复练习——这种主动的练习可以称为锻炼——锻炼的内在目的还是自我欣赏或玩味。所以,这些主动自我锻炼的行为从根本上说是增进生活愉悦性的,是本真的艺术审美活动。

总之,当人类学会利用艺术实践手段帮助自身认识生命和生活的价值时,艺术的审美愉悦便与人的生命质量紧密地结合为一体。所以,如果我们希望让艺术和生活的关系和谐一致,不再相互冲突,我们教育工作者应该懂得艺术首先是朴素的参与、自我享用和共享的过程,即娱乐自己,其次才是展示,即娱乐别人。

二、艺术教育与审美体验

审美性原则是艺术教育的核心原则,即艺术教育的实践活动必须具有能使参与者获得审美愉悦的特质。审美愉悦实际上包含两个层次:表层是指欣赏主体以自己的方式感受到审美对象时所产生的一种审美愉悦;深层是指欣赏主体在欣赏过程中达到自由和谐状态时所产生的一种审美愉悦。因此,幼儿艺术教育也应该顺应审美实践的这种特殊性,寓艺术实践活动于审美享受之中,强调在幼儿获得精神满足和愉悦的前提下不断发展其完整的人格,同时不断提高其审美敏感性和审美情趣。幼儿在艺术活动中所表现出来的对美的天然趋向性,本身就是一种人的成长性需要的表现。幼儿在艺术活动中追求的不是任何外在的功利性,而是活动过程本身所带来的满足。这种满足指向人的固有本性的不断自我实现,指向人的内心世界的不断统一、整合,以及趋向和谐的运动。

一位山西寄宿制幼儿园的幼儿家长问孩子所在班级的班主任老师:孩子回家唱晋剧唱得"摇头晃脑"的,是否最近班上在教孩子学唱晋剧。班主任老师很奇怪,因为自己并不会唱晋剧。后经了解,夜班保育员老师是一个晋剧迷。

2006年在深圳召开的全国第五届幼儿园音乐教育观摩研讨会上,两位老师用非常朴素的教态自然地向小班幼儿介绍两首传统的广东童谣。在洗澡歌《洗白白》轻松愉快的歌声中,老师洗孩子——孩子洗自己——孩子洗同伴;在摇篮曲《月光光》轻柔的歌声中,老师哄娃娃,孩子哄娃娃,老师哄孩子,孩子互相哄。最后,大家逐渐进入安详的状态……整个活动没有任何华丽的布置或辞藻,只有朴素的爱,只有温馨,只有幸福的感动。

从上述实例中,我们可以看到:幼儿的艺术审美活动其实是幼儿最为源初、最为本真的生命成长活动,这些例子原本在我们生活中是再普通不过的现实状况,为什么如今在人们眼里变得"珍贵"了呢？这是因为，在人类漫长的追求美丽的过程中，现代艺术教育有些忘记了艺术活动和人的生命活动"谁是目标，谁是手段"，不知不觉地走到了艺术大于生命，甚至艺术可以随便践踏生命的地步。这种盲目或执迷，实际上不仅是生命的大敌，而且也是艺术的大敌。当生命不再，生命的审美追求不再，艺术还有可能存在和发展吗？

因此，在这里必须强调：艺术教育的审美吸引和审美感动是贯穿艺术教育过程始终的性质。为了能够在幼儿园的艺术教学中实现这一理想，教师需要注意以下几点。

（一）让幼儿在艺术活动中得到审美愉悦

审美愉悦作为一种情感，不但在审美活动中起着亲和作用，而且是整个审美心理要素发挥作用的基础。它使得审美活动区别于其他活动，获得了自己的规定性，而且能够滋养积极的生命运动趋向，是艺术审美教学追求的终极目标。因此，幼儿园中的集体艺术教学设计应当力求让幼儿在艺术活动过程中得到审美愉悦。具体的策略可以包括以下几点：

其一，以艺术活动的内容吸引幼儿。这样的内容应该是符合幼儿需要和兴趣的，是来自幼儿的生活经验的。

其二，用游戏的形式来进行艺术活动，使艺术活动充满生机和趣味。角色扮演、猜谜语、讲故事等形式，可以运用在艺术教育活动的各个环节中。实践表明，幼儿在这样的活动中兴致盎然，能够体验到审美愉悦。

其三，物质媒介也起着十分重要的作用。因此，提供多样化的工具和材料，可以刺激幼儿从事艺术活动的积极性。不同色彩、形状、质地的材料具有不同的表现力，蕴含不同的情感特质，能让幼儿体验到艺术的灵活和丰富。逐渐地，他们能根据自己的体验有目的地选择适合的材料和工具。丰富多样的材料和工具还能使幼儿产生新颖的构思、丰富的联想，这样幼儿就能在对工具和材料的选择和操作中产生审美愉悦，从而更加积极、快乐地沉浸于艺术活动之中。

（二）为幼儿创设充满情感色彩的审美环境

前面已经反复强调，艺术审美活动本身来自生活又归于生活。因此，幼儿的艺术审美实践不应该仅仅局限于集体艺术教学活动，还必须为幼儿创设充满情感色彩的审美环境。审美环境的创设应包括以下几个方面：

一是富有审美情感色彩的日常生活、学习环境。就幼儿园的活动教室而言，除了保证活动空间足够、合乎安全原则及满足其需要以外，还应当注意室内环境的装饰与布置——色彩力求淡雅，形象造型可爱，内容富有情趣，符合幼儿的审美趣味。教师可以展示各种有情感色彩的美术作品，可以是经典名画，也可以是儿童画，或是雕塑、建筑等各种工艺品。此外，教师还需要为幼儿提供用于歌舞、演奏和戏剧表演的场所、材料和设备。

二是结合具体的艺术活动，创设与之相适应的审美环境。例如，让幼儿学画太阳时，教师可以带领他们在不同的时间欣赏太阳的美景：早晨红彤彤的朝霞，中午银光闪闪的太阳和白花花的天空，傍晚金灿灿的晚霞。皮亚杰认为，儿童看到、听到的东西越多，就越想多看多听。通过这种审美情境的体验，能够激发幼儿情绪上的兴奋，对美好的事物敏锐的感知，发现美的特征的能力,从而激起他们审美欣赏的兴趣和进行音乐、舞蹈、戏剧以及视觉艺术创作表演的动机。

此外,教师还可以在活动室里播放一些优美悦耳的轻音乐作为背景音乐。这样既可以陶冶幼儿的情操,又能够安抚幼儿情绪。研究表明,让幼儿置身于审美环境之中,不但有助于他们审美能力的提高,而且有助于其艺术创造性的发挥。

(三) 提升幼儿感知觉的敏锐性

教育机构中的艺术教学活动在性质上不能完全等同于生活中的艺术享受和分享活动。教育的本质是在特定教学情境中,有组织有计划地促进受教育者更好地发展,而这一定义又有了新的发展:有组织有计划地帮助受教育者健康幸福地发展。不管怎么说,在幼儿园的艺术教学过程中,教师仍旧承担着引导和支持幼儿艺术学习的责任。

许多研究发现,感知觉的敏锐性有助于幼儿美感的提升。艺术中的审美感知不同于科学活动中的感知,科学活动中感知的目的在于观察客观事实,形成科学概念,强调的是"真",而审美感知是对事物由各个不同特征要素组成的完整形象的整体把握,是一种区别于日常感知的、能够揭示事物的表现性(或审美属性)的特殊的感知。

因此,就艺术教育来说,教师在引导幼儿进行审美感知时,首先要引导幼儿注意对象的形的特点、色的特点、声的特点和运动变化的特点等事物所具有的审美特征。例如:对柳树和松树的欣赏感知,教师应该引导幼儿观察柳树与松树的树冠形状的不同、树叶的形状与颜色的差异、肌理的变化;微风吹来时,通过柳树与松树不同的动态,感受柳树的婀娜多姿、松树的伟岸挺拔等情感象征。

其次,要注意有距离的感知,即其内容要有别于科学感知中那种追究事物的属性、用途等科学概念的做法,而把注意力集中在以下方面:一是事物的声音、形状、色彩、空间等形式因素,及其所表现的对称、均衡、节奏、多样统一等形式美的模式上;二是事物的主题、情节、形象等内容因素,以及这些形式和内容所表现出的情感因素上。例如,对下雨天的感知,要求幼儿看一看:下雨的时候,天空是灰白的,雨从天空落下来时大雨、小雨的线条不同;风儿一吹,雨线飘动的样子以及雨中人们的行为、装束、神态,等等。听一听:大雨的"哗啦哗啦"声和小雨的"淅沥淅沥"声,等等。

再次,要注意语言的运用。教师引导幼儿进行审美感知时的语言大致可以分为两种类型:一类是启发性语言。这类语言的作用主要在于帮助幼儿开阔思路,启迪智慧。教师可以用"怎么样"、"为什么"一类开放性的语言向幼儿提问,而不用"……,是不是"一类封闭性问题提问,因为这类问题很容易造成幼儿思维的惰性。另一类是艺术性语言。这类语言的形式多样,可以是一些形容词,也可以是谜语、儿歌、诗歌、童话等形式,其作用在于通过对对象形的特点、色的特点和运动变化的特点的描述,帮助幼儿把眼前的外在形象进一步加工成完整的、鲜明的、深刻的听觉表象、视觉表象和运动觉表象。同时,可调动幼儿的审美积极性,使他们主动地进行心理操作。例如,"火辣辣"的太阳与"暖洋洋"的太阳的描述,可以帮助幼儿体验夏天的太阳与冬天的太阳有所不同,从而思考用什么样的形式来表现这种差异。又如,引导幼儿观察大白鹅时,教师可以为幼儿朗诵一首骆宾王的《鹅》:"鹅,鹅,鹅,曲项向天歌。白毛浮绿水,红掌拨清波。"然后再通过引导幼儿欣赏专业画家、舞蹈家的作品和自己的绘画、舞蹈创作,使他们进一步体验和表达这种诗画的意境。

三、审美愉悦与成长快乐

对于个体来说,最有价值、最永恒的快乐应该是"成长快乐",即意识到自身生命价值不断实现的快乐。提出这个问题的背景是:在具体的操作层面,现在的年轻教师习惯说"只要快乐就好"。可是,我们经常看到的一些看起来似乎很快乐的场面,往往是孩子们到处乱跑、尖叫或大笑,故意推搡他人或故意跌倒,许多人一起躲藏在某个隐蔽物的后面,引诱教师来追捕或找寻……

这样的场面,过去的教师会认为:教学秩序太乱,班级常规不好,孩子的学习习惯不好,或公共生活规则意识不强,会影响学习的有效性和公共生活的安全性,应该尽可能避免或纠正。而现在,相当多的教师会认为:孩子欢笑表示他们高兴,他们高兴表示我们满足了他们的需要,满足儿童需要的教育就是好的教育……

人本主义心理学家马斯洛认为:生理需要、安全需要、归属和爱的需要、尊重的需要这四方面较低级的需要属于缺失性需要,而认知、审美等需要则属于比较高级的成长性需要。在前面六种需要基本得到满足以后,自我实现的需要能够进一步促使人成为自己需要的主宰者。自我会因此种努力而变得越来越统一,越来越意识到自己实际是怎样的人,实际向往什么,自己的需求、使命或命运是什么。从上述观点中,我们可以得到的启示是:人的需要实际上是有不同层次的,因不同需要的满足而产生的快乐也是有不同层次的,请看下面的事例。

事例一:有一次,在七八个大班男孩身上发生了失控情况。当更换教师重新教学,让孩子体验到创造性表现的成功快乐之后,其中一个男孩对前面的失控行为解释说:"刚才我们不知道怎么做!"可见,幼儿还是希望成功和成长的,因为不知所措才"自我失控"。

事例二:有一次,某位教师的电脑出现故障,该教师告诉全班幼儿可以在等待的时间中自由交谈,结果出现"失控"现象。这时,一个在场观摩的教师提出问题:为什么有人说在外旅游时,高声说话不文明?在一片"太吵啦"的回应声后,快乐并未消失,交谈仍在继续,但嘈杂声变成了低声细语。这可以视为一种幼儿感受和获得的有控制的快乐和因为能够控制而产生的快乐。

由此可见,帮助孩子们获得成长快乐,才是教学设计和实施应该追求的目标。如果我们能够随时帮助孩子们更多地获得成长快乐,那么成长和快乐的价值就会完全地和谐一致起来。那么,怎样才能有效地帮助孩子们获得成长快乐呢?

对此,南京市一个幼儿园的教师团队提出了"价值第一,情境第二,策略第三"的教学设计实施基本决策原则。一位新教师在一次歌曲的新授活动中,设计了"为歌词创编动作"的程序,其目的之一是帮助幼儿理解和记忆歌词,二是为幼儿提供创造性自我表达的机会,三是激发幼儿参与歌唱的积极性(价值)。在甲班第一次开展教学的过程中,创编表现"马"(情境)的动作时,有一个幼儿趴在地上爬动,引起许多幼儿模仿,有人因此被踩了手,碰到了眼睛。于是,该教师在乙班第二次开展教学的过程中,将关于"马"的一句创编程序调整为强调用手表现(策略),并在幼儿没有反应(情境)的情况下,自己用手做了创编的示范(策略)。在事后的教研活动中,有人对这位教师的做法提出了异议。在该幼儿园教研活动主持团队的坚持下,该教师获得了一个反驳的机会。她说:"我预料到有人会对此有异议,但对于我这样一个新教师(情境)来说,幼儿的舒适和安全(价值)更重要,况且歌词中一共有八个形象,七个都给幼儿创编了,一个由教师来创编,并不会对幼儿的创造意识和能力的发展产生不好的影响(价值)。"随后,主持人当场在与会的教师中做了调查:在工作1年到22年的21位教师中,仅有3位工龄10年以上的骨干教师(情境)称自己有信心在放手让幼儿创编"马"的动作时有效地避免(策略)失控的局面。

从上述案例中我们不难看出,帮助孩子们获得成长快乐,除了需要教师自身能够认识到成长快乐究竟是一种怎样的快乐以外,还需要教师团队不断研究和积累解决各种一般或特殊教育教学问题的具体策略。而这些策略的选择,必须是以帮助幼儿获得成长快乐为核心目标且包含对教师内在客观条件的考虑的。

四、感性、理性思维与审美

人类把握世界的方式有理性的和感性的两种。前者是一种逻辑思维的方法,它主要包括归纳和演绎、分析和综合、比较和分类、从抽象到具体、历史的和逻辑的统一等方法,其特点是"逻辑的、有序的、有步骤的"。后者是一种非逻辑思维的方法,它主要包括想象、幻想、直觉、灵感、猜测等方法,其特点是"非逻辑的、无固定秩序和固定操作步骤的"。

幼儿在艺术活动中所表现的,主要是对世界的感性的把握。这种把握世界的感性方式表现出思维的直觉性、具象符号性和情感性的特点。

例如:在一次绘画活动中,一个幼儿在画刷牙的情景时,把刷牙人的嘴和牙齿画得硕大无比,而把脸上的其他部位画得小小的。又如:一个幼儿在画春天来时,把燕子画得大大的,占据大部分的画面,而其他诸如房子、树、人乃至山都画得小小的,居于画面一角。也许,在幼儿的感觉中,刷牙就意味着嘴巴要张得大大的,并要把牙齿展现出来;而春天来临时,燕子要从南方飞来,这就是春天的表现。以上就是他们认识事物时的直觉印象,他们所表现出来的,就是一种感性地把握世界的方式。在幼儿的眼睛里,事物都是具体的、生动的、有趣的,充满了生命力的,因而幼儿的艺术表达充满了热情与魅力。

再如:有个6岁幼儿在游戏时无意中听到电视中播放的二胡曲《阳关三叠》时,自言自语地说:"这个是说古时候的人在受苦。"而电视画面中,女性演奏者衣着华丽,表演所在场所亮丽堂皇。一个6岁的男孩聆听了教师提供的男低音独唱曲《伏尔加船夫曲》后,画了一个肃穆的送葬场面,他解释说:"这是一个伟大的人去世了!"而另一个男孩则画了一头狗熊被困在深坑里,并解释说:"它出不来,在哼哼叫,难听极了!"第三个男孩则画了一群人在为一艘船拉纤,他解释说:"我知道,这是《伏尔加船夫曲》,我爸爸会唱,我也会。我喜欢这首歌。"第四个男孩画了一行黑色的五线谱(其他性质的音乐画了其他色彩的五线谱),他解释说:"就是这种颜色的音乐,黑黑的!"而第五个幼儿干脆画了一个男性成人在对着话筒唱歌,并解释说:"就是男的在唱歌。"这些例子说明,6岁的幼儿在音乐审美实践活动中,虽然仍旧是以感性直觉为主要特点,但其多元倾向日益显现出来。

总体来说,幼儿,特别是小年龄的幼儿,对艺术作品中心意义的把握主要还是通过直觉来实现的。这恐怕是因为幼儿先天的深层心理结构中的情感模式,使得他们在面对艺术作品外在的形式结构时,往往对欣赏对象不加过多的分析和综合,而是凭借第一印象,直接以清新、强烈、活跃的感觉来判断欣赏对象是美的还是丑的。尽管如此,我们也可以清晰地看到:孩子们天生就是不同的,而且随着年龄的增长和不同的社会生活经验的积累,他们审美感知、体验、创造的特点会越来越多元化、个性化。

当然,感性与理性实际上是一对孪生的概念。对于感性,有一种理解是:感性就是更注重感官的感觉,更重视接受感觉刺激以后的生理反应或基于生理反应的情绪体验,甚至基于情绪反应被提升后的情感体验。另一种理解则是:感性就是"不想",最起码是"没有刻意地去想"。

我们认真地想一想:关于感性和理性的对立,主要是我们抽空了上述"链条"的中间部分,直接将其两端的感觉和思考相互对应而造成的。首先,人类和个人的"思考"从其根本的意义上来说,绝对不可能完全脱离感觉提供的经验基础。其次,当个人意识到自己的感官刺激、生理感觉、情绪波动,甚至情感体验的具体性质或意义时,其实就是在"想"了。再如当个人因为音乐的启发而不自觉地进入对过去直观具体经验的想象、联想时,其实也就是在"想"了。当个人刻意地通过比较发现类似之处,进而通过类比(比喻)获得对音乐的性质或意义的认识时,一般人会毫无异议地同意这是在"想";但是,当一个人通过直觉直接意识到音乐的性质或意义时,那是不是"想"出来的呢?其实,直觉实际上也是一种思考,只不过在直觉的水平上思考的过程被极大地压缩了,以至于被认为似乎是没有思考过程的。另外,即便是"想",也有着自身的层次链条,如具象(形象思维)的思考、抽象的思考、独立的思考、批判性的思考、创造性的思考以及反思性的思考,等等。

当然,作为幼儿的艺术活动,更多地"想"和"讲",特别是使用抽象概念"想"和"讲",显然是偏颇的;但完全避免使用抽象概念来"想"和"讲",显然也是偏颇的。比如,通过身体运动和造型来感受和表现音乐,是一种常见的集体音乐活动形式。目前教师一般采取放任自流的方式,让幼儿自己随便做;也有教师会鼓励幼儿"尽量做和别人不一样的动作",但结果是,幼儿的行为反应长期原地踏步,学习和参与活动的积极性不能有效提高。

2005年和2006年,在深圳召开的全国幼儿音乐教育改革观摩研讨会上,我们看到了深圳的教师所做的随乐身体运动和造型。除了看到他们利用熟悉的生活经验进行的创造性想象以外,还看到他们早年在体育、舞蹈专业学习中所积累的空间概念的理性沉淀,如身体的各个部位,身体的"高、低"空间水平,各种体态的空间对称,人体与人体间的穿插、缠绕、叠加、倒置、悬空等复杂关系。当我们在教师培训活动中利用了这些概念以及它们的具体化表现形式后,教师的表现水平立刻得到了明显的提高。同时,由于教师利用这些概念帮助幼儿拓展了身体表现的丰富性,提高了幼儿身体表现的独创性,幼儿参与表现的积极性和创造性表现的水平也明显得到提高。因此,只要教师以理性提升的教学策略使用得当,对幼儿的艺术学习就能起到"点石成金"的作用。

一个活动之所以能够起到"点石成金"的作用,可以说是顺应了以审美感动为基础、以认知挑战为动力、以人际互动为支架、以自我建构为核心的音乐教学设计实施的基本决策原则。当然,需要特别指出的是:幼儿艺术教学过程中的理性提升需要谨慎,千万不能过度。

毕竟理性认识是手段,其最终目的还是让幼儿通过审美感动达到生命质量的提升。现在,有一些幼儿园使用专业艺术院校的某些训练方式,将艺术形象切割成"零件",一个元素一个元素地教幼儿认识和练习,这种思路是错误和危险的。

五、艺术审美活动的实践性与游戏性

艺术审美活动是一种具有高度实践性和高度游戏性的人类社会活动。实践性在这里特指幼儿的参与性;游戏性在这里特指活动的非正规性、自我掌控性和趣味性。为什么要强调幼儿艺术教学的这两个方面呢?因为在我国幼儿园艺术教学实践中,存在认识上和操作上的问题,这些问题使幼儿艺术审美活动的实践性与游戏性受到了很大的影响。

受欣赏活动和创作活动存在严格界定的影响,目前多数教师认为,欣赏仅仅是"由外向内"的输入性活动,最多就是将观察输入的信息在头脑中加工以后,再说出来交流交流而已,而只有创作才是"由内向外"的输出性活动。于是,幼儿园的艺术活动被严格地区分为欣赏活动和创作活动,两种活动之间似乎不存在相互渗透的必要和可能。

在对艺术活动和游戏活动关系的看法上,实际上教师犯了同样的认识和操作上的错误。教师错误地以为,艺术活动是一种学习活动,而学习活动必须严肃认真对待,必须达成既定的学习目标;游戏活动则仅仅是一种玩耍的活动,可以随心所欲,"只要高兴就好"。这种错误观点使得在许多幼儿园中,至今仍旧存在美术教学、美术游戏,以及音乐教学、音乐游戏的分类方式,大家都不认为两种活动方式之间存在相互渗透的必要和可能。

实际上,在人类早期,人们并不认为有将这些活动进行分类的必要。对于幼儿来说,他们与我们的祖先一样,同样不认为有作这样严格区分的必要。所以,合理的处理方式是:更多着眼于让幼儿直接"卷入"富有审美吸引、审美挑战、审美感动的过程;在更关注幼儿实际需要的立场上,给予他们选择活动方式的权利;调动各种手段帮助幼儿体验到活动本身的趣味性。不是囿于活动应该属于什么类型,而是关注活动能够为幼儿提供哪些快乐。这样,游戏性和教学性就可以自然地相互渗透,输入性和输出性也可以互相支持。用专业学者的话来说,即艺术活动本身就是一种人类游戏活动,所有艺术实践的本质都是一种欣赏艺术美的活动。用现在一般教师的话来说,即艺术教学游戏化,艺术游戏教育化;欣赏活动表现化,表现活动欣赏化。

在幼儿园艺术教学中,教师需要引导幼儿积极参与艺术操作实践,在参与中发展其艺术能力和兴趣。此外,贯彻艺术审美活动的实践性与游戏性原则还需要注意以下两点。

(一)引导幼儿运用多种感官通道进行艺术活动

与成人相比,幼儿的感官发育还没有完全成熟,他们常常用多种感官的协调来帮助自己进行审美知觉。加德纳认为,六岁幼儿能够把色彩与声音联系起来的机制,或者能创作出一点诗句,建立起精细的、令人愉快的结构的机制,并不是经训导所得来的。它是一种神秘的能力,这种能力使某些幼儿能直接感受数学原则,直接感受棋类规则,或直接感受视觉现象。而且,这种能力的存在是不能否认的。我们也经常看到幼儿手舞足蹈,呜哇有声地借助于动作、语言、表情等来表达自己对审美对象的感受,或者在画画的时候背诵诗歌、唱歌,又或者

自言自语地讲故事。这些都说明幼儿有着较强的通感能力,他们的审美知觉集中了语言交流与非语言交流,表现出多通道性。这种多通道性是多方面的,既有表情、身体动作与语言的结合,又有不同感觉之间的联合。所以,幼儿园的艺术教育应当让幼儿多通道地参与,"看看、想想、说说、画画、玩玩"不失为一种成功的做法。不同活动类型交替变化的组织方式,有助于幼儿注意力的持续和兴趣的保持。

(二) 避免单纯的技能技巧训练和思想内容说教

幼儿的艺术活动是一种手、眼、脑并用的活动。它需要幼儿用多种感官感知审美对象,用脑想象、理解、加工审美意象,用语言表述自己的审美感受,用手对工具和材料进行操作并表现自己的思想情感。这一过程包括心理操作和实际操作两个方面。单纯的技能技巧训练和思想内容说教,只涉及上述两方面的一部分,因而是不全面的教育。例如简笔画的学习,简笔画简明扼要地描绘了某些事物的结构和特征,这是无可厚非的,问题是幼儿在学习简笔画的过程中,如果学到的是别人已经"嚼过"的东西,就失去了独立的视觉思考的机会。他们要做的仅仅是用自己的手将别人构思的东西画出来,这虽然提供了技能锻炼的机会,但缺少幼儿自己的思想和情感的表达。至于单纯的思想说教,更是与实践性原则背道而驰的。因而,幼儿的艺术教学应当使身体与大脑、情感与想象思维的运用协调一致,使幼儿能够通过审美意愿的引导和审美体验的鼓舞主动追求全面和谐的发展。

第三节 循序渐进与幼儿的有效学习迁移

一、循序渐进

循序渐进曾经是社会机构集体教学的重要原则之一,但是,在 20 世纪末 21 世纪初的 10 年时间里,这个原则遭到怀疑和淡忘。其原因之一,是对学科教育弊端的批评以及对学科教学系统科学性的质疑。其实,这些批评和质疑的产生,是出于教育改进的需要。但是,在教育改革进程中,由于没有厘清问题内部的各种关系,因而产生一些从观念到实践的新问题,具体表现在艺术教学放弃了标准,任由幼儿随意行动。最终的结果是:幼儿因为不能得到教师提供的更高发展标准的引导,失去了主动学习和自我发展的动力;同时,幼儿因为体验不到发展的乐趣而失去了参与艺术学习活动的积极性。

例如:在一次听音乐自由选择表达方式的中班集体活动中,大多数幼儿选择了手工和绘画活动,只有两个幼儿选择了跳舞。交流的时候,一个幼儿努力想与另一个幼儿进行目光交流,并做出用不同舞姿与其配合的表现,而另一个幼儿却只是自顾自地舞蹈,使舞伴的努力陷入了尴尬。表演结束后,教师一如既往地要求全班鼓掌,并引导大家做"公式"化的评价:"他们表演得棒不棒?"幼儿回答:"棒!"

其实,那个企图与同伴进行目光、体态交流的幼儿,在应用舞蹈(运动能力——健康领域),以及与同伴进行协调的态度和能力(社会领域)发展方面,水平是比较高的。自顾自地舞蹈的那个幼儿,能够按照兴趣表现身体的动作起伏,在应用舞蹈与音乐进行协调的态度和能力发展方面,水平也是比较高的。如果教师指出他们的独到之处,鼓励全班向他们学习,便可能使全班幼儿在这两方面的发展水平自然地推向一个新的高度,也可能让他俩体验新的、更高级的审美体验和成长体验。可惜,教师错过了这个机会。该教师后来在谈到为什么会错过这个机会时说:"我只知道,他们跳舞的时候都是按节奏跳的。我心里其实也只有这一个标准。"

再如:某天午餐后,一个小班教师带领全班幼儿在活动室中练习跟随音乐踏脚。音乐的曲调中充满了连续16分音符的节奏,教师却要求幼儿用脚将包含了众多16分音符的全部节奏都表现出来。多次尝试后,幼儿仍旧不能达到要求,教师便开始责怪幼儿。当这位教师被问及为什么要做这个活动时,该教师惊异地回答道:"这个是我们综合课程小班教材上规定要教的。"

过去,所有的学科发展和教学的标准是渗透在学科教学的教科书和课程体系中的,教师只要遵照执行,便可以达成循序渐进的发展促进效果。过去的学科教学中存在的问题是:教师只能机械地要求全体幼儿一致地进步,这样挫伤了学习速率与多数幼儿不同的那部分幼儿的积极性。此外,过去教师在领域教学过程中兼顾其他领域的知识技能在艺术领域学习中的灵活应用,所以出现了"一刀切"和"割裂"的问题。

从以上例子中,我们不难看出:落实循序渐进的原则,是为了让幼儿愉快地学习和愉快地成长。领域学习的标准体系与内容体系自身循序渐进的合理性和两个体系之间匹配的合理性,以及其他相关领域标准与内容匹配的合理性,直接决定了幼儿艺术学习的有效性。关键的问题是,教师能否了解和掌握其中的细节,并循序渐进地引导幼儿在他们原有的基础上不断进步。

二、有效迁移

"为迁移而教"是教学心理最核心的口号。其意义除了"温故而知新"之外,更深层的价值还有"学以致用"。"有效迁移"与"循序渐进"之间存在着密切的关系。有效迁移即指能够将原有经验应用于新的学习情境或新的真实生活情境,并能够解决自己需要解决的问题。循序渐进即指后面的学习情境和其中需要解决的问题正好安排在有前面的学习经验可供应用的前提之下。简单地说,循序渐进是指"条件",有效迁移是指"效果"。以下范例是迁移学习的典型例子。

> **范例绪-1**
>
> ### "踮步"系列教学分析
>
> 在"主力腿保持"的下肢运动体系中学习和迁移拓展"踮步"。幼儿平时走路时,重心是在左右两腿之间交替轮换的。学习踮步时,幼儿动作认知的关键是:重心主要保持在一条腿(称主力腿)上,另一条腿(称动力腿)专门负责移动。幼儿对动作与音乐关

系认知的关键是:动力腿在强拍上向下踏。在学习的初级阶段,师生均可先取坐姿,教师示范时可先脱去一只鞋,帮助幼儿了解:只有一条腿踏动。教师自己唱音乐,暗示指出:动力腿的踏动与音乐的强拍有关(最后真正跶动起来时,重心还是有短暂时间落在动力腿上的)。

"进退步"通常是在"跶步"之后学习的,与"跶步"相同的是:主、动力腿的重心关系、动力腿与音乐强拍的关系;不同的是:"跶步"的动力腿一般是原地跶动,而"进退步"的动力腿则是按一前一后的顺序跶动。

"退踏步"一般安排在"进退步"之后。"退踏步"与"进退步"相同的是:踏动也是有进有退的;不同的是:"退踏步"按一后一前的顺序跶动。而且,"退踏步"前进时强调要重重踏地发出响声。

蒙古族舞蹈"踏步扬巾"动作的脚步(即"扬巾步")也有类似的"进退"模式,所不同的是:前三种动作中的动力腿都是在体侧原地或前后沿"垂直"线移动的,而这种动作中的动力腿则是身体以及动力腿沿"横着"的水平直线左右移动的。与"退踏步"相同的是:"扬巾步"也有重重踏地的要求;不同的是:在后退时而不是在前进时重踏。另外,表现军队生活题材的舞蹈中也有这种舞步,其独特之处在于,除了横着左右移动以外,它将身体压得很低,好像在模仿"匍匐前进"的动作。

进一步将"进退步"基础上学习"退踏步"的教学设计具体化,如在幼儿学会"进退步"跳维吾尔族舞蹈的基础上,先请幼儿自由地表演(复习)维吾尔族舞蹈,再提取其中的"进退步",让幼儿描述其特点;教师再表演藏族舞蹈,提取其中的"退踏步",让幼儿表述其与"进退步"的相同与不同之处。幼儿自由地尝试和练习,最后与教师一起用"退踏步"来感受藏族音乐舞蹈之美,同时使新学会的舞蹈步伐逐步熟练化。

这样,新学习不但自然地迁移使用了先前已经习得的知识技能,同时迁移应用了观察比较的学习方法,还强化了与大家一起享受共舞快乐的经验。这就是一种有效的迁移学习。

三、主动学习

当"为迁移而学"变成学习心理的核心口号时,教师教学便进一步关注如何将"教"转化为引导和鼓励幼儿学习,帮助幼儿在不断体验"学以致用"的快乐后,逐步形成"为迁移而学"的主动学习态度和能力。最近的研究告诉我们,教师必须意识到:将原来由自己掌控的学习目标、任务、标准交还给幼儿,让幼儿在学习实践中有机会不断形成学习的自我责任意识。这个意识其实就是:不是要我学,而是我要学。

因此,教师应该注意从设立目标就开始关注:如果是自己或个别幼儿的学习提议,就要设法激励全体或多数幼儿认可——就是将教师的目标转化为幼儿的目标。当目标明确后,怎样实现目标的具体任务以及完成任务的步骤方法,往往也需要鼓励幼儿参与发表意见;达到怎样的具体标准才能令人满意,教师也应该征求幼儿的意见。只有这样,将"学习目标、任务、标准交还幼儿"的愿望才能得以实现,幼儿成为学习主人的理想也才能够逐步得以实现。

如某大班教师组织幼儿学习创编和表演一个新的"歌曲表演",当幼儿将集体创编的表演动作练习几次以后,教师询问幼儿:"下面一次我不做了,你们自己独立表演怎么样?"这时,幼儿七嘴八舌,意见不一。于是,教师就说:"对不起!(向幼儿承认自己主观决定是不合适的)我这一次还是和你们一起做,能够独立做的小朋友背过身体去自己做。需要继续看我的,原地不动。弄不清楚自己到底能不能全部记住的,可以在需要看的时候再看。"

再如,一个大班教师在组织幼儿学习一个新集体舞的复杂队形时,先请一个幼儿志愿者和自己一起探索,然后逐步鼓励在下面观看的幼儿:"谁认为自己看懂了,愿意上来和我们一起试试,可以上来;谁认为自己还需要再看看的,可以多看几遍。"

又如,一次中班的手工活动中,一个女孩一直在讲与创作活动无关的话,干扰着她两旁的孩子(忘记了活动目标)。教师走过去,轻轻地问她:"你知道现在我们要做什么事情吗?"女孩子开始愉快地与教师谈论起她的造型设想(想起了目标并开始进入自己选定的任务——设计)。这时,教师注意到在她右手边的男孩一直用手在泥工板上划来划去,眼睛里一片茫然(该幼儿在几种不同活动领域中表现出缺乏目标意识——经常不知道自己该做什么),就走过去用最短的语句和他对话。

师:今天大家在做什么呢?
幼:面。
师:拿面做什么呢?
幼:不知道。
师:你看他在干什么呢?
幼:搓面条。
师:你也搓一根面条好吗?
幼:好!
师:他把面条圈成了一个饼,你愿意也圈一个吗?
幼:好!
师:你觉得这个饼像什么呢?
幼:不知道。
幼:像个火车轮子,我想做火车。(对面的一个男孩说)
师:你愿意做火车吗?
幼:不,汽车。
师:好,汽车也很好!
幼:不会做。
师:汽车有几个轮子?
幼:两个。(从一面只能看见两个)
师:好,那就再做一个轮子。

……

最后汽车终于做好了，那个男孩的脸上一片灿烂笑容！教师回过头对客人解释说："他是插班生，刚转过来，对整个学习环境、交往活动等都处于适应阶段，且他在目标、任务和标准的理解方面总是比别人困难一些，所以要帮他一把。"

还如，某中班随乐律动的游戏是小老鼠边走路边东看西看，教师开始时用比较慢的速度播放音乐，幼儿表演得比较好，对自己的表演也表示满意。后来，教师尝试改用比较快的速度，询问幼儿怎么样，幼儿都表示不满意。教师接着询问对哪里不满意，为什么。幼儿认为音乐太快了。教师接着追问："那你们要怎么样？"幼儿说："你把音乐弄慢一点就好了。"从这段对话中，我们可以看出：这个班级的幼儿已经很习惯以主人翁的心态来和教师探讨学习的问题了。

所以，我们说要把学习的主动权还给幼儿，做起来并不那么简单，必须一点一点地帮助幼儿把握能力的发展，否则即便说"还"了，但幼儿"拿不住"，等于没有"还"。

第四节　模仿学习与幼儿的创造性表达

一、艺术教学中的模仿与创造

（一）模仿是一种"自我超越"的实践活动

模仿首先是自身的创新，创新往往是模仿的动力。模仿经常是创新的基础，创新必然是模仿的超越。在这种关系里，模仿和创新原本就是对话的、和谐一体的。曾于 2005、2006 年两次应邀来中国交流的日本学前儿童工作者古市久子女士说："模仿是幼小儿童的天性。"持这样观点的专业学者和非专业人士在我国并不在少数。我们可以这样说：幼儿喜欢模仿，因为他们通过模仿能够体验到自己超越了旧的自己，创造了新的自己。

其实，通过模仿发现自我实现的新的可能性，并在类似的积极经验中日益认定向他人学习的必要性，这无论对幼儿还是对成人来说，都是非常重要的。2006 年在深圳召开的第五届全国幼儿音乐教育改革观摩研讨会上，一群幼儿园教师为其他教师展现了他们独特的知识技能、活动构思和执教风采。这些来自不同亚文化群体的信息，不但让幼儿大开眼界，而且让参与观摩的教师受益良多。例如，来自乌鲁木齐市的教师展示的维吾尔族幽默舞蹈纳尔孜库姆，使与会的幼儿和教师第一次了解到：不但上、下肢可以跳舞，躯干可以跳舞，肩膀、脖子可以跳舞，就连眉毛、眼睛、脸颊、嘴唇、舌头和胡子都是可以跟着音乐跳舞的。来自广西的教师让与会幼儿和其他教师见识了怎样用高超的技能表现青蛙、猴子，以及怎样用现代舞的方式即兴讲述故事。这些经验和做法使大家进一步体验到模仿本身是自我超越，而模仿的目的也正是自我超越。

（二）创造是一种"有中生有"的实践活动

中国艺术教育家滕守尧先生说："创造不可能无中生有，而只可能'有中生有'。"还是在那次会议上，来自广西的一位教师通过引导幼儿观察广西花山壁画（照片）中古代先民对图腾舞蹈的刻画，帮助幼儿创编出"蚂拐（青蛙）舞"；另外两个教师，一个让幼儿观察并严格地模仿学习录像片中白裤瑶族鼓王的猴鼓舞动作，一个让幼儿观察并自由模仿教师提供的现代舞表现方式。无论是当场鼓励幼儿创作还是日后再挑战幼儿的创造性想象能力，这些可贵的模仿积累必然会成为孩子们创作时的源泉。

有一位幼儿教师说得好：当没有机会面对"创造性地表现一棵树"这样的挑战时，你也就不太可能在日常生活中去特别关注那些树的千姿百态（可以模仿树）。一位全国著名的幼儿园老园长说得更好：如果不是现在还坚持经常到幼儿园去看看，去发现一些新的问题，退休以后也就不会有强烈的动力去读书，去向别人学习（模仿他人）。

（三）模仿和创造都是"社会共建"的实践活动

20世纪80年代初期，在一些理论的启发下，我国幼儿园开始认识到鼓励幼儿进行创造性表达的重要性。接受这样的新观念，其实也是一种模仿。但是，一直到20世纪90年代初期，大部分幼儿园教师还不知道如何进行具体操作。所以，有条件比别人更早更多接触来自其他地区新信息的幼教工作者，先行开始了对他人操作方式的模仿。21世纪初，这种模仿和在模仿基础上的创新运动，按照信息流畅性水平的不同，一层一层地从流畅性水平相对较高的地区逐渐扩展到较低的地区。正因为教师的见识（通过模仿学习到的知识技能）越来越广，创造的机会和水平越来越高，幼儿园的孩子们才有了越来越多的长见识、长才干和发挥创意的机会。

其实，在孩子们那里，模仿和创造从来不是对立的。只有当教师最终认识到根本没有必要将模仿和创新的关系相互对立，同时知道怎样才能够使模仿和创新的关系和谐一致时，模仿和创新才有可能保持对话的、和谐一体的状态。

二、艺术教学中创造性培养的策略

艺术活动中，幼儿的艺术创造包括两类：一类是实在的可视形象的创造，由于其可视性，这一类创造常常是我们关注的对象；另一类是审美心理意象的创造，由于其不可视性，往往被人忽视。郑板桥曾描述过他在画竹子时的心理过程："江馆清秋，晨起看竹，烟光、日影、雾气，皆浮动于疏枝密叶之间。胸中勃勃，遂有画意。其实胸中之竹，并不是眼中之竹也。因而磨墨展纸，落笔倏作变相，手中之竹又不是胸中之竹也。"这段话中所揭示的从"眼中之竹"到"胸中之竹"的过程，就是审美心理意象创造的过程。"手中之竹"是实在而可视的创造结果。对于幼儿的创造性培养策略，具体包括下述几个方面。

（一）创造宽松的心理环境，激发幼儿的创造意识和动机

对于幼儿来说，一个宽松的心理环境应包括：第一，信任。在承认幼儿具有创造潜能的

基础上,为其提供充分的机会,让他进行创造性的活动。教师要以和蔼的态度营造一种温馨的气氛,让幼儿有足够的自由和信心。教师要尊重幼儿不同寻常的提问和想法,肯定其想法的价值,不因为其想法的幼稚而轻率地否定;更不能用成人的思维模式去限制他们,而应敏感地捕捉其创造中思维的闪光点,并加以科学的引导。同时,要注意减少规定。过多、过细、过于整齐划一的限制,势必会阻碍幼儿创造力的发挥。第二,不作评价。这是奥斯本"头脑风暴法"的一条重要原则,就是不轻易评价幼儿的创新成果。这样做的目的,是给幼儿的创造心理带来安全感,使他们不受拘束地自由创造。现实中常常有这样的情形:教师在巡回指导时,觉得某个幼儿创作的作品不错,就将他的作品拿起给其他幼儿看。其实,这是一种不适宜的教育行为。它既打断了创作者的思路,又为其他幼儿提供了模仿的对象,阻碍了幼儿创造力的发挥。比较适宜的做法是:大家都完成作品后,教师组织幼儿相互欣赏和相互学习。

但是,宽松的心理环境并不是放任自流、不闻不问,而是让幼儿既能自由自在地表达自己的想法,又能得到赞赏等信息反馈。这是幼儿发挥创造力不可缺少的条件。在宽松的心理环境中,幼儿才能消除胆怯和依赖心理,从而进行积极的探索和思考,发挥出创造的潜能,久而久之,提高他们的创新精神。

(二) 丰富幼儿的经验,引导幼儿对内在表象进行加工改造

丰富的经验是从事艺术创作的原材料。教师为幼儿艺术创作所提供的经验应有助于幼儿的艺术创造表现,应注意其过程性和体验性。这种经验主要有三类:一类来自生活;一类来自他人的艺术作品;一类来自自己的艺术活动经历。无论给幼儿提供何种经验,在艺术活动中都要注意紧扣其审美特征,因为只有这样的经验才具有生成性和创造性,有助于幼儿的艺术创作。

在此基础上,教师还要引导幼儿通过变形、分解、组合、联想等方式对内在表象进行加工改造。所谓表象的变形,是指在保证表象的基本形态和主要特征的情况下所构想的种种新表象。凡是表象都具有概括性和可塑性,它可以像黏土一样被捏成各种形象,而黏土的基本特性不变。表象的变形可能是自觉的,也可能是不自觉的。自觉的变形是创作者为了某一目的而有意追求的变形;不自觉的变形通常是无意识地、被动地、自然而然地在头脑中进行的。在幼儿的美术里,既有自觉的表象变形,又有不自觉的表象变形。正因为有了这些变形,才使得幼儿的美术充满了迷人的魅力。教师要允许这种变形了的表象的存在,并通过自己的情感投入与启发性的语言描述,鼓励、帮助幼儿进行表象的变形。所谓表象的分解,是指把某一表象因素从表象中突出出来,割断它与其他表象因素的暂时联系,使它获得独立的表象意义。所谓表象的组合,是指把不同的表象因素或表象按照一定的目的组合成一个新表象或表象体系。所谓表象的联想,是指由一个表象联想到另一个或者更多的表象。我国古代画论中就有"山欲高,尽出之,则不高;烟霞锁其腰,则高也"的说法。齐白石的《蛙声十里出山泉》里,一道溪水,几只蝌蚪,即是视听表象的联想。表象的联想可以通过幼儿的多种感觉器官通道参与操作来进行,用比喻的方法让幼儿展开联想。教师要善于捕捉幼儿富有个性和情趣的想法,并对此加以肯定,促使其进一步完善自己的想法。

(三) 正确认识创造力与技能的关系

幼儿在艺术活动中的创造力是指他们在头脑中形成审美心理意象,利用艺术工具和材料将它们重新组合,创作出对其个人来说新颖独特的美术作品。换句话说,幼儿的艺术创造活动是一种手、眼、脑充分并用的活动,它需要幼儿用多种感官去感知审美对象,用脑去体验、想象、理解、加工改造审美意象,用手对艺术工具和材料进行加工,表现自己的思想情感和所见所闻。

这一过程包含了技能的使用过程。艺术活动技能的结构是一个由对形象记忆、形象思维的信息加工与眼、手操作(感知、表现)组成的协调系统。我们把它分为四个方面:身体动作、感官和头脑的协调能力;对工具和材料的理解与运用;对外界信息的掌握;对各种一次的形式要素的认识与使用。从技能所包含的方面来看:一方面,适当的、经过编码的知识经验储存,可以增加良好反应的可能性;另一方面,熟练程度越高,操作越灵活,则重新组合出新的事物或思想的可能性也越大。所以,应该说,技能为创造性的发展提供了一个现实的前提,它避免了对创造性任务实质的认识与寻找解决方式之间的脱节现象。

(四) 正确认识、使用示范和范例

对于示范和范例,首先要有正确的认识。说到教师的示范,必然要提到与之相关的幼儿的模仿。对于幼儿模仿与幼儿艺术创造的关系,我们认为,加德纳的论述是很中肯的。他说:"我们一方面把模仿看作是审美发展的关键,另一方面又认为它潜在限制着儿童的创造力。"若要解除这一悖论,似乎还需要一种发展的观点才行。开始时,应允许幼儿尽量自由而完全地去探索媒介;然后,通过仔细的指导与难题设立而使他有那种把握特质、为创造出满意的效果而建立足够技巧的机会;最后,在他有了自己的能力感和目标感之后,再让他去接触媒介中的伟大作品,鼓励他去研究和模仿。这样,他便了解了在同样的媒介中,别人是如何达到某种效果的。只有当幼儿有了大量探索媒介的机会之后,才可以让他去大量接触范例。所以,我们认为,对于幼儿,他们应该有"尽量自由而完全地去探索媒介"的机会。因此,在幼儿的创作中,教师可以更多用提问题、暗示、创设情境、联想、隐喻等方法,给幼儿一些启发的线索,开阔他们的思路,引起他们思考,最终使他们创作出富有创造性的艺术作品。久而久之,他们就会形成独立创作的习惯,艺术思维能力也将得到发展。

教师提供给幼儿模仿的范例应该有一定的标准。首先,范例应该有美感,有美感的作品才有学习、欣赏的价值,拙劣的、过于单调的作品不宜作为幼儿学习的范例。其次,范例应该适合幼儿的年龄特点,是他们能够理解和愿意接受的。例如,梵高的系列作品就适合作为幼儿学习的对象。再次,范例应该是多样化的,能从不同方面反映事物的形态,启发幼儿的思路。例如,教师让幼儿学习画房屋,可以先给他们提供民居、宫殿、公共建筑等结构不同、类型各异的建筑作品图片。

第五节　身心舒适与幼儿的自律性发展

　　自由与不自由实际是一对孪生的概念，没有不自由的感受，也就不会有自由的感受。自由是一种建立在超越内在需要的冲突或者内外需要的冲突基础之上的一种自我"创生"的高峰体验。换句话说，虽然新秩序发现或创建的初期，各种需要冲突往往暂时会让人感到不自由，但人一旦理解这种不自由的根源，并找到合理地改造自我的不完美或环境的不完善的途径，在超越内部冲突和内外冲突的努力初见成效之后，"获得新自由"时的那种愉悦感受也就同时被自己创造出来了。

　　秩序是作为自由的一种条件保障而被人认识和主动追求的。换句话说，认识秩序和追求秩序也是人的一种天性。因为合理的秩序在最低层次上可以保障人的安全，在较高的层次上可以保障人的舒适，在更高的层次上可以保障人的愉悦。下面，我们尝试用这样的眼光来分析马斯洛的需要层次理论：比较低级的生理安全和心理安全（被关注和被保护）需要更基本的一些"外在秩序"来保障；比较高级的生理舒适和心理舒适（被尊重和被爱）需要比较高级的一些"外在秩序"来保障；但更高级的生理愉悦（健康、运动、游戏）和心理愉悦（认知、审美、自我实现），除了需要更高级的"外在秩序"来保障以外，更需要不断建设"内在秩序"来保障。

　　在绪论部分第二节的第三点所述的事例一（见本书第7页）中，由于教师没有提供合理的外在教学程序保障，导致幼儿内在认知秩序混乱，进而导致部分幼儿情绪失控和行为失控，以及班级共同学习环境这一外在秩序混乱。经过教师调整后，幼儿通过有秩序的认知努力后发现：他们自己竟然能够超越陌生音乐的限制，超越陌生动作表达方式的限制，超越陌生音乐和陌生动作表达方式相互匹配的陌生反应模型的限制。最终又发现：那种自我超越的自由感受是一种更加愉悦和激动的感受。因此，他们的眼睛里才会放射出喜悦和满足的光芒。

　　在该部分另一则事例中，经过教师提醒，幼儿回忆起不文明出游问题，其中维护社会公共生活秩序的行为准则是他们理解并认可的。因此，他们自觉自愿地调整了自己对自由交谈的理解，随后愉快而又安详的交谈秩序的建立，可以看作是幼儿一次集体的自我超越。我们甚至可以在孩子们的脸上看到那种由于认定自己能够"自我管理"时的自豪感。

　　这几年与幼儿园教师交谈时，经常有人问我是否应该让幼儿坐在地上。我问为何？答曰："有些人习惯坐地上。"或曰："坐地上更舒适、更自由。"其实，这里面有许多盲目的认识和误解。理论上关于坐什么样的椅子或坐不坐椅子更舒服是人体工程学研究的范畴，日常生活中什么人喜欢坐地上、什么人喜欢坐椅子是民族学或人类学研究的范畴。但要了解这些问题中的真正秩序，的确需要一种科学态度。通过科学研究得出关于空间秩序和身体姿态的知识，的确可以帮助我们在教学设计的时候更周到地考虑：如何为幼儿的集体学习生活提供各种基本的外在秩序保障，以及如何提供机会并引导幼儿不断学习为他们自己的集体学习生活创造各种必要的外在秩序保障。在这里,重要的观念转换焦点实际上在于:秩序是舒适的保障,舒适是生理心理安全的保障。当幼儿逐渐明白维护各种公共生活和学习的秩序与自己的舒适感觉有关系,并参与到建设和维护这些秩序的过程中来时,也就获得了对于秩序的自由感。

当自由最终成为孩子们自己不断发现新秩序、创造新秩序的努力过程中的一种副产品时,或换句话说,当孩子们通过不断发现新秩序、创造新秩序而获得自我解放时,自由和秩序的价值也就完全地和谐一致起来,幼儿生活、学习的自律态度和自律能力也就逐步成长起来了。

 本章提示

幼儿艺术教育的本质是通过艺术活动中获得的审美感动来鼓舞幼儿主动追求艺术,并在其中获得生命质量的提高和完整人格的成长。因此,教师在引领幼儿进行艺术学习的时候,千万不可简单地处理各种看似对立的关系,如分科与整合、模仿与创造、感性与理性、自由与秩序等,而是要深入理解它们之间相互依存的复杂关系。教师一定要看到:幼儿是不断发展变化的群体,是由特点各不相同、需要各不相同的孩子组成的群体,千万不要用一成不变的眼光去看待他们,也不要用完全一致的方式去对待他们。

 问题与讨论

1. 请在小组讨论中分享个人在艺术学习生活中印象最深刻的故事,以说明你理想中的艺术教育应该是什么样的。

2. 请在班级讨论中举例说明你对自由和自律关系的看法。在幼儿园实习以后,反思分析你在幼儿园遇到的具体相关案例。

3. 选择某种艺术形式进行创作,然后反思你在创作中应用了别人的何种经验。

上篇

分领域的艺术教育

第一章 幼儿园领域课程中的集体艺术教学

 学习目标

1. 了解幼儿园集体艺术教学活动目标、结构设计的一般思路。
2. 了解幼儿园集体艺术教学活动实施的一般方法和原则。
3. 了解幼儿园集体艺术教学活动过程中心理调节的一般原理。
4. 了解幼儿园集体艺术教学活动评价的一般方法与原则。

幼儿园领域课程中的音乐、舞蹈、美术教学活动,其教学目标、原则、方法是相近的。如果非要在其间找到区别,美术活动相对音乐活动要"安静"一些,而且美术活动结束后一般会产生物化的作品,供参与者从容地反复欣赏和评论。笔者能力有限,本章仅以音乐、舞蹈活动为范例进行论述。

第一节 集体艺术教学活动的目标设计

一、艺术审美能力发展目标的提出和撰写

当我们面对一个音乐、舞蹈作品时,首先应该审视其中蕴涵的音乐、舞蹈知识技能;其次应该思考这些知识技能在该作品中的审美含义;最后则需要慎重推敲:在何种程度上操作,才能使这些具有审美含义的知识技能对幼儿产生有意义的挑战。如中班歌曲《在农场里》和《小熊过桥》中含有多处休止,面对这种情况,许多教师习惯将教育活动目标写成"唱好歌曲中的休止",而且常爱使用让幼儿点头、闭嘴、摊手等动作来帮助达到休止的目的,这种做法导致了幼儿所获得的关于休止的知识技能就是非音乐的和非审美的。因为《在农场里》中的休止,可能含有快活或俏皮的意思,而《小熊过桥》中的休止却完全不同,第一段应该是表现小熊慌乱的样子和心情,第二段应该是表现妈妈鼓励小熊时坚定的样子和语气。对于中班幼儿来说,感知、理解和表达这两首歌曲中的休止,在难度上是适宜的。所以,如果一次活动打算复习《在农场里》,并打算将休止作为一个知识技能难点强调出来,就可在第一条教育目

标中这样写:通过复习《在农场里》这首歌曲,帮助幼儿进一步理解和表现休止在音乐中的含义;用较短促、稍跳跃的声音唱出歌曲中各种动物欢迎客人时快活、俏皮的语气和心情。

二、学习能力发展目标的提出和撰写

以往的音乐、舞蹈教学中,教师一般侧重于强调发展记忆、模仿等学习能力,幼儿记忆、模仿的范例也总是由教师提供的。而现在我们知道,探索问题、研究问题和创造性地解决问题,是学习能力发展的另一个重要途径。所以,我们现在强调要向幼儿提供进行创造性学习的机会。如在某次复习《在农场里》这首歌曲时,可在第二条目标中提出创编新歌词的要求,即引导幼儿编唱其他动物的叫声;或引导幼儿编唱出猪儿叫唤的不同节奏;或引导幼儿为原有的歌词创编出一套表演动作。但是,在一次活动中,以上三项活动只能选择其中之一。

三、价值观念及个性、社会性发展目标的提出和撰写

这些方面的发展总是蕴涵于幼儿在活动中获得的整体经验之中的,现在作为音乐教育活动的目标提出来,目的是使教师在设计音乐教育活动时能够自觉地把促进幼儿人格全面和谐发展的问题放在心上。因为在以往的实践中,教师往往只注意传授音乐知识技能,而割裂了音乐教学与情感体验、表达能力的关系,音乐与自我认识、管理能力、社会交往、协作能力的关系,以及社会责任感、道德感与音乐感知、理解、表达能力发展之间的关系。这样,这些方面的能力不但在音乐活动中得不到有效的发展,而且其发展的缺损和滞后必将影响音乐体验,以及音乐表现的完整性和审美性。如许多幼儿在唱"你的眼睛里有个我"(出自《拍手唱歌笑呵呵》)时,眼睛不看同伴,而看地下或其他地方;许多幼儿在唱歌、奏乐或跳舞时,只顾自己而从不注意与他人或集体相协调;有些幼儿在做游戏时,不愿遵守游戏的规则……所以,我们应当注意:必须把音乐活动中蕴涵着的这些能力发展要求作为音乐教育活动的目标提出来,以使幼儿在音乐活动中的经验能够成为一个和谐的美的整体。

因此,如果我们打算新授《拍手唱歌笑呵呵》这首歌曲,可以在第三条目标中这样写:引导和鼓励幼儿在理解歌词含义的基础上看着同伴的眼睛唱歌和做动作,并体验其中的快乐。如果我们打算在某次复习活动中用《在农场里》做一次结伴歌表演活动,可以在第三条目标中这样写:在双人结伴演唱《在农场里》的活动中,帮助幼儿进一步巩固在每一段的前奏中重新结伴的技能,要求幼儿在结伴时基本做到迅速、安静,不争抢或拒绝同伴,并鼓励幼儿自然地接纳临时未能找到同伴的第三人。

四、范例分析与修改

范例 1—1

小树叶(大班歌唱活动)

目标:
(1) 培养幼儿的音乐知识、技能,启发幼儿的想象力。

(2) 启发幼儿有表情地演唱,并创造性地表演。
(3) 培养幼儿的社会性和合作性,使其服从指挥;培养幼儿的个性、自我表达能力、自我克制能力。

分析与修改:这一活动教案目标陈述统一将教师作为行为发出的主体,但是,在目标陈述上没有使用行为化的概念。通过这样的陈述,无法确知教师究竟打算通过何种具体活动来对幼儿的各种能力进行培养。而且,在大多数的真实情境下,就连撰写这些目标的教师自己也没能弄清:幼儿应该作出何种反应才是符合目标要求的。我们通常把这种"大"而"空"的目标称作"无法检查"、"无法落实"的"万金油"目标。根据前述原则,该活动目标可以作出如下修改:

(1) 复习歌曲《小树叶》,在引导幼儿进一步体验"关切"和"自豪"两种不同情感的基础上,帮助他们进一步巩固"抒情、连贯"和"坚定、断顿"的唱法。

(2) 组织、引导幼儿进行即兴的歌舞表演,重点指导幼儿使用"抒情、连贯"和"坚定、断顿"的动作方式来体验和表现两段音乐中"小树叶"的不同心情。

(3) 教师扮演"树妈妈",师生共同表演,以进一步强化妈妈爱孩子、孩子爱妈妈的情感体验。

范例 1-2

火车快跑(中班音乐游戏活动)

目标:
(1) 使幼儿熟悉游戏的配乐,学习游戏的基本玩法。
(2) 训练幼儿动作的灵活性、协调性。
(3) 复习歌曲《好朋友》,要求幼儿能以愉快、亲切的感情演唱歌曲。

分析与修改:这三条目标主语均为教师。第一条目标只提出学习音乐游戏,没有指出其中蕴含的知识、技能。第二条目标过于抽象,无法确知该活动是通过何种方式对幼儿哪些方面的灵活性、协调性提出挑战的。第三条目标虽然提出了情感方面的要求,但这种提法违背了审美活动的基本规律:幼儿必须先体验到亲切、愉快后,才能由衷地通过歌声将感情抒发出来。所以,教师如果仅仅只是从外部提要求,不但不能奏效,而且还会适得其反。因此,该组目标可以改为:

(1) 使幼儿初步熟悉游戏音乐,要求通过游戏活动中的练习,大多数幼儿能够比较自如地踩着八分音符的节奏小跑。

(2) 引导幼儿至少想出 2—3 种不同的两人"搭城门"的方式。搭出的城门应该是同伴可以通过和不会倒塌的。

(3) 复习歌曲《好朋友》，鼓励幼儿两两结伴，在边唱边即兴做动作表演的同时，尽量看着同伴的眼睛，并对自己的同伴微笑。在玩"火车钻山洞"的游戏时，努力控制好自己的身体，不挤、推前面的人，不拖拽后面的人，也不碰到当城门的人。

范例 1-3

踮步（中班韵律活动）

目标：
(1) 初步学会踮步。
(2) 通过学习，感受两拍子的音乐。
(3) 培养幼儿对音乐的节奏感。

分析与修改：该组目标中的前两个主语是幼儿，第三个主语是教师，而且，三个目标都是针对知识技能的。另外，第三条目标不便操作和检查、评价。因此，可改为：

(1) 初步学习踮步。学习用脚的踮动来感受两拍子的音乐。尽量将动力脚踏在强拍上。
(2) 在教师的范例启发下，创造性地做出不同的上身姿态，并在练习踮步的每遍音乐中尽量保持某种上身姿态。
(3) 注意观察他人做出的上身姿态，能够积极地评价并吸收他人的创造思路。

第二节　集体艺术教学活动的结构设计

一、集体艺术教学活动的结构功能

幼儿园集体艺术教学活动与其他任何由教师设计、指导的教学活动一样，其组织形式的每个环节都在其整体过程中起着不同的作用。我们把这些不同的作用称之为"结构功能"。其结构功能有两类，即适应性功能和发展性功能。

适应性功能发挥作用的立足点是：顺应儿童生理、心理机能活动变化的规律，使一个相对独立的教学活动片段能够对儿童的生理心理发展产生最佳的综合性影响。一般说来，在一个相对独立的时间片段中，其开端处需要采用一些具有"唤醒功能"的活动，使儿童能够从相对拖沓、懒散、松懈的"低唤醒状态"过渡到适度的紧张、集中、振奋、昂扬的"高唤醒状态"。而在经历接受挑战——克服困难——吸收新知——磨砺技巧等一系列"艰苦"学习之后，又需要采用一些具有"恢复功能"的活动，使儿童能从相对疲劳、处于保护性的抑制状态中逐步恢复到相对松弛、舒适的"低唤醒状态"。这样的组织形式所发挥的"适应性结构功能",对于最大限度地提高学习效益,促进儿童的生理、心理健康发展,无疑是有益的。

发展性功能发挥作用的立足点是：顺应儿童学习迁移的规律和心理结构建构的规律,使旧有经验在联系新经验的基础上被锤炼得更加牢固,使新的经验在改造旧经验的过程中更加迅速有效地形成,并使与学习迁移有关的观念和能力不断巩固和提高,同时也使其内部的生理、心理结构功能不断获得新的完善和发展。

二、集体艺术教学活动的组织形式

集体艺术教学活动组织形式的结构会因其教育功能类型的不同而不同。从音乐活动的结构来说,一般有两种基本结构：一种是"三段式"结构,即明确地分为三个部分,分别为开始部分、基本部分和结束部分,各个部分可含有几个不同的音乐、舞蹈作品；另一种是"一杆子式"结构,即被看成一个整体,只含有一段音乐或者舞蹈作品。前者一般用于常规音乐课的设计,后者一般用于研究课或交流课的设计。

1. "三段式"结构

在传统的"三段式"结构的音乐教学活动中,开始部分和结束部分的活动内容通常是：复习儿童已经学过的歌曲、律动、舞蹈、打击乐曲或音乐游戏；基本部分的活动内容通常是：学习尚未接触过的新作品或新技能。在开始部分中,最常见的程序和内容一般是：律动进教室,练声,在座位进行律动或歌曲复习。在结束部分中,最常见的程序和内容一般是：复习打击乐曲、韵律动作、歌曲表演或音乐游戏,律动出教室。

在开始部分和结束部分采用儿童较为熟悉的内容,会有效地产生"唤醒"和"恢复"的效果。儿童有机会在对相对熟悉的作品的复习中不断巩固旧有的知识、技能,并对已熟悉的作品产生新的理解和体验；同时,旧有的经验迁移到新的学习情境中,更好地获得改造和重组,进而上升为质与量都更高一层的新经验。与此同时,还可以保证儿童个人的音乐、舞蹈作品"库藏"不断得到有效的扩展。所以,我们认为,"三段式"结构的音乐教学活动符合科学的教育功能要求。仅仅因为其"传统"、"陈旧"而武断地对其实施批判或抛弃,是欠慎重考虑的。

2. "一杆子式"结构

近十年来的相关研究一再证明：只要设计合理,在一个独立的时间片段中,进行一个完全陌生的新作品教学的"一杆子式"结构是完全可行的。"三段式"结构中承担"适应性功能"的复习活动环节,完全可以用其他具有同样功能的不同内容来代替。而在"一杆子式"结构的设计中,由于采用比较细致的程序,即每一细小的步骤都注意利用幼儿的旧有经验和刚刚形成的新经验,这样在实施活动的过程中,每一步骤都充分发挥了发展性功能的作用。于是,幼儿在学习过程中,总是可以有迁移旧经验的机会,新经验的形成便更加有效。下面请看一个"一杆子式"音乐教学活动的设计范例。

> **范例 1-4**
>
> **头发肩膀膝盖脚（新授歌曲活动）**
>
> （1）告知幼儿将要玩一个有趣的游戏。
>
> （2）交代游戏的玩法：教师说出某个身体部位的名称后，幼儿必须立即将双手轻放在该部位上。教师用忽快、忽慢、忽重、忽轻的方法说出身体部位的名称，并尽量用体态、语调、脸部表情去诱导幼儿，使他们能快乐地笑。
>
> （3）交代如何改变游戏的玩法：教师按新授歌曲的歌词和节奏，连贯地用幼儿能够跟得上的稍快速度说出身体各部位的名称，并鼓励幼儿尽可能快地做出正确的动作（其他同上一步）。
>
> （4）再次交代如何改变游戏的玩法：教师按歌词规定的内容、形式唱出身体各部位的名称，并鼓励幼儿尽可能快地做出正确的动作。
>
> （5）教师用整体听唱法鼓励幼儿尝试跟唱这首歌曲。
>
> （6）教师用中等稍慢的速度带领幼儿边唱边做相应的动作。
>
> （7）教师先用极慢的速度边唱边做，然后加快直至不可能再快，以体验速度变化的乐趣。最后，教师还可再用忽快、忽慢的速度唱、做一次，以使幼儿能够开心地大笑（教师应始终注意用表情告诉幼儿：自己是多么地享受这样的活动）。
>
> （8）如果是大班或基础比较好的班级，还可以继续尝试下面的新的游戏玩法：
>
> ① 教师教幼儿学会将歌曲中所有的"脚"字改为默唱（即不出声地唱），但仍需继续做摸脚的动作。先从慢速度开始，以保证每个幼儿能够既控制住自己的声音（不唱出"脚"字），又在默唱"脚"字的同时做出摸脚的动作。之后，逐步加快至中速。
>
> ② 教师请幼儿提出还可以将歌曲中的哪个身体部位的名称改为默唱。可请2—3个幼儿，每个幼儿可提出一种不同方案，然后由教师带领全体幼儿一一按新方案唱、做（教师应始终注意既要保证绝大部分幼儿能够正确地唱、做，又要保证不失去快乐的游戏气氛）。
>
> （9）放松与欣赏：教师请幼儿采取自由、放松的姿势，轻闭双眼。教师自己用优美的、柔和的声调来演唱该歌曲两遍。第二遍应比第一遍唱得更慢、更轻、更优美。
>
> （10）结束：教师告知幼儿活动结束，组织幼儿进行下面的活动。

从上述范例中，我们可以大致看出"一杆子式"结构的音乐教学活动的面貌。但是，我们并不能因此而否认含有复习活动的"三段式"结构的音乐教学活动。在设计、组织复习活动的过程中，清醒地把握复习活动的适应性功能和发展性功能，是同样重要的。如果教师对这两项功能认识不清或把握不到位，复习环节不但不能有效地发挥其应有的作用，而且可能阻滞或妨碍幼儿的正常学习。如在复习活动中，不提任何要求地一遍遍"炒冷饭"；没有任何感情激发过程，仅让幼儿机械、被动地重复操作；超时、过量地让一个又一个作品"走过场"等做法，不但不能有效地起到"唤醒"、"恢复"和"巩固旧经验"、"产生新体验"的作用，反而会使幼儿产生"抑制"（厌恶或疲劳）的情绪，或导致"兴奋扩散"（情绪或行为失去控制)的后果。

在系列音乐教学方案设计的过程中,"有目的、有计划、有效果地促进幼儿的全面发展"的目标已经成为音乐教育活动设计的核心,"新授"和"复习"的概念逐步地被"第×层次的教育活动"这一新概念所取代。因为在以某个作品为基础材料设计的若干个层次的系列活动中,每一个系列中的每一个层次,每一个层次中的每一个环节,甚至每一个环节中的每一个具体步骤,都是包含一定新要求的。这些新要求可能是针对全体幼儿的,可能是分别针对幼儿中不同群体的,也可能是针对少数幼儿的。由于新要求被不断提出,原来意义上的"以反复促熟练"的复习概念便不复存在。进一步说,由于"促进幼儿的整体全面和谐发展"上升为幼儿园音乐教育的主要目标,了解和记住音乐作品的形式、内容被看成是良好的音乐学习过程的必然产物,"仅仅以反复练习来促进记忆和熟练操作"的复习观念也就不该存在了。下面请再看一个系列化设计的范例。

范例 1-5

苹果(小班歌唱活动)

第一层次活动:歌曲欣赏
(1)教师引导幼儿欣赏图画《美丽的苹果树》。
(2)教师指导幼儿创编和练习"摘苹果"的韵律动作(用歌曲音乐作伴奏)。
(3)教师引导幼儿自由地做"吃苹果"的韵律动作(用歌曲音乐作伴奏)。
(4)教师让幼儿假装休息,听教师唱《摇篮曲》(教师示范唱歌曲,用轻柔的音调)。

第二层次活动:学唱歌曲和创编新歌词
(1)教师请幼儿用整体听唱法初步学会唱这首歌曲。
(2)教师请幼儿提出其他水果的名称、颜色,然后带领幼儿用 2—3 种新编的歌词进行演唱。在让幼儿进一步熟悉歌曲的旋律、节奏、结构的同时,使其初步体会到创造性表达的乐趣。

第三层次活动:创编歌曲表演
(1)教师引导、帮助幼儿用讨论的方法或各人自由即兴表演的方法为该歌曲创编表演动作。
(2)教师组织、整理、归纳。最后,再由教师带领全体幼儿一起完整地边唱边做统一的动作表演。
(3)教师鼓励幼儿两两结伴自由地面对面,边歌唱边表演。

以上范例中,各个层次的活动既可用在"三段式"结构的活动设计中,又可用在"一杆子式"结构的活动设计中。在"三段式"结构中,各层次还可细分为若干更细的层次;并根据具体的难度情况和具体活动的重点,将不同系列中的某一层次安排在该次活动的"开始部分"、"基本部分"或"结束部分"中。

如此分析后，我们不难发现：只要把握了音乐活动组织形式内部结构的适应性和发展性两大功能，就可以举纲张目，创造出各种组织方式来。如在一个相对独立的时间片段中，学习的作品可能只有一个，也可能同时有多个；可能是完全陌生的作品，也可能是比较熟悉或相当熟悉的作品；其形式可能是界限分明的"三段式"，也可能是界限模糊的"一杆子式"；其串联的主线可能是某种主题、某件作品、某种知识、某种技能，也可能是某种乐器、某种道具，甚至可能是某一种或几种特定的情绪体验……这样，教师在设计活动时获得了更大的自由度。同时，不必为是否要打破、改造"三段式"结构，或者是否要承认、接纳"一杆子式"结构而焦虑和烦恼。

三、集体艺术教学活动结构分析的其他角度

幼儿园中的艺术教学活动还可以因其他因素的不同而不同。从音乐实践类型的角度，可分为歌唱活动、韵律活动、打击乐器演奏活动、绘画活动、手工活动、音乐欣赏活动、美术欣赏活动，前五类属于艺术表现活动，后两类属于艺术体验活动；从活动目的的角度，可分为集体艺术教学活动、艺术区角活动、音乐娱乐活动和美术的生活应用活动，集体艺术教学活动的目的主要是进行系统的艺术学习，艺术区角活动的目的主要是进行自由的艺术实践，音乐娱乐活动和美术的生活应用活动的目的主要是人际的艺术交流、情感分享和利用艺术提高日常生活质量。

如上所述，活动的类型和目的不同，活动的组织结构就应该有所不同。如集体艺术教学活动的组织结构应该比较严谨，教师对环节转换的控制应该比较强。在集体艺术教学活动中，韵律活动和打击乐器演奏活动容易出现秩序方面的问题，教师对环节转换的设计和控制要相对细致一些。艺术区角活动除了为幼儿艺术方面的发展提供更多机会以外，更主要的是发展幼儿从事活动的自主性和在活动中进行自治的意识和能力，所以，教师只需要通过提供相应的材料和环境布置来进行间接的指导，太严谨的结构可能会限制幼儿自主性的发展。音乐会或音乐娱乐活动主要是享受音乐的活动，为了使幼儿能够在活动中感受到更多的自主性和自由性，这种活动结构的严谨性应当比较低。在这种活动中，教师应该注意为低龄的幼儿提供宽松的环境，并通过征求幼儿的意见使其获得自主感；而对于年龄稍大的幼儿，则应该提供组织活动的机会以及必要的知识技能。

四、集体艺术教学活动结构设计的原则

（一）有重复、有变化的原则

在同一次活动中，复习材料的重复有助于提高享受的程度，新授材料的重复有助于提高熟练程度。但如果每次练习都是原样重复，就容易使幼儿厌烦。因此，教师在设计时应注意在幼儿可能厌烦之前将活动方式做一些改变，以通过增加新鲜感来吸引幼儿的继续投入。

（二）层层深入、不断提高的原则

无论在同一次活动还是在不同的活动中，同一活动材料或同一水平的重复，都是既不利

于幼儿发展,又不利于保持幼儿参与积极性的。因此,教师必须按照系列方案设计的要求,事先考虑好如何提出层层深入、不断提高的教学目标。在每次进行重复练习前,教师应提出下一层次对幼儿具有挑战性的努力方向(即一个幼儿判断自己经努力可能达到的有吸引力的目标)。每次重复练习后,教师应该给予积极的正面反馈,使幼儿清楚地了解自己努力的结果,增强其进一步努力的动力。

(三)动静交替的原则

幼儿生理、心理活动的重要规律之一就是"节律快"。他们疲劳得快,恢复得也快;注意集中得快,转移得也快。因此,集体艺术教育活动设计必须遵循材料活动多变化和动静活动多交替的原则,以确保幼儿在一个时间片段中能够有比较丰厚的学习收获。

五、集体艺术教学活动设计的书面方案

幼儿园集体艺术教学活动设计的书面结构一般包括:活动名称(含年龄班)、活动目标、活动准备、活动过程等基本内容。下面请看范例1-6。

范例1-6

多幸福(大班音乐活动)

(歌曲曲谱略)

一、活动目标

1. 初步学会唱藏族舞蹈歌曲《多幸福》,学会自然唱出弱拍增强的"退踏步"的舞蹈节奏感。

2. 通过复习新疆舞的"进退步"学习藏族舞的"退踏步",学会区别这两种舞步的异同。

3. 体验共同歌舞的快乐,进一步学习圆圈上的空间共享和目光交流,在感到特别高兴时注意自控,特别注意不故意挤撞旁边的舞伴。

二、活动准备

1. 在大班早期学过含"进退步"的"五人新疆舞"。

2. 铃鼓、沙球、串铃等打击乐器若干。

3. 音乐及播放设备。

4. 藏族女子头饰一件。

三、活动过程

(开始部分)

1. 复习韵律活动"草原小牧民"(坐在椅子上做草原生活劳动模仿动作)。

2. 复习歌曲《草原小牧民》。

3. 复习韵律活动"五人新疆舞"(自由结伴舞蹈)。

(基本部分)

> 4. 教师介绍藏族舞步"退踏步",请幼儿观察并指出"退踏步"与"进退步"的异同:一个先退后进,另一个先进后退;一个进时重重地踏地,另一个总是踮着脚轻轻进退;一个身体弯曲并始终上下颤动,另一个身体挺直始终保持平稳。
> 5. 教师邀请幼儿站成一个大圆圈和自己一起来学习藏族小朋友的"退踏步",感受藏族"退踏步"先弱后强的节奏和共同舞蹈的快乐,鼓励幼儿间相互用目光交流快乐的情感,并逐步加入歌曲《多幸福》的范唱,为幼儿的舞蹈伴唱。
> 6. 幼儿回座休息,倾听歌曲《多幸福》。
> 7. 幼儿跟随录音练习唱新歌。
> 8. 教师戴上藏族女子的头饰,请幼儿欣赏自己所跳的藏族舞蹈《多幸福》(播放录音)。
>
> (结束部分)
> 9. 教师邀请幼儿边看边唱,并尝试用打击乐器奏出重重"踏地"的那一拍(播放音乐)。
> 10. 教师邀请全体幼儿与自己一起围成圆圈,边唱边跳边演奏乐器(播放音乐)。
> 11. 教师组织幼儿整理场地,收拾乐器。

第三节 集体艺术教学活动的实施

一、实施集体艺术教学活动的方法

语言是教育教学指导的一种非常重要的媒介。在幼儿园音乐活动中,常用的语言指导方法主要有讲解、提问、反馈、指示和提示、激发和鼓励等。需要特别注意的是,现代的教学语言不仅包括我们所习惯了的、一般意义上的、由词汇和语法构成的语言,还包括教师用来向儿童传达教育信息的"语言",如由嗓音音调变化构成的语言:嗯的第四声(音调向下,表示接纳)和嗯的第二声(音调向上,表示疑问)。再如目光语言、体态语言、空间移动语言(如"靠近",可能表示关注;"离远"可能表示信任)等。各种语言应当在教育指导的过程中灵活地交替使用,或整体地配合使用。一个好的教师,应该是善于运用各种语言与儿童进行沟通的专家。

(一)运用语言指导法

1. 讲解

讲解一般包括讲述和解释。在音乐教育活动中,教师运用讲解的方法,主要是向儿童提供各种与音乐学习有关的材料,以及加工这些材料的程序和方法。由于大部分材料是音乐或者动作,而由语词、语法构成的语言通常只是提供一些辅助性的信息,所以,教师应当善于用富于艺术性的语言来达到让儿童理解的目的。

2. 提问

在音乐教育活动中,教师提问的目的、原则以及注意事项如下。

提问的目的:提取幼儿原有的有关经验;提取幼儿关注观察的重点、秩序或关系;暗示活动的操作规则,如保持或变化动作的节奏、方向、水平,或姿态、幅度、律动、风格,或动作的结构方案、动作音乐的匹配方案,或空间移动的方式、移动的路线,或参加运动的身体部位、各部位之间相互协调的方式等。

提问的原则:问题应该具有开放性、启发性;问题应该易于记忆、易于理解和易于解答,即问题应该具有明确的指向性。对年龄较小的幼儿,不要一次提几个问题。

提问的注意事项:在提问之前,教师应该明确提问的目的。在提问之后,教师应该随时根据幼儿的回答,灵活地调整问题的难度;当发现幼儿有困难时,将要求幼儿"表述"的回答方式改成要求幼儿"选择",甚至只要求幼儿"判断正误";当发现幼儿仍有潜力时,根据幼儿的回答灵活地引出新的问题。

在创造性的音乐活动中,绝大多数的问题应该是引导创新,而不仅仅是引导回忆和再现。例如,在中班舞蹈基本动作"手腕转动组合"教学中,启发性提问可以是:"手腕除了在胸前转动,还可以在哪里转动呢?""我的双手现在已经不在胸前转动了,谁还能够再想出一个不同的转动手腕的姿势来呢?"如果有一个幼儿做出对称的转动手腕的姿势,教师可以告诉幼儿:"这样的动作叫做对称动作。谁还能够再想出两个对称的动作呢?"或者在提出"动作对称"概念之前,教师可以问:"小朋友还记不记得我们在画'可爱的笑脸'时讲过的,人脸这边有一只耳朵,那边也有一只耳朵,这叫什么?"当幼儿回忆出美术活动中接触过的"对称"概念之后,教师可以一边做幼儿创编出的对称动作,一边问幼儿:"你们看这两个动作是不是对称的呢?"

3. 反馈

在音乐教育活动中,教师运用反馈的方法是为了让幼儿及时了解自己对学习任务所作出的反应,并能够让幼儿学会根据自己的反应与教师要求的反应之间的差异进行主动的调整。以下是运用反馈法的目的、原则和注意事项。

反馈的目的:其一,短期目的在于让幼儿了解自己的反应并作出新的反应,让全体幼儿受到某幼儿特定反应的影响;其二,长远目的在于帮助幼儿逐步建立起学习的自我监控、自我调整、自我建设的内部机制。

反馈的原则:面向全体进行反馈;主要反馈积极的方面;动作反馈时,常与语言说明相结合;对不同的幼儿应用不同的反馈方法,如对小班幼儿,教师通常一边直接模仿幼儿的动作,一边对全体幼儿说:"他刚才……"对中班幼儿,教师一般首先对准备作为样板的幼儿说:"请把你刚才做的动作再做一次给大家看一看。"如果幼儿不反应,说明幼儿有困难,教师应改用对小班幼儿的方法。对大班幼儿,除了可以继续使用"你刚才……"以外,还可以在开始实际反应之前,先问举手发言的幼儿:"你打算……"

反馈的注意事项:在选择具体的反馈对象时,要全面观察所有幼儿的反应。在平等对待每个幼儿的基础上,选择对促进全体幼儿的发展更有意义的范例;注意样板性反馈和激励性反馈并用、重点性反馈和一般性反馈并用。

样板性反馈技术一般在教师判断幼儿的行为具有示范价值的情况下使用。教师此时的目的在于让全体幼儿关注、理解并吸取提供范例的幼儿行为中新鲜的因素。激励性反馈技术一般在教师判断某方面发展相对滞后并缺乏自信的幼儿有进步的情况下使用。教师此时的目的在于让需要通过重新认识自己而获得自信的幼儿获得真正的激励,同时也为其他幼儿作出以努力获取成功的榜样。

重点性反馈技术一般在全体幼儿根据教师的要求跟随音乐进行即兴动作创编反应的活动中使用,即在某幼儿独立地思考和表现之后,教师将该幼儿做过的事情的结果再现给全体幼儿看。为了节省时间,使更多幼儿的反应能够得到教师的反馈,教师也可以采用一般性反馈。如在全体幼儿即兴反应的过程中,随意或有意地接近某个幼儿,并模仿他的动作,或用目光、表情、体态对他的反应进行模仿表示赞赏。当然,如果幼儿反应不正确,教师可以根据具体情况对其进行必要的帮助。但要注意,不要因个别人的问题花费过多时间。如果幼儿中普遍出现不正确的反应,教师应该将积极反应的范例提出来进行反馈,尽量避免反馈消极的范例。

范例1—7

鄂尔多斯舞(大班舞蹈活动)

(1)"幼儿边听音乐边根据故事情节在座位上自编舞蹈。"在这个环节中,幼儿边听音乐边做自己即兴想出的动作,教师边看边记幼儿中产生的比较好的范例。

(2)"教师与幼儿逐句创编,然后选取相对比较美好与合适的动作进行练习。"教师可以先请幼儿举手发言,逐句提出创编的意见。因为这已经是大班的活动了,因此至少一部分幼儿能够记住自己刚刚做过的、又比较满意的动作。如果有一些比较好的动作真的被遗忘了,教师可以用小、中班的反馈方法重新将这些动作提出来。

(3)"教师将幼儿创编的动作进行组合并表演,请幼儿观看,并要求幼儿指出用了哪些人的动作。"这是进一步的反馈,在这种较高级别的反馈中,教师将反馈学习结果的主动权更多地交到了幼儿手中。

4. 提示和指示

在音乐教育活动中,教师运用指示的方法是为了引导和集中幼儿认识——反应活动的注意方向;教师运用提示的方法,兼有引导幼儿注意方向和帮助幼儿克服记忆困难两种作用。除此以外,好的教师还应善于使用体态、眼神、口型、身体接触,以及其他各种不完全的语言,甚至嗓音音调所暗含的信息来帮助幼儿学习。在幼儿的学习从量变到质变的关键时刻，这种"不完全的"提示或指示就像母亲用一个小拇指来"搀扶"学步儿学走路一样，会比用双臂环抱的"完全的搀扶"更有利于幼儿独立性的发展，能使幼儿知识、技能的掌握更快地完成从量变到质变的飞跃。

5. 激发和鼓励

在音乐教育活动中，教师运用激发的方法是为了鼓舞和维持幼儿参与活动的热情，引起幼儿对作品的情感共鸣，帮助幼儿对自身活动的情况进行积极的评价，并对自己的学习能力不断增加信心。

教师运用语言进行指导时，需要注意的问题包括：第一，语言必须尽量精炼、明确、规范。第二，注意使用幼儿喜爱和容易接受的表达方式，用语音、语调、音色、节奏等变化来渲染艺术气氛。第三，提问时应使用有具体指向性的语言，注意提问的语速；提问后要给幼儿提供充分的思考时间，还要注意给有困难的幼儿提供思考的线索；对年龄较小的幼儿不宜将几个问题一次性地连续提出。第四，注意使用身体的姿态、动作、面部表情、目光以及其他"形体语言"来丰富表达的形式和内容。

（二）运用范例

范例具有形象性、具体性、直接性和真实性。在以音乐为主要教育内容的活动中，范例运用具有重要的意义。在音乐教育活动中，常用的范例指导方法有示范法和演示法。

1. 示范法

在艺术教育活动中，示范法主要是指教师通过现场的演唱、演奏、动作表演，以及用绘画、制作演示等的方法来向幼儿提供活动的范例。教师运用示范法的目的、原则和注意事项如下。

示范的目的：提供操作的材料和规则；提供态度方面的榜样；提供更长远的追求目标。

示范的原则：提供的示范应该是多样化的，可以是教师或其他成人，可以是本班幼儿或其他幼儿，也可以是自然、社会的各种事物、现象等。教师在提供示范时，应该尽力做到适时、适度、谨慎、灵活。

示范的注意事项：教师的示范应准确、熟练、真挚、自然而富有感染力。教师在示范时，应让全体幼儿能够清楚地感知到所示范的内容；必要时，动作示范应辅以语言的说明或提示。例如，为了让幼儿更清楚地感知歌词的内容，教师在歌唱示范时要适当放慢速度，夸大口型，辅以动作或图片，同时淡化伴奏或暂停伴奏。

为了让幼儿有更多创造性发表和相互交流学习的机会，教师应该特别注意让幼儿有担当"示范者"的机会。在示范之前，教师应该明确示范的目的，并在示范之前让幼儿明确应该如何观察示范和在观察之后如何作出反应。在示范之后，教师应该检查幼儿是否按要求进行观察和能否按要求作出反应。如没有达到要求，教师必须重新提出要求，并重新进行示范。

教师本人一般在以下情况下才亲自进行示范：向幼儿传授他们从未学习过的文化性舞蹈动作时；幼儿无法独立将动作或动作组合与音乐相匹配时；幼儿无法理解教师用语言描述的操作要求时。

如在小班律动活动"小鸟飞"的教学设计中,由于要求幼儿用动作模仿他们在生活中已经比较熟悉的小鸟的动作,教师就不必在活动中亲自进行示范。换句话说,在要求幼儿模仿生活中的事物或现象时,幼儿模仿的对象应该是被模仿的事物或现象本身,而不是教师。当然,在活动的过程中,教师还应该鼓励幼儿之间相互模仿。必要的情况下,教师也可以提供自己的意见,但要慎重,千万不要让幼儿感到你的意见是权威性的。在鼓励幼儿听音乐进行动作反应时,教师应该先让幼儿自己作反应。只要还有少数幼儿能够有相对正确的反应,教师就应该在幼儿先行反应之后再加入进去,而不要急于抢在幼儿前面反应。如果幼儿不能够独立作出反应,教师才可以"带着做"。

2. 演示法

在音乐教育活动中,演示法主要是指教师用操作各种直观教具的方法向幼儿提供活动的范例。常见的直观教具有图片、KT板、磁力板教具、桌面教具,以及幻灯片、音家作品等。教师在运用演示法时应注意:目的性要明确,切忌为演示而演示;运用教具应适度、适量,切忌喧宾夺主;教具的形象和教师的演示应与音乐的形象和音乐的进程相一致;教具的选用应该能够给幼儿以美感,并能激发幼儿的想象;教具应该便于收集,便于制作,便于操作。

(三) 运用角色变化

在音乐教育活动中,需要教师经常运用变化自身角色的方法来对幼儿的学习进行指导。与此有关的指导方法主要有"参与"和"退出"两种。

1. 参与

教师在使用"参与"的方法时,主要是通过变化参与的"角色"来增强对幼儿学习活动及能力发展的方向或重点的调控。运用"参与"方法的目的、原则和注意事项如下。

参与的目的:给幼儿作出学习态度和行为方面的正确榜样,让幼儿从教师的态度中受到感染或鼓舞,从教师的行为中获得模仿性学习的正确榜样和创造性学习的优良范例。

参与的原则:明确参与的特殊身份和各种身份的特殊教育功能。在以教师身份参与活动时,应表现出充分的自信和组织领导者的魄力,使幼儿感受到教师的观点、意见、要求和做法的权威性。教师在以艺术作品中的角色身份参与活动时,应表现出特定角色的艺术个性和艺术感染力,使幼儿感到教师的表演与音乐以及角色的性质是相符合的,是他们所喜爱和能够接受的。教师在以幼儿身份或活动旁观者身份参与活动时,应表现出对参与活动或旁观活动的极大热情,让幼儿感到教师与他们的身份是相同的,其意见或建议是仅供他们参考的;教师是他们可以信赖的朋友、伙伴或支持者。

参与的注意事项:教师的参与不是教训式的参与,也不是舞台表演式的参与,而是通过参与,以师生间的相互作用来促进双方共同发展。教师在变换任何角色时都要考虑:你想要幼儿怎样反应?幼儿的反应是否如你所期望的那样?如果不是,该如何调整你自己?不能只顾自己的参与,忘记了幼儿的存在。

2. 退出

教师在使用"退出"的方法时,主要是通过"角色"的变化等措施弱化自身对幼儿的控制,同时强化幼儿对他们自身的调控。运用"退出"方法的目的、原则和注意事项如下。

退出的目的：发展幼儿自我教育及相互学习的意识和能力；创造机会让幼儿自由地实践与表达；增加教师了解幼儿潜能的机会；扩大课堂信息的产生源、流通量和交换方式。

退出的原则：逐步退出（即不能退得步距太大、速度太快）；灵活进退（即可以尝试性地进退，发现幼儿能力独立时退得稍快一些，如因退得太快而导致幼儿感到困难时，可停下等待或再"进"向前去帮助他们）；加强间接指导（如使用问题或暗示进行指导，或让幼儿对幼儿进行指导等）；加强观察，加强反馈（即教师作为幼儿的伙伴时，要注意让幼儿有机会感觉到他们有影响教师的力量；教师作为幼儿活动的旁观者时，观察和冷静地评价幼儿的发展，并准备在下一步骤中将问题反馈给幼儿，让他们自己想办法解决）。

退出的注意事项：注意班级与班级、幼儿与幼儿、活动与活动之间的个别差异，力争做到放手而不放任，即密切注意幼儿在能力和意识上独立倾向的发展，逐步放手，促进其独立倾向进一步发展。

退出是教师弱化对幼儿的控制或支持的一种教育机制。教师的退出，可以体现在空间接近程度以及权威性参与的程度等方面。教师在空间接近程度方面的退出，即指幼儿的年龄越小，能力越弱，越需要靠近教师的身体，甚至需要教师的身体接触。随着幼儿的成长，以及对某个活动熟悉程度的增加，教师应该有意识地逐步离开某个幼儿或离开活动的中心位置，退到离幼儿比较远的空间位置上去。如可以把教师的位置让给某一个幼儿，同时退到这个幼儿的座位上去；或干脆退到幼儿活动范围以外，成为一个旁观者等。

教师在权威性参与程度方面的退出，即指幼儿年龄越小，能力越弱，对活动越不熟悉，教师权威性参与的程度就越高。最高的程度是"带着做"。可以逐步退到：带着做时，时常有意地停一停，观察幼儿能否比较独立地反应；还可以退到比较独立地使用"小老师"的位置，即教师退出指导者的空间位置，偶尔使用语音或体态进行暗示性的帮助；甚至还可以完全退到活动之外，成为旁观者；或者退到与幼儿一样的普通参与者的位置，与幼儿共同享受活动的快乐。

二、集体艺术教学活动的实施原则

（一）教师与幼儿相互作用的原则

在集体艺术教学的过程中，教师和幼儿之间的相互作用实际上是主体与主体之间的相互作用。教师和幼儿同时都是不断成长着的主体：幼儿学习如何更好地成为学习的主人，教师也学习如何成为学习的主人，同时学习如何更好地成为教育工作的主人。教师成为教育的主体，并不会妨碍幼儿成为学习的主体。只有当教师能够更好地把握教育的规律，成为更高水平的教育主体时，幼儿才有可能更好地成长为更高水平的学习主体。

换句话说，教师向着既定总目标对幼儿施加教育影响，但绝对不可能代替他们实践，也不可能代替幼儿发展。只有当教师施加的教育影响能够真正提高幼儿发展的主体性水平时，教育的既定目标才算是得到了最好的实现。当然，与此同时，在与幼儿不断的相互作用中，教师自身也会不断地成长。

这一切需要建立在教师对师生之间相互作用规律的认识水平之上。教师对此的认识水平越高，把握能力越强，师生之间相互作用的积极性程度也就越高。如在创造性艺术活动中，幼儿往往会提出一些被认为是很不合适的意见。"真正聪明"的教师能够"独具慧眼"地发现幼儿身上的闪光点，结果是幼儿独特的创造性得到了鼓励，而教师也从幼儿那里获得了富于儿童幻想色彩和灵气的新鲜语汇。

（二）面向全体幼儿、尊重个别差异的原则

在集体艺术教育活动中，教师教育的对象既是具有一般共性的幼儿群体，又是各具特性的幼儿个体。因此，在设计和指导集体艺术教学活动时，应该坚持正确的儿童观和教育观，使所设计和指导的活动既能满足全体幼儿的一般发展需要，又能满足个别幼儿的特殊发展需要。

面向全体幼儿，意味着教师要从参加活动的全体幼儿的角度出发，考察分析他们的兴趣、爱好、学习习惯和现有发展水平，并以此为依据来把握设计指导活动方案的尺度。

重视个别差异，意味着教师要从参加活动的每一个幼儿的特点出发，对那些可能有特殊教育指导要求的幼儿给予特殊的考虑。换言之，就是要为有余力的幼儿提供发挥余力的机会，也要为力所不能及的幼儿提供补偿的机会。随着融合教育的发展，今后将有越来越多的有特殊需要的幼儿进入普通的班级就读，教师要做好准备。

此外，还应注意在活动中针对幼儿的不同问题，给予不同的教育指导。如让过于自信的幼儿看到新的努力方向，让缺乏自信的幼儿看到自己的成功，让争强好胜型的幼儿逐步学会等待、谦让和学会接受公平原则，让软弱退缩型的幼儿逐步学会把握和争取平等的发展机会，等等。

（三）在整体审美情境中进行全面发展教育的原则

学前儿童艺术教育的实质，就是在整体审美情境中，通过幼儿亲身参与艺术实践活动，对幼儿实施全面发展教育。因此，教师必须明确：儿童的全面发展是教育所追求的核心目标。一次实践活动是实施教育的材料或媒介，整体审美情境是必要的附加条件。如果缺少整体审美情境，艺术和艺术活动就无法吸引幼儿的主动投入。那么，幼儿也就不可能通过艺术实践获得发展。

第四节　集体艺术教学活动中的心理调节

在集体艺术教学活动过程中，尤其在具有活动性、表演性的音乐舞蹈教学中，教师（特别是青年教师），经常碰到的困难是无法把握幼儿的情绪。幼儿可能表现为过于兴奋，不听指挥，游离于教学活动之外；或制造出一种新的兴奋中心，如叫喊、跺脚、跳跃、跌倒或者推搡他人，继而许多人跟着模仿，或制造出各种人际矛盾，如故意争抢座位，故意挑逗、激怒他人等。

也可能表现为反应冷漠，表情麻木，被动地应付教师的要求；或表现为紧张、焦虑，拒绝加入集体活动，部分低龄的幼儿甚至会哭闹。这些情况的出现，会不同程度地使教师感到失望、沮丧、紧张、烦躁，甚至恼怒，进而丧失行动的热情乃至无法完成教学活动。过去，人们往往把这种消极现象归咎于教师个人的素质或能力，如情感素质、教学组织能力、教学机智等，同时认为这些素质或能力中具有某些先天的、神秘的、不可言传的成分。现在，我们把这些问题提升到心理问题及其调节规律的高度来研究，以有效地帮助缺少经验的教师解决上述困难。

一、适宜唤醒理论

研究幼儿学习活动的心理机制或心理规律，可以有许多角度。在这里，我们要提出讨论的是高级神经活动基本规律的问题。人的高级神经活动所需的重要条件之一，是脑的最佳唤醒状态，或称适宜唤醒状态。使脑处于适宜唤醒状态的条件是使兴奋集中于与现实活动关系最密切的脑区。与此同时，与现实活动无关或关系疏远的脑区，则处于相对抑制的状态。这时，活动中的个人会注意力集中，精神焕发，头脑清醒，思维敏捷，动作迅速而准确。相反，如果人脑处于不适宜唤醒状态时，人的高级神经活动就会发生紊乱。其结果，要么是兴奋从与活动有关或关系密切的脑区向其周边甚至周边以外的脑区扩散，造成人的情绪和行为失调或失控；要么是兴奋引起有关或关系密切脑区的抑制，造成人的情绪低落和缺乏行动动力的状态。

根据以上理论，我们可以把集体艺术教学活动过程中幼儿的不理想反应看成由不适宜唤醒状态引起的不适宜心理反应的外在表现。因此，不适宜唤醒状态又可以称为不适宜的心理唤醒。所谓不适宜的心理唤醒，即唤醒程度过高或过低。根据对人的高级神经系统活动的研究结果，我们已知这样一条基本规律：无论唤醒程度过高或过低，兴奋和抑制都趋向于扩散。因此，在不适宜唤醒的状态下，幼儿不可能集中注意力地观察、体验、思考或表达，也就不可能产生有效的学习。换句话说，只有在幼儿的大脑处于最佳唤醒状态的条件下，教师所期望的最佳学习反应状态才可能出现。

二、心理调节的基本要素

心理唤醒是个体的心理活动与环境刺激相互作用的产物。在集体艺术教学活动过程中，幼儿的心理反应过程是一个十分复杂的心理唤醒过程。这是因为：一方面，活动中的幼儿个体心理所面对的，是一个由各种外部因素相互作用之后构成的刺激场。而外部刺激作为一个整体，它所面对的是一个由幼儿个体心理诸因素相互作用之后构成的受纳场。另一方面，幼儿与环境相互作用的过程是一个不断流动、不断变化的过程。尽管如此，为了弄清集体艺术教学活动过程中心理唤醒的规律，我们将有关过程所含的主要因素及其相互作用的规律暂时加以简单化，以便从中分析出一些规律性的东西来。在幼儿园集体艺术教学活动过程中，影响心理唤醒的因素主要有幼儿因素、教师因素、材料因素、程序与方法因素、时间与空间因素等五大方面。

(一) 幼儿因素

幼儿因素可分为即时因素与长时因素。即时因素,即指幼儿在活动过程中的即时需要。长时因素,即指产生上述即时需要的生理、心理基础。

即时需要包括:探究需要、创新需要、秩序的需要、参与的需要、被接纳的需要。探究需要表现为:幼儿面对音乐活动的材料(音乐、动作、直观教具、乐器、道具)时那种喜悦、兴奋、跃跃欲试的反应,以及幼儿在试图达到活动目的的过程中那种沉迷、忘我的状态。创新需要表现为:幼儿对创造性音乐表现任务的那种积极、热烈的反应,以及任务完成后那种愉悦、满足、自得的状态。秩序的需要表现为:幼儿面对"吸引人"的艺术作品音乐(艺术的秩序)和"有秩序的"艺术活动时那种安详而不麻木、兴奋而不狂躁、自由而不放肆的反应状态,以及面对"不好听的音乐"和"无秩序的"音乐活动时所表现出来的那种反感或不知所措的状态。参与的需要表现为:幼儿在获得机会加入活动后那种欣喜的反应,以及在看见他人活动自己却不能加入,或无事可干,或不知有何事可干时那种无聊、烦躁、沮丧、不平、恼怒等反应。被接纳的需要表现为:幼儿在完成任务后受到认可时那种愉快、欣喜、兴奋的反应,以及在含有交往成分的活动中受到邀请、接纳、回应、支持时快乐、满足、安宁的反应。

幼儿的长时因素包括幼儿在先前的实践基础上已经形成的态度倾向和行为倾向,幼儿的音乐感知能力、体验能力和表达能力等。

(二) 教师因素

教师因素可分为教师的即时因素与长时因素。教师的即时因素包括教师的情绪因素和教师的行动因素。教师的情绪因素指教师在音乐教学活动中对幼儿、对活动、对自己的即时情况所产生的情绪反应,这些情绪反应的性质、强度、变化的规律,以及教师对自身情绪、情感进行认识、表达、管理的实际能力的高低。教师的行动因素即指在音乐活动过程中,教师所有的具体行动。因为教师所有的语言、动作,以及与幼儿之间空间关系的状态等,都会对幼儿心理唤醒状态的性质产生某种影响。

教师的长时因素包括教师在先前的实践(包括接受教育)基础上已经形成的态度倾向和行为倾向,即教师对生活以及音乐活动中各种美的因素的敏感性和追求的热情程度,教师对幼儿、对教育工作的责任感和热爱程度,教师对生活意义的理解和信念,教师的音乐感知能力、体验能力和表达能力,教师驾驭音乐活动过程的心理素质和操作技能。

(三) 材料因素

材料因素指在音乐活动过程中,教师有意识地作为教育影响因素使用的有形材料和无形材料。这些材料按其外部形态可划分为:视觉材料、动作材料、语言材料等。其中,视觉材料包括孤立的视觉材料(某种颜色或形状),美术作品,各种可视的教具、学具、玩具、道具、面具、身体装饰物,等等。动作材料包括孤立的动作材料(如击掌或点头),以及各种律动、舞蹈、歌唱表演等艺术动作作品。语言材料包括孤立的嗓音材料(如用嗓音发出的无意义音节或模仿声音)、孤立的语言材料(如单个的词汇、词组、句子)、用嗓音构成的音响艺术作品和语言文学作品等。

（四）程序与方法因素

活动的程序因素，若按活动组织形式的结构功能，可分成唤醒、恢复、维持等三大程序；若按幼儿对活动内容的熟悉程度，可分成导入、新授、复习等三大阶段；若按活动设计的侧重程度，可分为开始部分、基本部分、结束部分三大环节。甚至还可以分成：以动为主的程序、以静为主的程序，以及动、静交替的程序等。

活动的方法因素也有不同的分类方式，如可分成参与与旁观；或分成创造性表达与模仿性表达；或分成个别活动、小组活动、集体活动；或分成教师为主的活动与幼儿为主的活动等。

（五）时间与空间因素

时间因素主要是指整个活动进行的时间，活动各环节、步骤、内容等的持续时间，以及这些时间片段之间的比例。

空间因素主要包括：活动空间的实际面积、活动可利用空间的实际面积（扣除家具等妨碍活动的因素后实际可使用的面积）、幼儿的实际人数、每个幼儿实际上占有的可活动的空间面积、活动空间中各种障碍物的体积和性质、空间分隔的模式、活动空间中实际存在的可能产生干扰的无关因素、临时出现的意外干扰，以及活动空间中的采光、通风状况等。

三、心理调节的基本方法

（一）幼儿因素的调节

幼儿的心理需要是幼儿发起行动的内部动因。外部因素只有在内部需要不断被满足的条件下，才能不断激发起幼儿的主动活动。因此，在幼儿因素方面，最主要的调节就是要设法满足幼儿的合理需要。

1. 满足幼儿探究、创新的需要

教师应有意识地向幼儿提供探索、创新的机会，如让幼儿有机会自己来试着演奏一件陌生的乐器，看看可以怎样演奏，会发出怎样的声音；让幼儿有机会自己试着为熟悉的歌曲创编新的歌词或新的表演动作；为游戏创编新的情节；为打击乐曲创编新的节奏、设计音色的配置方案等。在向幼儿提供探索、创新机会时，要发挥榜样的作用。教师的榜样固然重要，但来自幼儿中的榜样不仅能激发幼儿效仿榜样的兴趣和信心，而且对养成探究、创新的意识具有不可替代的作用。

2. 满足幼儿秩序的需要

教师应有意识地为幼儿提供秩序良好的活动环境、活动组织形式、活动方法和活动内容。第一，应努力帮助幼儿逐步养成注意倾听音乐并配合音乐秩序的习惯：在所有的音乐表演活动开始之前，都能注意倾听前奏，能听音乐伴奏，听音乐起立、坐下、下座位、上座位，听音乐取出乐器、放回乐器等；逐步帮助幼儿养成能带感情地倾听音乐，并用整个身心跟随音

乐的习惯,逐步使幼儿获得更加精细地按音乐的节奏、旋律、结构、情绪进行活动的技能。第二,应努力帮助幼儿逐步养成注意在有限空间中找到适合个人的空间位置的习惯,使幼儿能够随心所欲地活动,既不会妨碍他人,又不会受到他人的妨碍;帮助幼儿形成与集体协调一致的观念和技能,在所有的合作活动(如合唱、合奏,有伴奏、伴唱的表演,有伴舞的领舞,集体合作的表演游戏等)中,能自觉地维护集体活动的秩序和音乐的整体形象。第三,应努力使每一次活动的全过程具有良好的动静结合、张弛有度的秩序,以便满足幼儿在生理、心理上对基本的生存、发展秩序的需要。

3. 满足幼儿参与的需要

教师应注意为幼儿提供发表意见、建议、看法、感受的机会,将大多数幼儿等待、观望的时间降到最低的程度,并将讲解、示范、表演控制在必要的范围之内。同时,教师还应尽可能将领导、控制活动的权力让给幼儿,如让幼儿轮流担任小老师、小指挥,让幼儿自己组织小团体并决定小团体的活动方式等。

4. 满足幼儿被接纳的需要

教师应随时用目光注视、空间接近、身体接触的方式,让幼儿感受到教师对他们的关注,并不失时机地向幼儿个体或群体提供积极的正面反馈。同时,教师应经常组织幼儿对其他幼儿作出积极的评价或反馈,如对其说赞扬的话,为其鼓掌,对其微笑、点头等。在结伴活动中,教师应随时帮助幼儿相互理解、相互接纳,并从中体验到被承认、被接纳的快乐;帮助幼儿逐步掌握相互沟通的有效技能,如用眼神传达亲密、友好的情感,用适宜的体态或身体接触来表示友好,用适宜的空间接近的方式来表示亲密等。

如果能够长期有意识地坚持按上述方法行动,不但能够有效地保证在即时活动中充分调动幼儿的学习积极性,而且能够保证幼儿的能力、态度向着我们所期望的方向发展。在有着良好基础的班级中,幼儿在即时活动中自然会更好地与教师合作、应和,在教师创设的活动情境中积极地进行学习。

(二) 教师因素的调节

在现实的音乐活动中,教师的情绪表达和行动方式往往是影响幼儿情绪和行动的主要因素。也正是在现实的音乐活动中,教师有可能进行即时的自我调节,控制两种教育影响因素。

1. 情绪表达

教师在音乐活动中的情绪表达,绝不应是放任自流、毫无约束的自然主义的情绪宣泄。由于幼儿是人群中最感性的群体,教师必须时刻保持清醒的认识:教师的情绪表达应该是以教育目标为出发点的。为了使幼儿更好地学习和发展,必须有意识、有目的地随时将自己的情绪表达控制在与教育目标相匹配的状态上。

教师的情绪表达通常有两种功用:第一,激发或抑制幼儿的情绪。当幼儿的情绪过于低落时,教师应以高涨的情绪对其进行激发;当幼儿的情绪过于高涨时,教师则应以冷静的情绪对其进行抑制。第二,帮助幼儿理解和体验音乐活动所需要的特定的情绪。当音乐的体验和表达活动需要温暖、深厚、柔和、优美的情绪时,教师的情绪表现应是平和、安详、温暖,并充满深情和爱意的;当音乐的体验和表达活动需要欢快、激越、飞腾、奔放的情绪时,教师的情绪表现应是激动、热烈、豪放,并充满激情和忘我投入的。只有当教师自身的情绪表达与音乐和幼儿发生共鸣时,幼儿才能被吸引和打动。具体地说,教师的情绪表达和调节技术可归纳为表情、动作和嗓音三个方面。

表情:教师的表情应是自然而鲜明的。其中,尤其是教师的眼神,对传达情绪起着至关重要的作用。有时候,教师的眼睛可能在说:"看,音乐让我们感到多么舒适,多么快活,多么兴奋。"也可能在说:"音乐让我们感到多么难过,多么生气。"而有时候,教师的眼睛可以在说:"你们看,现在我已经准备好了。"或者在说:"来,请你和我们大家一起来表演吧。"又或者在说:"你做得非常好,老师真高兴。"甚至还可以在说:"你这样做是不对的,老师不喜欢这样,请你按正确的方式做。"教师的眼睛应该像演员的眼睛那样会说话,但不同的是,演员的眼睛是在替角色说话,而教师说的是自己的心里话。说话,是要有对象的。教师的眼睛应该对着幼儿说话,特别是对着幼儿的眼睛说话。教师必须学会用眼睛把自己的情绪以及与情绪有关的意思直接输送到幼儿的心灵深处。

动作:教师应注意使用动作的形象,动作的幅度、速度、力度来表达自己的情绪,以及与情绪有关的意思。当你希望幼儿用正确的姿势坐好或站好时,自己首先应该情绪饱满地坐好或站好。当你希望幼儿轻轻地起立时,自己首先应该小心谨慎地轻轻起立。当你希望幼儿的情绪处在安宁、平静或严肃的状态时,首先应该将自己的情绪以及整个身体置于平稳、静止的状态。当你希望幼儿的情绪处于愉快、欢乐、振奋或跃跃欲试的状态时,自己首先应该将情绪以及整个身体置于活跃的状态,动作的幅度、速度、力度也要提升到相应的水平上。

嗓音:教师在歌唱或讲话时,应注意使用嗓音的表情因素。当你说"请小朋友们轻轻地把乐器拿出来放在腿上,不要发出声音"时,自然不可用太响、太硬的声调和太快的语速来说。许多幼儿感受到的信息,实际更多地来自你所发出的语言指令的音响性质,而较少来自你所发出的语言指令的语义含义。如果你的话说得太响、太硬、太快,幼儿的情绪即使原本处于比较平稳的状态,也会因为你较激动的语气而变得激动起来。这样,幼儿当然不太容易如你所希望的那样有克制地轻轻地行动。同样,当你说"小老鼠把头从小洞洞里伸出来,它东看看、西看看"时,所用的声音应该轻,同时显现出紧张和滑稽的气氛。你讲话的速度可以有时快、有时慢,也可以说一说、停一停。由于语义受到语音、语调的加强,幼儿的情绪会形成既紧张又兴奋的状态。在这种状态下,幼儿既不会不作出积极的动作反应,也不会因为兴奋过度而出现情绪和行为的失控。

2. 行动方式

与情绪表达一样,教师在音乐活动中的行动方式也是直接指向教育目标达成的。在当今的音乐活动中,教师的行动方式可以归纳为观察、反馈、鼓励、角色的进入与退出、督导五个方面。

观察:在当今强调发展幼儿独立性、自主性、创造性的音乐活动过程中,教师的观察行为被提升到了重要的地位。因为只有在密切关注幼儿反应的情况下,教师才可能及时了解幼儿的困难和所需要的帮助,才可能及时发现幼儿中有典型教育意义的反应范例,让幼儿教育幼儿，并以此来培养幼儿相互教育、相互学习的观念。与此同时，在这种情况下，教师往往会从幼儿的创造、发明中受益良多。

反馈：反馈是教师帮助幼儿形成良好的自我意识和发展幼儿有目的行为的重要教育技术，也是当今的素质型音乐教育所要求的教师的重要行动方式之一。反馈的即时意义是让幼儿清醒地反思：自己做了什么？做得怎样？此处并非指好坏的情况，而是指具体的细节如何。又或反思：自己打算做什么？是否按计划完成的？在做的过程中有了什么改变或修正？这些改变或修正是有意识的还是无意识的？自己对最终的结果是满意还是不满意？是否还需要做进一步的改变或修正？反馈的长远意义是：让幼儿最终成长为能够有效地监控、调整自己学习行为的人。

反馈的具体行动方式是：对年龄小、发展水平低的幼儿，教师应直接再现幼儿所说的话和所做的动作（一般不反馈幼儿的失败和错误）。教师的反馈语言一般是"他刚才……"，然后重复幼儿所说的话，并在需要时用动作再现幼儿的动作。对于年龄较大、能力较强的幼儿，教师可让他们独立地，或在教师的提醒下，再现自己刚才说过的话或做过的动作。这时，教师的反馈语言可以是"你刚才……"。对于年龄大、能力强的幼儿，教师可让他们在行动之前先向大家报告自己的计划，然后鼓励他们按自己的计划行动。最后，要帮助幼儿检查计划实行的情况。这时，教师的反馈语言可以是"你打算……"。

鼓励：鼓励能激发幼儿的学习积极性，培养幼儿自信、自尊的自我意识。在这一方面，首先，教师要平等地给每个幼儿以鼓励。其次，教师应认识到：鼓励不等于赞扬。幼儿独立完成某项活动的要求后，教师要肯定其进步，甚至只肯定其参与或坚持完成活动过程的行为。这些对幼儿来说，都是鼓励。在幼儿对自己没有信心、表现出退缩或进退两难的态度时，教师的热情邀请、打气鼓劲的行动，能够起到促使其参与活动的作用。教师在提出有一定难度的活动要求之前，使用一点"激将法"，对年龄较大、能够理解这种激将法的幼儿来说，同样也是鼓励。甚至教师在活动过程中，用点头、微笑、空间上的接近、身体接触，以及眼神、体态来向幼儿表示：我注意你了，我看见你了，这样不错，请继续下去……这都是很好的鼓励。

角色的进入与退出："角色的进入"是指教师在教学活动中能够根据需要变换自己所扮演的角色，如扮演艺术情境中的某个角色，或扮演幼儿学习活动中的组织者、指挥者、领导者、督促者、支持者、合作者、分享者、欣赏者、观察者、反馈者、评论者，等等。"角色的退出"是当今幼儿音乐教育对教师行动方式提出的一种新要求。退出不仅指角色上的退出，即教师从自己所扮演的教师或非教师的角色中退出来，还包括心理上和空间上的退出。如在幼儿不知应该如何行动时，教师是指挥者，站在幼儿的对面，采用一种权威式的立场，组织或指导幼儿进行活动；在幼儿有能力、有愿望独立探索和尝试时，教师是支持者或合伙人，靠近幼儿或处于幼儿中间，采用一种与幼儿平等的立场，在幼儿需要时给予适宜的支持和帮助；在幼儿完全可以独立活动时，教师是观察者或欣赏者，站在离幼儿较远的位置上观察幼儿的活动，在幼儿需要的时候，给予点头、微笑、目光注视、手势示意等支持性的行为反应。教师进入角色对幼儿的即时意义在于：能有效地激发和安抚幼儿的情绪。教师退出的即时和长时意义在于：能使幼儿感受到教师的信任和自己的成长，并最终使幼儿形成自我管理、自我建设的积极、独立的人格。

督导：督导是传统幼儿园集体教育教学活动中一种常规性的教师行为，其即时功能在于：避免因幼儿个人的自由散漫行为对群体的适宜唤醒状态产生消极影响，维护集体音乐活动的良好审美秩序，保证有限单位教学活动时间的高效利用。其长时功能在于：帮助幼小儿童逐步建构起对社会生活秩序的责任感，形成能够自我克制、自我约束、自我管理的自律性社会人格品质。

近年来，由于幼儿教育界对于"解放个性教育"观念的认识不够全面，使许多教师认为应该认可幼儿在集体活动中的所有个人行为，放弃了对幼儿社会性发展的全面督促和引导。对此，我们付出的惨重代价是：在即时情况下，幼儿不知道基本的学习规范，时常因懒散的身心状态而不能进入适宜唤醒状态；或因过度兴奋的身心状态而游离于中心学习内容之外。为此，教师时常要将大量的时间和精力花费于劝说、安抚和等待上，其结果往往是以师生双方迅速进入疲劳、焦虑的状态，以及白白浪费有效教学时间而告终。在长时情况下，幼儿低水平发展的学习习惯和态度，不仅会日益恶化班级的教学环境，造成全体幼儿全面的低水平发展，而且不利于幼儿进入小学后的发展。因此，教师绝不能放弃对幼儿进行督导的责任。

在幼儿园的班级管理中，除了建立必要的生活、学习常规外，还必须让幼儿养成参加集体音乐活动的良好习惯，并努力使幼儿明白这些行为规范对他们的积极意义。如："假如大家都想玩这个好玩的音乐游戏，必须把自己的嘴管好，否则，我们听不见音乐，游戏也就不好玩了。"在集体音乐活动过程中，教师最重要的督导行动有两种：其一，在开始某个活动之前，一定要让幼儿先进入适宜唤醒状态。当教师预计幼儿在下面的活动中可能会发生失控行为时，应在活动开始之前预先提醒并用积极的语言让幼儿理解某种控制的要求，如"森林里要非常安静时才会听到下雨声"、"小精灵脚踩得太响，就听不见音乐什么时候告诉我们要突然变成小种子了"、"个别小朋友只顾自己大声唱歌，我们大家的歌声就会变得很难听"。其二，当幼儿做出教师预料之外的失控行为时，有时哪怕只是个别幼儿，教师也必须立刻采取行动。否则，这种失控的状态会马上蔓延，变成大面积的失控。一般情况下，如果只是个别幼儿，教师可用目光注视、空间接近、身体接触，甚至直接点名的方式来调整。如果是较多的幼儿，教师则需要暂停活动，重提要求并鼓励幼儿按审美的要求参与活动。

上述教师的行动方式，一般都具有激发和维持幼儿适宜心理唤醒状态的作用。这些行为方式对形成良好的师生关系，帮助幼儿养成积极、独立、自律的个性，具有不可低估的作用。

（三）材料因素的调节

音乐教学活动中所使用的材料一般可分为音乐材料和动作、其他辅助性操作材料。其中，音乐材料和动作包括在音乐活动中使用的音乐作品和动作作品，以及这些作品的构成要素，如基本节奏或节奏类型、基本动作、音乐结构、舞蹈结构、速度、力度、动作的幅度等。其他辅助性操作材料包括乐器、教具、学具、道具、身体装饰用具，以及音像制品和音像播放设备等。

1. 音乐材料和动作方面

在音乐材料和动作方面，调节技术主要针对以下五个方面。

（1）难度。一般情况下，难度在中等水平的音乐或动作，也就是稍稍超出班级一般水平的活动难度,比较容易激起和较长时间地保持大多数幼儿参与活动的兴趣。

（2）陌生或新鲜程度。一般情况下,音乐内容或音乐形式对幼儿来说比较新鲜有趣但又不完全陌生,使幼儿有较多旧有经验可以迁移时,活动容易引发和较长久地使幼儿保持学习积极性。

（3）进行速度。当音乐、动作作品本身或作品中的技能对幼儿来说比较陌生或困难时,使用正常的速度往往容易引起幼儿的烦躁和慌乱。在这种情况下,一般不宜采用以正常速度播放音乐,而应采用教师清唱歌曲或乐曲曲调的方法。教师哼唱乐曲曲调时,最好能使用正规的唱名法,以便自然地帮助幼儿形成唱名音程的感觉。这种方法之所以值得提倡,是因为教师自己唱曲调,能更好地面对幼儿,观察幼儿,引导或指导幼儿。在这种情况下,教师不必去协调伴奏的教师,也不必去关注乐谱或键盘,随时根据幼儿的实际反应可快就快、当慢就慢,需停就停,随时进行调整,也可以明确地向幼儿暗示音乐或动作的呼吸、句逗、结构、表情,以减轻幼儿在表演过程中的记忆负担,降低幼儿生理、心理上不必要的紧张程度,减缓疲劳的进程,提高学习的效率。

音乐教学心理学的研究告诉我们,在音乐教学的过程中,教师应首先有意识地让音乐跟随幼儿,在幼儿逐渐有了跟随音乐的意识和能力之后,再逐步引导幼儿学会主动地跟随音乐。因此,在教幼儿学习跟随音乐的动作时,一般的配乐程序应当是:教师清唱跟随幼儿做动作的速度——教师（自己或他人）弹琴,用大多数幼儿能够舒适地做动作的、较慢的速度——教师弹琴,用比正常速度稍慢的速度——教师播放音乐,并提醒和鼓励幼儿倾听和努力跟随音乐。在不清楚幼儿最舒适的速度时,教师应一边唱或弹琴,一边观察幼儿的反应。如果幼儿表情紧张,动作生硬而不流畅,教师应调整速度,直到幼儿的表演显得比较轻松、顺畅为止。

（4）力度与幅度。一般情况下,在幼儿对新材料熟练掌握之前,教师应要求他们使用较小的动作力度和幅度;在熟悉之后,则要求他们逐渐恢复正常的力度或幅度。这是因为,较强力度和较大幅度的动作容易引起幼儿的过度兴奋、注意力分散和行为失控。而面对新的学习内容,需要幼儿稳定镇静的情绪状态,集中的注意力和适当的自我克制。

（5）完整性。目前,许多教师忽视音乐的完整性。许多音乐表演活动在没有前奏,甚至没有预令的情况下就稀里糊涂地开始。有时即便有前奏和预令,但因为没有舒适地进入"气口",所以幼儿难以轻松地进入。同时,许多教师忽视音乐的结束,他们往往在音乐刚刚结束时就立刻开始说话、立刻停止弹琴,或结束音乐播放,把音乐尚未结束的气氛硬生生地割断。久而久之,这种忽视音乐完整性的做法会造成幼儿对音乐的整体完整性的忽视。以后,再好的音乐也将难以吸引幼儿。更重要的是,这种浮躁的音乐教学必定会养成幼儿浮躁的性情。好的教师不仅十分注意向幼儿展示音乐的完整性,而且注意逐步引导幼儿关注和享受音乐的完整性。最为简单的做法是:每次练习尽量做到跟随音乐的前奏开始;练习后,教师不要立刻开始说话,而是做出"沉浸"在音乐中的样子,直到最后一个音的余音或意味散去之后再说话;幼儿回到座位或出教室后,教师要等音乐结束时才停止弹琴或结束音乐播放。有时,在自己弹琴的情况下,教师可以反复弹奏乐曲的最后一句,并渐弱渐慢,直到所有的幼儿都回位或出教室后,再在最后一个音上结束弹奏。

2. 其他辅助性操作材料方面

在其他辅助性操作材料方面，调节技术主要包括如下几个方面。

（1）乐器。在初次接触新乐器时，宜采用个别幼儿在教师引导或指导下，面对全体进行探索，其他幼儿经观察、思考、讨论后再徒手实践体验的方法。在使用较熟悉的乐器时，宜采用全体做整齐划一动作的练习方法。在学习演奏新的打击乐曲时，宜采用先徒手做模仿演奏的动作的方法；待幼儿初步掌握配器的节奏、音色的整体布局后，再让他们使用乐器进行实际的演奏。对于可能对集体活动产生不良影响的幼儿，教师一定要及时想办法。这样可以避免不良影响的继续扩大，也可以帮助幼儿逐步养成自我克制、自我调整的好习惯。

（2）教具与学具。教具一般由教师使用。教师"退出"后仍有必要时，可交给担任"小老师"的幼儿使用。当幼儿面对陌生的学习内容时，一般要避免将教具当作学具来使用，即避免向幼儿提供人手一件的教具（这时教具便成为学具），以避免教具形成新的无关兴奋中心，分散幼儿对主要学习对象的注意力。特别是当某一教具的新鲜程度高，能轻易引起幼儿的高度兴奋时，只以一件教具并由教师操作，更容易使幼儿的注意力集中于教师的身上。另外，所有需要跟随音乐演示的教具，都必须能帮助幼儿理解或引起幼儿想象，并且便于制作和便于操作。教具使用完毕，活动中心转换后，一般应将教具从幼儿的视觉范围内移走，以免先前活动中的教具成为后续活动中的无关兴奋中心。特别是当幼儿年龄小，自控能力差，或教具非常有吸引力时，更要注意这样做。

（3）身体装饰物，即指头饰、服饰、面具等用来引起幼儿兴趣或想象的，装饰在师生身体上的装饰物。在非必要的情况下，教师应避免向全体幼儿提供这类装饰物。因为穿戴和脱去这些装饰物比较花费时间，且有些装饰物在幼儿运动的过程中极易发生脱落、破损、遮挡视线等问题。一般情况下，教师宜先向个别或少数幼儿提供这类物品，然后根据实际需要向更多的幼儿提供。需要注意的是：在为活动考虑身体装饰物的时候，必须考虑应用的必要性。对于幼儿比较熟悉、可直接引起想象的内容，或者对于本身非常有吸引力的活动，往往无需使用。当然，确实需要某种身体装饰物的时候，就得巧妙地使用。如某教师设计了一个需要分两队来表演的美丽金鱼的集体舞。这个舞蹈需要幼儿区分自己属于哪一小组，还要在舞蹈过程中区分左右方向。这个教师选择金鱼形象的装饰，即将红、黄两种皱纸粘在松紧带圈上，象征两色金鱼的鱼鳍，每人发一个，套在幼儿的右手腕上。这样既解决了分组的问题，又解决了左右的问题，而且还解决了装饰物的形象过于现实化的问题。此外，这种装饰物戴上或脱下既不会浪费时间，也不会分散幼儿对舞蹈的注意力。

（4）道具。道具（也包括教具、学具、乐器、身体装饰物等）的使用情况通常有两种：一是教师或主要角色使用；二是所有幼儿同时使用。在第一种情况下，对道具的要求是：数量少，结构简单，不易破损，象征性强，新颖有趣，但要注意避免过于精致、逼真，以免影响幼儿的想象力。在第二种情况下，除满足上述要求外，还应尽量使每个幼儿使用相同的道具，以免幼儿对他人的道具产生探究、占有的欲望，形成新的无关兴奋中心。当然，对于较大的幼儿，教师可根据需要增加同一活动中道具使用的种类，以此有意识地锻炼幼儿的社会分工意识和自我克制能力。在道具提供的时机方面，一般应注意：在幼儿对表演内容不熟悉时，不宜提供道具；在一次集体活动的开始或中间部分，不宜提供道具。也就是说，在熟练活动或放松活动中使用道具是比较适宜的。在活动结束时，教师应当要求并指导幼儿将道具认真、仔细地收放整齐，以培养幼儿良好的生活习惯和对环境的责任感。

（5）音像制品和音像设备。音乐活动中使用的音像材料或材料的片段，是经常要反复播放的。教师应事先根据需要将所需的材料准备好，同时注意将不同的材料保存为不同的音频文件。活动之前，教师应将所有要用的音频文件按活动的顺序排列好，容易搞混的文件做好命名工作，并将播放器打开，调至可播放的状态。此外，所有教学设备应事先检查、准备到位。如果上公开课，还应准备备用的播放设备。现在，电子设备的使用成了幼儿园教学研究的热点。这本身是件好事，但我们不应该忘记：手段是为目的服务的。如果教师在设计、制作、练习操作、应付电子设备故障上花费很多的时间和精力，却没有产生好的教学效果的话，就得不偿失了。

（四）程序与方法因素的调节

对程序与方法因素的调节，主要体现在以下几个方面。

1. 活动程序的调节

分析音乐活动程序的调节，可以从不同的角度进行。从程序的功能结构上看，有开始部分（唤醒功能）——基本部分（维持唤醒的功能）——结束部分（恢复功能）。从程序的刺激强度上看，有动的程序和静的程序。从程序递进的速度上看，有"快进度"模式和"慢进度"模式。

一般情况下，在一次独立的音乐教学活动过程中，教师要在活动一开始就有效地使幼儿的情绪振奋起来；在学习重点内容的基本部分，能不断地调节幼儿的情绪和注意状况，使之较长时间地维持在一种适中的兴奋水平上；在活动的结束部分，应尽可能地使幼儿的精神和体力放松、恢复到正常的状态。这三个部分的具体活动内容，则可根据需要灵活处理。

一般情况下，动的程序与静的程序应相互搭配并有节律地交替。具体如何处理，一方面可视各活动内容本身的情绪激发潜力而定，在活动前预先搭配好；另一方面，教师应注意在活动过程中观察幼儿的反应，随时进行调节。幼儿显得太"静"了，要设法让他们"多动动"；幼儿"动"得太厉害了，要设法让他们"静一静"。如：当一次活动的主要部分是学习新歌曲，学习方法又是以坐着唱为主时，开始和结束部分就宜安排幼儿熟悉的韵律活动或以动为主的游戏。

一般情况下，为了能够适应大多数幼儿的实际水平，教师组织的音乐活动在程序上宜"细"不宜"粗"，宜"慢"不宜"快"。因此，在设计活动时，应尽可能将环节与环节、步骤与步骤之间的过渡处理得细致一些。程序设计得越细致，即"步距"越小，教师越可能根据幼儿的实际反应灵活地调整活动的进度。

2. 活动方法的调节

音乐活动方法的调节也可从多种不同的分析角度进行，如可分成参与的方法与观察的方法，或分成创造的方法与模仿的方法等。

在一般情况下，参与的方法比观察的方法更容易产生"高唤醒"的效果。全体幼儿整齐划一地参与比个人自由地参与更容易产生"镇静"的效果。如：教师在组织幼儿进行"过新年"的韵律活动时,在一个学习习惯良好的班级,让幼儿一起来讨论该怎样做,比由教师一个人讲述更容易调动幼儿对活动的积极性;让幼儿一起来为"过新年"的音乐起一个名字,比让幼儿一起来记诵该音乐的名字更容易激起幼儿对活动的积极性。但如果在一个学习习惯还有待培养的班级,讨论则可能引起冷场或混乱。当然,我们也常常需要使用观察的方法。因为面对一个新的活动或作品时,幼儿首先需要冷静地反复观察(倾听、观看),待初步形成清晰、稳定的听觉、视觉、动觉表象之后,幼儿才可能比较正确、轻松地进行再现活动。如果一开始就让幼儿用唱或跳的方式参与其中的话,会使幼儿陷入疲于应付、顾此失彼的境地。最终的结果可能是:幼儿难以形成正确的"动力定型",而形成的错误又很难纠正,同时幼儿容易进入疲劳或兴奋扩散的状态。

在一般情况下,创造的方法比模仿的方法更容易激起幼儿的积极情绪。如组织幼儿做一个"小狮子玩绣球"的韵律活动时,教师热情洋溢地将事先编好的动作一一教给幼儿,并在组织幼儿练习时善于进行情感激励,幼儿会很快乐地参与学习。如果教师能够提供一些机会,让幼儿提出小狮子在玩绣球时还会做哪些不同的动作,并让提出新动作的幼儿担任"小老师"带领大家一起表演,幼儿会更加快乐。幼儿在其中体会到的自豪与自信,对维持学习积极性的作用是不可估量的。当然,整齐划一的模仿练习也是一种有用的方法。它不仅在语汇、作品的有效积累,技能、技巧的有效提高方面起到至关重要的作用,而且在情绪的有效镇静、注意力的有效集中方面有独特的功用。如"请你像我这样做",就是一个众所周知的有效范例。

此外,还有一些特殊活动方法。特殊活动方法是指不同领域音乐活动所必须使用的独特方法,或对不同年龄、不同个性、不同能力的幼儿群体和个体所应该使用的独特方法。如果某些方法使用不当,往往会造成不适宜的心理唤醒状态。如:传统的打击乐器演奏教学,采用的是先分后整的教学法和划拍子式的指挥法。现已证明,这两种方法是造成幼儿认知混乱,而后进一步造成疲劳或兴奋扩散的原因。先整后分的教学法和打节奏式的指挥法则有更好的教学效果。再如:在歌唱教学中,教师正确示范的方法往往比讲解更容易使幼儿获得美好的音色,以及声音表情、体态表情和面部表情。再如:对不同能力和个性的幼儿进行鼓励时,教师所用的身体接触的方法应该是不相同的。

活动方法的调节有许许多多,教师必须在实践中逐步发现各种不同方法在幼儿心理调节方面的不同作用,然后逐步驾驭各种教育、教学方法。

(五) 时间与空间因素的调节

时间因素的调节主要是关注幼儿外显行为所显示的心理时间,根据幼儿的实际心理需要有弹性地掌握活动时间的长短。空间因素的调节主要是采用与特定幼儿或幼儿群体特质相匹配的空间;或与幼儿当时的心理需要相匹配的空间;或与特殊音乐实践活动相匹配的空间。

1. 时间因素的调节

音乐活动的时间实际上应该既有限制又有弹性。尽管从外在来看,不同年龄班的集体音乐活动在时间上有十分明确的规定,但教师在实际活动中要注意的,不应是钟表所显示的时间,而应是幼儿行为所显示的心理时间。教师不应等到幼儿的积极性开始进入下滑状态后才转换活动或结束活动,而应在其活动积极性上扬曲线的末端开始导入新活动或结束活动。这种对时间灵活处理的观念和方式,可有效地避免幼儿的疲劳和消极情绪的产生,使每次音乐活动都能给幼儿留下美好的印象。久而久之,可以培养幼儿对音乐活动的期盼之情。

2. 空间因素的调节

集体音乐活动中的空间处理,也是影响幼儿心理唤醒状态的重要因素。这方面的处理技术比时间的处理技术要复杂一些。对于不同的活动,处理的方法也不同。

(1) 在歌唱活动中,一般应该把音准、节奏能力较差的幼儿安排在靠近教师和琴的空间位置上,或安排坐在音准、节奏较好的幼儿中间;对于自我控制能力较差的幼儿,可根据其自我控制的影响因素,分别安排在靠近教师的位置,或集体边缘不易影响他人的空间位置上,或安排于自控能力较强的幼儿的包围之中。在对唱、领唱、齐唱、轮唱、合唱等有特殊空间要求的活动中,同一声部(唱法相同的幼儿)应集中坐(或站)在一起,相互配合的声部应坐(或站)在能用眼睛相互交流的空间位置上。

(2) 在奏乐活动中,应该将音色相同或相似的乐器安排在一起;将演奏相同节奏型的乐器安排在一起;将特殊音色或特殊演奏法的乐器安排在一起,并相对靠近教师或靠近指挥者所站的空间位置上。歌唱和奏乐活动中的合理空间安排,不仅能够排除一些由人为因素造成的干扰,而且可以提高听觉和视觉效果中的秩序感、和谐感,同时增加幼儿的审美享受。

(3) 在游戏、韵律活动、有动作参与的音乐欣赏活动中,往往需要更大的活动空间。但是,一方面,大部分幼儿园空间小,幼儿多,不可能满足基本的自由身体活动的要求;另一方面,如果不能使幼儿从小养成良好的自我克制习惯和社会空间共享能力,符合要求的空间也不能真正发挥出应有的教育效果。因此,教师一方面可根据活动内容的具体要求采用一些方法,如合理选择队形、轮流进行活动、大动作改小动作、行进动作变原地动作、自由即兴的创造活动换成整齐划一的模仿活动等,以减少因空间狭小而引起的矛盾和秩序混乱的情况,进而减少可能引起的烦躁、焦虑、过度兴奋等不适宜唤醒状态的情况。在这里,可以提供的一些规律是:有队形比没有队形稳定;站圆圈、面向圈里、教师同在圈上,比站方阵、教师与幼儿面对面稳定;坐着比站着稳定,站着比走着稳定,走着比跑、跳稳定;独自活动比结伴活动稳定。另一方面,教师不能消极地避免"不稳定"状态,而应在合适的时机巧妙地创造"不稳定",让幼儿对各种空间问题的挑战给出回答。即:教师应有意识、有计划地向幼儿提供机会,使他们逐步学会如何尽可能地利用有限的空间;学会如何与他人共享有限的空间;学会找较空的地方活动;学会通过改变动作的姿态、幅度以及行进的方向或速度来避免相互干扰,加强相互配合等。实践证明:教师完全可以通过良好的教育来提高幼儿适应不良空间条件的能力。

总之,幼儿园集体音乐活动过程的心理调节,是多因素、全方位的调节过程。为能切实提高单位时间内的教育效果,促进幼儿有效全面的发展,教师应努力学会把握音乐教学过程中诸多因素对幼儿心理唤醒产生影响的机制,并学会有效地控制和调节这些因素,使它们对幼儿园音乐活动的过程及效果产生更多积极的影响。

第五节　集体艺术教学活动的评价

一、集体艺术教学活动评价的内容

(一) 活动的基础

活动的基础主要指儿童的发展水平和已有的经验。儿童的发展水平，即儿童在认知、情感和操作技能三方面的发展状况；儿童的已有经验，即儿童已经获得的知识、观念、体验和习惯了的行动方式等。

教师对活动基础判断的失误，将直接导致活动过程中的障碍，影响到活动目标的达成。如某教师在一次公开观摩活动中，看到一个"扶老公公走路"的小班韵律活动，就将该活动推荐给自己班上的幼儿。但在活动实施后，她发现，自己班上的幼儿不仅缺乏"老公公走路"的实际经验，缺乏创造性地用动作表现生活经验的能力，而且缺乏合作表演的经验。所以，幼儿活动时显得手足无措，紧张且毫无乐趣。这说明，教师不能简单地仅凭年龄来判断儿童的发展水平和已有经验。

(二) 活动的目标

活动的目标指教师期望活动所达成的教育结果。评价活动的目标，应该从两个方面来进行：一是看活动目标与单元目标以及总目标之间的联系是否密切；二是看活动目标与本班儿童的实际情况是否相适应。也就是说，活动目标被孤立起来看时，可能是合理的；但与上级目标及本班儿童的实际情况联系起来看时，则可能不合理，需要调整。所以，判断活动目标合理与否，一定要结合上级目标和儿童的实际情况来进行。

如一位教师在一次韵律活动中将目标定为：有节奏地随音乐模仿教师做"小鱼游"的动作。从活动结果看，幼儿在模仿教师所做的动作时，节奏掌握得比较准确，动作与教师很"相似"。可以说，该目标是合理的。但对照音乐教育总目标，就会发现：这位教师忽略了创造性的目标，因而这一目标是不够完善的，应调整为：有节奏地随音乐创造性地模仿小鱼做动作。而另一位教师在同样的活动中，将目标定为：学习随音乐有节奏地创造"小鱼游"的动作。在具体实施时，教师把注意力完全放到"做出与他人不同的动作"上，而没有考虑到幼儿不经教师指导不可能独立地把握音乐的节律，结果创造出来的动作不能与音乐相协调。所以，应该将目标分解为：学会听音乐做动作和学会创造出与他人不同的动作，即在同一次活动中分两个步骤来逐步实现目标。

(三) 活动的内容、材料和环境

活动的内容、材料和环境与活动的基础、活动的目标是相互影响、相互制约的。因此，在评价活动的内容、材料和环境时，必须考虑所有的相关因素，从活动的整体效果来评价各个因素的存在及其存在状况的合理性。

例如，在一个场地大、人数少、幼儿自律性发展较好的大班中，教师让幼儿排成两列长龙，随音乐在教室中游走并借此感受聂耳的《金蛇狂舞》，以此锻炼幼儿的自控能力、合作能力和感受欢腾性质音乐的能力。而在另一个场地小、人数多、幼儿自律性发展较弱的大班中，教师将座位排成六列长龙，幼儿坐在座位上用上肢表现龙的游走，既可满足幼儿感受表现欢腾场面的需要，又可以避免造成秩序混乱和身体冲撞的矛盾。这两种设计对各自的班级来说都是合理的。

（四）活动的过程

活动的过程主要指活动中师生相互作用的过程。从改进教育工作的目标出发，评价的对象主要是教师的行为。评价教师在教育过程中的行为，可从以下几个方面入手。

一是教师的精神面貌。主要包括：精神状态是否振奋；是否显示出对活动的热情；对幼儿的态度是否亲切、自然；讲解、示范是否具有吸引力等。

二是教师的组织工作。主要包括：能否有效地调动和保持大多数幼儿参与活动的积极性、主动性；能否冷静地、有条不紊地追求活动的目标、执行活动的计划；能否灵活地根据幼儿的实际情况调整教育活动的目标和计划等。

三是教师的教育指导工作。主要包括：讲解、示范是否准确、熟练、清晰，能否为大多数幼儿所接受；能否熟练地利用角色变化来引导幼儿的学习；提问能否有效地激发幼儿进行独立的、有创造性的思考和交流；给幼儿的具体帮助是否适时、适度；是否注意针对幼儿的个别差异进行指导。此外还有，教师是否注意引导或指导幼儿参与了对自己或同伴当下活动的评价，以及对教师的评价。

（五）活动的效果

活动的效果主要是指从幼儿的行为表现中反映出来的教育效果。其中包括：幼儿的情绪是否振奋、愉快、轻松、自然；幼儿的注意力是否集中；幼儿参与活动的主动性、积极性是否高涨；对于活动预期掌握的知识、技能，幼儿是否已经掌握等。

二、集体艺术教学活动评价的方式

学前儿童艺术教学活动的评价方式，一般可以从以下不同的角度来分析。

（一）自我评价和同行评价

从评价者的角度出发，可以把评价分成自我评价和同行评价。在评价过程中，这两种评价方式经常是结合使用的。更重要的是，同行评价和自我评价不完全等同于"批评和自我批评"。因为，"批评"主要是针对"不完善"、"缺陷"、"缺点"或"错误"的，而"评价"主要在于反思总结经验和教训，找出规律和解决问题的方法，以便更好地自我发展。在这里，经验和教训是公共财产，而不是个人的荣耀或耻辱。不解决这一观念问题，评价活动便容易"走过场",或者产生"腐蚀"或"伤害"个人成长意向的消极作用。

在同行间进行的评价如果处理得好,通常可以解决"当局者迷"的问题。特别是对缺乏经验和反省能力的新教师,可以帮助其建立比较客观的评价标准,使其获得他人的教育教学经验,促进其教育教学水平的提高。

最新的研究表明:创造积极的自我评价的氛围,增强自我评价的意识,提高教师的自我评价能力,有助于教师获得可持续的自我发展的意向和能力。具有良好的自我反省习惯的教师,会更快地成长和更持久地进步。

(二) 书面评价和口头评价

从评价过程与结果的记录或交流的角度出发,可以把评价分成书面评价和口头评价。从自我反省性评价的角度,也可以进行书面的和口头的评价。不过,对自己的口头评价往往是用不出声的内部语言来进行的。书面评价的好处是:评价的信息可以积累,事后还能再回过头来查阅,可以让教师了解自己对某些问题思考以及认识的变化轨迹。口头评价的好处是:评价信息可以马上得到反馈,各种意见可以得到及时的碰撞、交换,使被评价者很快获得较多、较全面的评价信息。当然,带有讨论性质的同行口头评价之后,在综合大家意见的基础上再进行个人的反省和书面的自我评价,往往会有更好的效果。

(三) 全面评价和重点评价

从评价内容的全面性角度出发,可以把评价分成全面评价和重点评价。全面评价往往可以全面衡量一个教师的教育教学水平,为了解教师的整体情况提供一定的参考信息。重点评价主要针对一群或一个教师近期希望解决或提高的主要问题。教师在设计、实施和评价自己的教育教学活动中的意向和行为时,可以将主要注意力放在自己所关心的某一个或某几个问题上。所以,重点评价对教师特定方面的自我提高更有针对性。

(四) 独立片段评价和连续评价

从评价的连续性出发,可以把评价分成独立片段评价和连续评价。独立片段评价主要是针对一个独立的教育活动甚至是中间的某一个环节进行的评价。相对来说,比较就事论事,但探讨的问题比较集中。连续评价主要探讨存在的问题、问题的原因和问题解决的效果。相对来说,更注意某个具体问题解决的进展情况。实际上,如果在一段时期内,每次独立片段的评价问题比较集中,汇集起来就可能解决一个比较有价值的教育教学问题。

三、集体艺术教学活动评价的原则

(一) 诊断性原则

艺术教学活动的评价要有诊断作用。也就是说,评价不但要指出现状和评定差异,更要指出造成现状和产生差异的原因。有时可能一时不能确定主要原因,也应分析和推断出若干个可能的原因。只有这样,评价才能最终帮助教师找到解决问题的途径。

比如，某青年教师在组织幼儿进行音乐活动时精神饱满，态度热情，语言生动，弹琴、歌唱、跳舞很熟练，富有表现力。但是，和这位教师一起活动的幼儿却表情平淡，注意力不集中。在幼儿园组织了若干次诊断性评价之后发现：原来，这位教师总是习惯于用抬头、挺胸、上身微微后仰的姿势面对幼儿，这位教师的视线总是高于幼儿的头顶，极少与幼儿的视线相接触，结果造成教师与幼儿之间的隔阂感。这样，教师的指导也就很难对幼儿发生作用。经过评价和提供积极的改进建议，这位教师很快把握了与幼儿沟通的要领，使"幼儿的眼睛找到老师的眼睛"，从而成为深受幼儿欢迎的好教师。

（二）针对性原则

艺术教学评价活动应该具有针对性。也就是说，评价工作要围绕当前存在的主要问题来进行，以有效地促进问题的解决或改善。如果评价不能针对存在的问题，仅是泛泛地进行评价，会使评价流于形式，造成教师对评价的淡漠感。

比如，某幼儿园一直采用"示范——模仿"为主的教学模式。在接受"应发挥儿童学习的主动性、创造性"的新观念之后，幼儿园希望教师更多地尝试"引导——探索——创造"的新教学模式，同时评价工作开始围绕"自觉、熟练应用新模式"的困难和策略等具体问题来进行。这样，评价的针对性明确了，盲目性减少了，教师参与评价的积极性也就提高了。

（三）建设性原则

艺术教学评价活动应该具有建设性。也就是说，所有评价都是为了不断总结经验，找出问题和改进教育教学工作，因此在评价中要向教师提出建设性意见。有些观摩、评优活动，事先做了大量的"准备"工作，将原本应该在真实的教学活动中暴露出来的问题掩盖在"开课表演"前的"排练"之中。这样的做法，会降低评价的效果，对一定范围内教学研究工作的健康发展产生消极的影响。特别是当进行教育工作质量评估时，如果仅按比例评出优良中差，但不向教师提供改进建议，容易使教师只注意自己的等第而不注意未来努力的方向，这对幼儿园和教师本人的长远发展都是无益的。

四、对幼儿进行评价和引导幼儿自我评价

（一）对幼儿进行评价

幼儿园的教育评价包含对幼儿进行评价，因为教师所有的教学设计工作必须以幼儿为本。对幼儿进行评价，不是对幼儿进行测量，更不是对幼儿的发展进行说明或"打分"，而是以幼儿当下的发展为基点，为其下阶段的发展规划方向。在这一方面，目前可以自主尝试的工作主要是"建构"自己可熟练使用的评价体系。"建构"是一个动态的词语，在这里特指教师通过与幼儿的日常互动来解释幼儿发展现状和明确幼儿发展目标的能力。

1. 根据幼儿发展差异建立评价层级

在一个班级中，各个幼儿在同一方面的发展水平是不一致的。这种情况正好给教师一

个机会,即将本班幼儿某方面的发展按水平高低"排起队来",形成一个发展水平的阶梯。一般说来,只要通过比较和鉴别,教师就能够发现各层级之间细微的差异,这样容易为发展比较缓慢的幼儿找到最为接近的榜样,并提供更为细致的指导。

2. 根据幼儿发展缺憾建立评价角度

在学习的某个阶段,教师在和自己以前带过的班级比较,或者和幼儿园的平行班比较时,如果发现本班大部分幼儿在某方面发展上的不足,可以就这个方面进行评价标准的层级研究,并以此为依据设计下一阶段的教学促进计划。当然,经过认真的反思,教师很可能最终发现:真正需要改善的是自己的评价眼光和教学策略。如在组织幼儿结伴进行创造性律动表演时,教师也不太清楚除了节奏感发展方面的水平差异以外,幼儿之间还有哪些乐句和乐段的感受、表现能力和交流合作方面能力发展的水平差异,因此就不知道应该怎样引导幼儿互相学习,自然也就不会做这方面的教学促进设计的努力。

3. 根据幼儿发展优势建立评价角度

幼儿经常会迸发出让教师惊讶不已的创造火花,特别是当教师越来越多地给他们教学互动的机会时。这样,教师可以就这一方面进行评价标准的层级研究,并以此为依据来设计本班下一阶段的教学促进计划。如某教师发现班级中有个别幼儿在"小舞台"游戏区演示"街舞",吸引了一些孩子的注意。该教师本身喜爱舞蹈,对街舞有一些了解,就让幼儿在班级电脑上观看"街舞"的影像资料……很快,教师在与幼儿的互动中发展出一系列集体"街舞"教学指导活动,使双方在这一过程中体验到了"成长的快乐"。

(二) 引导幼儿自我评价

自我评价能力的发展不仅是一个人学习能力发展的主要指标,而且是其主体性发展的重要指标。培养良好的自我评价能力,能够使人具有自我引导、自我超越、自我实现的能力。因此,教师在艺术教学过程中需要注意以下几点。

1. 给予幼儿具有引导和激励作用的评价

(1) 多进行发展性评价。我们知道,横向比较评价的激励效果不如纵向比较评价好。但是,幼儿自己常常会横向比较,并通过比较确定下一个发展目标。所以,不应该把横向比较"一棍子打死"。不过,教师要谨慎地使用横向比较。如果需要幼儿通过横向比较确定发展的新目标时,应该使用"引导分享"的态度,可以这样说:现在我们的集体中有谁做的事情是大家喜欢的?愿意努力试试看的?同时,教师应该更多地向不自信的幼儿提供纵向比较的策略:你看,刚才你还认为自己不能做的呢,现在不是做得很好吗?

(2) 多进行引导和激励性评价。这种评价与上文的发展性评价是相互衔接的,区别主要在于对所有幼儿展示出努力提升自己的可能性:这件事情确实不那么容易,但我们大家应该相信可以挑战它! 看,我们现在都很努力,相信下星期会做得更好! 看,他试了好几次了,但他还是没有放弃! ……

(3) 坚持原则性的评价。这种评价通常是针对消极态度和消极行为的,比如说:因为你故意撕坏了他的作品,他很伤心,我也很为你难过! 你总是故意推搡别人,所以大家都不愿意做你的舞伴了！如果你在等待的时候不故意弄响乐器,我们大家可以再给你一次机会！你生气的时候,不可以对这些笔和颜料发脾气的！你弄它的时候征求过它的同意吗？我们看到,这些评价都不是直接的消极批评,而是帮助幼儿了解他们行为的消极后果,给他们提供自我调整的方法。

（4）不进行无具体指向的评价。这种评价现在越来越流行,其中的误区是：凡是评价必须说赞扬的话,没有具体可赞扬指标就说"泛泛的赞扬话"。这样评价是很不负责任的。人们都知道合理的、有激励实效的赞扬是"不赞扬能力,而赞扬努力",但是"你真棒"、"好"、"很好"、"非常好"这类赞扬,往往对一部分幼儿来说是"不知所云",对另一部分幼儿来说则是莫名的"沾沾自喜"。所以,教师应该注意避免这类无具体指向的评价。教师可以说："太好了,音乐结束时没有一个人动,都把自己'冻得硬邦邦'的！""你真棒！虽然你今天第一次举手要求发言,但有了第一次,你就不会再害怕了！""刚才你还不知道剪刀怎么拿,现在你剪出一个缺口来啦！让我们大家一起来为他拍拍手！"

（5）不进行"想当然"和"一刀切"的评价。这种评价与横向比较评价有一定的联系。每个幼儿在不同领域的发展速度是不一样的。如果教师以为对所有人提出一样的要求、用一样的标准评价是"教育公平"的话,那么,发展快的幼儿容易"自傲",发展慢的幼儿则容易"自卑"。正确的教育评价,应该全面引导幼儿培养一种平和地一步一个脚印向前努力发展自己的人生态度。所以,任何可能引起幼儿"自傲"或"自卑"的评价应该尽量避免。

幼儿的意愿画也好,即兴身体律动或造型表演也好,都是他们个性的反映,是他们生活经验和内心思想情感的表达,因而每个幼儿的作品都是不同的。在评价时,要打破教育不应有的整齐划一性,看到幼儿个性的差异,尽可能通过正面评价使幼儿获得积极的体验,感受到参与艺术实践的乐趣。与此同时,对其不足之处采用建议的方式提出改进意见。改进的意见应该是幼儿可以理解和执行的,例如说："你画的这个人很可爱哟！要是能再画得大一点,他的表情就可以看得更清楚了！"

（6）不进行有损自尊和人格的评价。上文反复申明,教育评价的价值在于引导和激励幼儿可持续发展的意愿。所以教师向幼儿提供评价意见或建议的时候,应注意随时反省自己的内心期望。这种期望如果指向幼儿积极进取人格的长远发展,便不会只"盯住"幼儿能力发展的速率和达到的实际水平,而是会更关注幼儿自我评价态度的发展状况。朴素地说,即教师的评价态度要真诚,真诚希望幼儿不断地发展,成为能够积极用评价来进行自我指引的人。而且,教师要注意锻炼自己的评价表达,关注自己的评价是否让幼儿感受到尊重和鼓舞。

2. 引导幼儿学习如何正确地进行自我评价

（1）给予幼儿自我评价的机会。任何能力的发展都离不开实践,自我评价能力也是一样。教师一般习惯代替幼儿说好或者不好,行或者不行,明白或者不明白,有困难或者没有困难。现在,通过实践,教师已经发现：只要给机会,并予以适当引导,幼儿能够逐步学会自我评价。如在学习一首新歌的过程中,有些部分总是唱不好,教师可以让幼儿一起讨论：哪个部分没有唱好,具体有什么困难,需要教师怎样的帮助。

（2）帮助幼儿获得自我评价的积极体验。人的自信是离不开自我强化的。一次合理的评价,能够让幼儿获得积极的体验,促使其产生更多自我评价和自我引导行为。如在独立完整再现新学习的韵律动作组合时,教师并不是"一刀切"地取消"示范",或撤走提示用的"变通舞谱",而是让幼儿自行选择需要继续看示范或不看。又如在幼儿能够初步使用较慢速度随音乐舞蹈时,教师向幼儿征询是否加速,并请幼儿在稍快和更快的速度中选择他们认为更舒适的速度。再比如,当许多幼儿对新学习的舞伴合作方式感到困难的时候,教师可鼓励幼儿:谁愿意先去尝试,就参与到团队的练习中去;谁希望继续观察和思考,可以多看别人做几次,给予幼儿这些机会后,教师需要细致观察他们的不同表现,然后向幼儿反馈:如果他们真正清楚自己究竟需要怎样努力、怎样的进度和怎样的帮助,就会成为学习的主人。当幼儿提出他们需要稍微再慢一点的速度并再次尝试后,教师可再询问幼儿:大家感觉如何?最后,直到幼儿都满意,教师可以说:"看来还是你们厉害,知道怎样的音乐是合适的!"

(3)帮助幼儿不断发展评价的指标体系。各种学科或领域学习的评价指标体系的获得,其实是个人不断在社会学习中发展的过程。因此,教师应该注意引导幼儿不断发展自己的评价体系。在这个过程中,教师可以向幼儿提供自己的各种看法,但更需要引导和鼓励幼儿分享他们各自的看法。比如幼儿在集体唱歌时只顾自己乱喊乱叫,教师可以将喊叫声录下来播放给幼儿听,请他们讨论是否喜欢这样的声音。如果下面没有声音了,可以再录再播放,直到幼儿找到他们自己满意的声音为止。对于大班幼儿,教师可引导他们在一个主题活动的过程中,将大家评价一个好的动作表演的标准用图画或文字记录下来,贴在某个展示区,如小舞台,供大家自我对照。

教师对幼儿进行评价和引导幼儿自我评价,其衡量评价正确性的标准只能是引导被评价人积极健康地自我成长。上述评价的思路和方法是比较新的尝试,但这些尝试值得去做,其目的是帮助幼儿更好地成为学习的主人和掌握自己命运的主人。

  本章提示

本章所阐述的各种问题不仅可以应用于幼儿园的集体艺术教学活动,而且可以应用于其他各领域或学科的集体教育。有些基本原则,甚至可以应用于个别化活动中的师幼互动或亲子互动。因此,学习者在了解和理解本章讨论的这些问题时,最好能够结合自己接受教育的经历来加以思考,比如这些看法和做法与你从前经历的有什么差别,为什么会有这样的差别,你自己的看法是怎样的,等等。

  问题与讨论

1. 练习:(1)在教师的指导下,集体修改错误的教育活动目标。(2)以小组讨论的方式,尝试独立撰写教育活动目标。(3)个人独立撰写教育活动目标,再拿到班级或小组中交流修改。

2. 集体讨论:纪律、管理、常规建设和身心舒适调节是什么样的关系?

3. 集体讨论关于评价的角度和标准。观摩幼儿园的一次音乐或美术活动,在教师的引导下尝试对教师的工作和幼儿的发展进行独立评价,然后与他人交流讨论。

4. 尝试对自己的模拟教学活动或实习教学活动进行口头和书面的反思性评价,并在班级中交流。

5. 在教师的组织引导下讨论:准教师在评价教师工作或幼儿发展的实践活动中会遇到哪些困难?请将这些困难汇总记录下来,作为日后学习的方向。

第二章 集体歌唱活动教学

 学习目标

1. 了解幼儿园集体歌唱教学活动设计与实施的一般思路。
2. 尝试并初步体验幼儿园集体歌唱教学活动实施的过程。

幼儿园分领域的音乐教学活动,长期以来一直被习惯性地分成"歌唱活动"、"韵律活动"、"打击乐器演奏活动"和"音乐欣赏活动"。曾有一个阶段还有"音乐游戏活动",后来因为所有的教学活动在理念上都追求游戏化,所以"音乐游戏活动"便不再作为独立的教学活动类型存在。在高水平掌握音乐教学实践精髓的人那里,所有的实践活动要义都是融会贯通的。而对于刚入门的新手来说,每一种实践活动是不同的,需要从头学起。

第一节 发展幼儿嗓音的艺术表现力

幼儿园的歌唱活动泛指所有运用嗓音进行的艺术表现活动。因此,除了通常意义上学习演唱同时带有曲调和歌词的歌曲以外,这类活动还应该包括自由哼唱,念念有词,有节奏地说,以及说、唱与动作表演等方式的结合。在这类活动中,发展的标准主要体现在两个方面:一是合理使用嗓音,用不容易伤害自己发声器官,而又能获得良好音色的方式歌唱;二是能够用歌唱的方式自娱自乐和合理地表达自己的感情。

一、共鸣位置与歌唱的美好音色

帮助幼儿获得正确的共鸣位置和美好、自然的声音,其方法主要有以下几种。

(一)口面腔共鸣向前唱

"口面腔共鸣向前唱"是中国母语发音最自然的方式,也是获得童声清澈明亮音色的一种方式,更是避免幼儿将声音压在喉咙里或压进胸腔的措施。

研究人员通过长期的研究发现：作为肌肉精细运动自我反馈调控的一种模式，对于如何进行口面腔共鸣，如何向前唱这一问题，通过语言来交流非常困难，也不大可能通过视觉或触觉来交流。但是，通过听觉可以自然地模仿和接近周围其他人的发音共鸣方式，如在同一个家庭中，甚至在同一个语言文化地域中，人们说话、歌唱的共鸣方式在总体上是十分相似的。幼儿园歌唱教学研究的结果也证明：只要教师和幼儿同伴能够提供正确的发音共鸣方式，那么每个幼儿都能够自然地掌握"口面腔共鸣向前唱"的歌唱发音模式。

（二）轻声入手和有控制地进行情感表达

在幼儿园歌唱教学中，普遍存在的问题是"大声喊叫"。幼儿用喊叫的方式歌唱时，他们身体的大部分共鸣腔并没有很好地参与共鸣。在这种情况下，他们的发音器官通常处在非自然的过度紧张状态之下，甚至会因为胸部、颈部肌肉过分紧张而造成如下情况：一方面胸部、颈部肌肉压迫血管，使颈部血管向外暴起，大量血液非正常地涌向脸部；另一方面压迫气管，阻碍气息顺畅地通过咽喉；再则引起泛化性的整个肌体的紧张——脸部、躯干和四肢都出现不自觉的强直状态。全身性的强直状态可以由非自然的发声方法引起，成为非自然舒适的内部状态的外部信号。这种非自然的体态和非自然的声音，不但会通过内部的反馈循环造成歌唱者不舒适的整体审美感觉，而且会造成倾听者的不舒适。

通过十多年的探索和研究，我们发现：在非压抑的情况下，尤其在自由、自然地唱歌时，幼儿所发出的声音是比较自然、舒适、松弛和美好的，而且唱"走音"的情况也往往大为缓解。所以，轻声，用"耳语"似的感觉开始唱，成为幼儿歌唱的"入门要诀"。

一些曾经尝试过"轻声入手"教学的教师发现：一要求幼儿轻声，幼儿就会"没声"，即便"有声"，音色也总是不够清澈明亮，缺乏童声磁性。实际上，研究已经证明：在"轻声入手"的初期，幼儿的音色确实会让人感到软弱一些，那不过是因为幼儿在生理和心理上还没有达到协调。在有着"轻声入手"良好习惯的班级，在完全没有心理负担的情境下，一旦情绪、情感进入适宜状态，明亮、美好、富于感染力的歌声马上就会自然出现。所以，教师不必担心"轻声入手"会造成失去美好童声音色的问题。

在指导幼儿做"轻声入手"的歌唱练习时，教师不应该直接用指令的方式要求幼儿压低音量，而是应当用富于情感感染力的、口面腔共鸣向前发音的、耳语般轻柔的声音来对幼儿讲解要求，发出邀请和进行歌唱示范。提供的琴声前奏和伴奏的感觉也一样。

与不应该直接要求幼儿"小声唱"一样，教师也不应该要求幼儿"大声唱"，因为这种直接指令同样会造成幼儿的紧张和惶恐。所以，最"聪明"的办法是由教师作为正确的榜样。教师应该明白：即使你所唱的是一首很令人兴奋的舞蹈歌曲或行进歌曲，也不需要用很大的力气来演唱。我们要努力做到"声音不大气势大"。所谓"气势大"，主要是体现在咬字、吐字所造成的声音表情上，以及由内部情感体验所引发的体态（包括脸部）表情上。这一点，下面我们将专门讨论。

（三）从较高音区开始逐渐向下唱

有关研究表明，婴幼儿最先获得的音区是在与口面腔共鸣相适应的中音区，即在每秒钟振动440次的标准音——小字一组的a——也就是我们通常所说的C调的中音"la"附近。新生婴儿开始学习发音时,音区会稍稍偏高一点,通常的共鸣位置在眼睛附近。所以,人们总觉得婴儿的声音比较"尖亮"。随着年龄的逐渐增长,幼儿的共鸣位置会逐渐下移。到3岁左右,有的幼儿讲话唱歌的音区位置会掉到喉咙甚至喉咙以下。由于幼儿下部位共鸣腔成熟得比较晚,他们运用下部位共鸣腔的能力也发展得比较慢,所以,有关专家根据多年的研究结果建议:对3岁幼儿进行集体歌唱发音教学时,应当从"重新唤醒"他们婴儿时期的高位置发音感觉开始。

为了让幼儿学会自然地使用自己美好的嗓音,教师在幼儿园集体歌唱活动中可以这样做:第一,利用各种机会自然地引导幼儿发出从高处滑向低处的声音,如讲故事中模仿风声或雨声等。第二,歌唱定调时,尽量保证大部分的音高在C调"fa、so、la"附近。第三,学唱新歌之前,先唱一两首音域较窄的有趣小歌,从较高的调开始向下移调,作为嗓子的"热身运动"。

二、咬字、吐字、气息与歌唱的情感表达

要使儿童清晰、准确地表现内容和富于感染力地表达情感,很重要的一点是教师必须时时进行正确的歌唱示范。为此,教师应利用各种机会面对面地向儿童歌唱,或带着儿童歌唱;经常采用不带伴奏的清唱和稍带夸张口型的方式歌唱,以及随时注意自己在歌唱时情感表达的准确性和感染性。具体说来,有以下几个方面。

(一) 咬字、吐字与情感表达

中国传统的声乐理论最讲究的技能之一,就是"字正腔圆"。"字正"的要求是:发音时"字头"、"字腹"、"字尾"准确到位和恰到好处,"准确到位"就是要使听者能轻易听出唱者所唱的内容;"恰到好处"就是要使听者听得舒适,并能产生情绪、情感的共鸣。"腔圆"的要求是:唱者在字头吐出后,能自然地保持字腹,并在恰当的时候"收尾"、"归韵"。正确地保持字腹和收出尾韵,不仅是为了使听者听清所唱的内容,而且是为了"腔圆",即唱出有适宜共鸣的圆润的歌声。由于幼儿是通过模仿来学习歌唱的,故而教师在吐字发音时必须做到"字正腔圆"。

一般来说,教师容易犯的第一种错误是:对不带"唇"、"齿"、"舌"破擦动作的声母的发音不够注意。如在"摇啊摇,摇啊摇,我的娃娃要睡觉"这一句歌词中,"摇"、"啊"、"我"、"娃"、"要"这些字都含有不带破擦动作的声母——"y"和"w"。而由这两个声母开头的字,不容易发清楚。在教师不特别注意的情况下,整首歌唱下来,听者往往只能听清楚"睡觉"两个字,而这两个字的声母恰恰都是带有破擦的——"sh"和"j"。解决这个问题的办法是:在内口腔中另外"做"出一个字头的破擦动作。缺乏经验的教师可以自己慢慢摸索这种"做"的感觉。评价的标准是:"字头"能够让人听得清晰自然。

第二种错误是:把字头"咬死",把字腹、字尾"咬僵",或平均用力地强调每一个字的每一个部分。解决这个问题的办法是:反复朗诵歌词,注意倾听(或请别人倾听)自己的发音是否清楚,是否自然流畅,是否富于情感感染力。

咬字、吐字的技能不仅对歌唱内容表达的清晰程度十分重要,而且对情感感染的强烈程

度十分重要。有力的声音通常是由咬字吐字的较强力度、较快速度和较强的气息流动共同造成的,而柔和的声音则是由咬字吐字的较弱力度、较慢速度和较弱的气息流动共同造成的。

(二) 气息与情感表达

音与音之间气息流动模式所造成的断顿、跳跃、连贯等音响特征,也是歌唱情感表达的重要因素。在歌唱实践中,咬字、吐字和气息运用共同构成了与情感表达紧密相关的演唱方法。各种唱法所暗含的情感意义,也常常通过文字或符号在乐谱中被提出。以文字形式提出的唱法表情要求有:柔和地、跳跃地、坚定有力地、雄壮有力地或宽广地、豪迈地等,以符号形式提出的唱法表情要求有:"⌒"连音记号、"·"跳音记号、"∧"重音记号和"-"保持音记号等。

(三) 咬字、吐字、气息与情感表达的规律

咬字、吐字和气息与情感表达的一般规律如下:其一,优美、温和、悲伤的歌曲,多采用速度较慢、力度较弱和相对连贯、柔和的气息流动方式。咬字吐字的方式用比较形象的动词来说,就是"推"出去。我们把这种唱法称为"抒情曲的唱法"。其二,活泼、欢快、轻松的歌曲,多采用力度适中的、速度较快的和相对有弹性、短促、不连贯的气息流动方式。咬字、吐字的方式用比较形象的动词来说,就是"弹"出去。我们把这种唱法称为"舞曲的唱法"。其三,坚定有力、朝气蓬勃的歌曲,多采用力度较强的、速度较快的和相对短促、不连贯的气息流动方式。咬字、吐字的方式用比较形象的动词来说,就是"打"出去。我们把这种唱法称为"进行曲的唱法"。其四,沉稳、有力的歌曲,多采用力度较强的、速度较稳健的和相对绵长、不完全连贯的气息流动方式。这种气息流的头部比"进行曲"的气息流的头部要大一些,尾部也要长一些。咬字、吐字的方式用比较形象的动词来说,就是"爆发"出去。幼儿园里常用这种方法来演唱劳动歌曲,所以称为"劳动曲的唱法"。

请特别注意,以上分类仅仅是为了简要地说明问题。实际上,在不少歌曲中,段与段、句与句,甚至上句与下句之间都可能采用不同的方法来处理。如《国旗国旗多美丽》是一首进行曲风格的作品,同时又是一首抒情歌曲。如果仅仅把它处理成一种风格,采用一种演唱方式,肯定不能贴切地表达歌曲的情感。一个好的教师,在备课的时候,要认真地分析歌曲的感情性质,为歌曲的演唱确定一套较为合适的演唱方式。

第二节 歌唱活动的教学内容

一、歌曲

歌曲是用音乐的方式演唱出来的文学。在幼儿园中,儿童不仅可以演唱成人专门为儿童创作的歌曲,还可以演唱童谣以及由儿童自己创作或即兴发挥的歌谣。节奏朗诵也是一

种艺术语言与音乐结合的艺术表演形式,它是既深受学前儿童喜爱又易于被学前儿童接受的歌唱活动材料。

二、歌唱的表演形式

根据学前儿童音乐活动的特点,歌唱表演形式主要有以下几种。

(1) 独唱。一个人独立地歌唱。

(2) 齐唱。两个或两个以上的人在一起整齐地演唱完全相同的曲调和歌词。

(3) 接唱。包括个人对个人的接唱和小组对小组的接唱。常见的形式是半句半句地接唱,或一句一句地接唱。

(4) 对唱。包括个人与个人、小组与小组、个人与小组(或集体)之间的问答式的歌唱。

(5) 领唱齐唱。一个人或几个人演唱歌曲中主要的部分,集体演唱歌曲中配合的部分。

(6) 轮唱。两个小组(声部)一先一后按一定间隔演唱同一首歌曲。如间隔一小节的轮唱《闪烁的小星》,间隔两小节的轮唱《两只老虎》。

(7) 合唱。包括一个声部用哼鸣的方式演唱旋律,另一个声部按相同节奏朗诵歌词;一个声部唱歌词,另一个声部用相同旋律唱衬词;一个声部唱歌词,另一个声部在第一个声部休止或延长处演唱填充式的词曲;一个声部唱歌词,另一个声部演唱固定音形式的词曲或延长音;两个声部同时开始演唱两首相互和谐的歌曲等。

(8) 歌表演。一边歌唱一边做身体动作表演。这些身体动作表演可以有明确节奏,也可以没有;可以是表现歌词内容的,也可以是表现歌曲情绪的,或仅仅是表现某种与歌曲相配合的节奏的;可以有空间移动,也可以在原地站着或坐着;可以是手、脚配合或全身配合来做的,也可以只用手或者脚,甚至其他某个单一的身体部位来做。

三、歌唱的简单知识技能

在幼儿园中,儿童需要掌握的简单知识技能主要有以下一些方面。

一是正确的歌唱姿势,包括身体正直、两眼平视、两肩放松、两臂自然下垂,坐着唱歌时不将椅子坐满,不靠在椅背上等。

二是正确的发声方法,包括下巴自然放松,嘴巴自然张开,自然地向前发音,既不肆意叫喊,也不刻意控制音量等。

三是正确的呼吸方法,包括自然呼吸、均匀用气、吸气时不耸肩,一般不在句子中间换气等。

四是正确的演唱技能,包括注意先准确地辨别、理解,形成清晰的印象(音响表象),然后在熟练掌握的基础上轻松自如地演唱。

五是自然、恰当的表达技能,包括自然舒适地歌唱;有理解、有感情地歌唱;自然、恰当地运用声音表情、面部表情以及身体动作表情,不做作。有感情地歌唱主要是指在内心产生了相应情感体验的基础上,运用咬字、吐字、气息断连变化以及速度、力度变化等演唱技巧进行歌唱。这种通过运用一定的演唱技巧借助歌声传达出的内心情感,被称为声音表情。当然,对于幼儿来说,运用这些技巧的程度是十分低浅的。

六是正确、默契的合作技能,包括注意倾听自己和他人的歌声;一起歌唱时,不使自己的歌声突出;轮流歌唱时,与其他人或其他声部和谐衔接;配合歌唱时,努力保持各个声部之间在音量、音色、节奏上的协调性,以及在内心情感体验、声音表情、面部表情(包括目光交流)、体态动作表情交流方面的协调性等。

四、嗓音保护的知识技能

嗓音保护的知识技能包括:不长时间大喊大叫和唱歌;不在剧烈运动时大声叫喊和唱歌;不在剧烈运动后马上唱歌;不在空气污浊的环境中唱歌;不迎着风唱歌;不在伤风感冒、咽喉发炎的时候唱歌;在唱歌时注意保护身体,注意心情、表情、嗓音的舒适状态,感到不舒服时会自我调整,等等。

第三节 歌唱活动的材料选择

歌唱的材料主要是歌曲。歌曲是由歌词和曲调两部分组成的。因此,为学前儿童选择歌曲,应该兼顾歌词和曲调两个方面。

一、歌词的选择

(一) 歌词内容具有童趣并易于记忆和理解

由于学前儿童的生活经验有限,理解事物和语言的能力较低,所选歌词的内容首先应该能容易被儿童理解。否则,很难引起儿童的兴趣和情感共鸣。其次,歌词的内容应该是儿童比较熟悉和喜爱的,如动物、植物、自然现象、交通工具、文具、玩具、身体部位,以及儿童自己的生活活动和儿童所熟悉的成人生活活动等。第三,歌词的结构应该简单和多重复,简单是指句子中所含的词汇较少,语法结构比较单一;多重复是指句子与句子之间在长度、结构方面相同或相似,甚至在旋律、节奏和歌词方面有较多相同的地方。这样的歌词不但易于儿童理解、记忆,而且给儿童提供更多自由编填新歌词的机会。

(二) 歌词富有形式美和内容美

学前儿童是单纯的,他们对于爱、美和自由的幻想有天然的追求。所以,所选歌词在形式美方面,应该具有由押韵或其他重复规律造成的富于音乐美的性质,应该使用象声词、衬词、感叹词、无意义音节等富于自由性、新颖性和情感性的材料;在内容美方面,应该多采用拟人、比喻、夸张等富于幻想性的表现手法和诙谐的笔调,将童心、童趣和爱的情感注入歌曲所表现的事物或事件中,以便通过在情感上打动、吸引儿童来达到审美教育的目的。

(三) 歌词形式与内容适合于用动作来表现

学前儿童的活动总体上是不细分的。无论是说话还是歌唱，都常常有动作相伴随。而且学前儿童处在语言学习的早期阶段，以动作来辅助语言的理解和表达，是该阶段儿童学习语言的心理需要。因此，如果所选歌词比较适宜用动作表现，就容易为儿童所接受和喜爱。这种边唱边做动作的方法不仅有利于儿童记忆歌词、培养节奏感和提高动作的协调性，而且能更好地帮助儿童表达情感。

此外，在选择歌词时，要注意处理好儿童现实发展与未来发展之间的关系，即既要照顾儿童现实的生活经验、兴趣爱好，语言理解和表达能力的发展水平，又要留心歌词所暗含的能促进儿童向更高水平发展的教育因素。如有些儿童暂时还不能够完全理解的精品歌词，配上曲调后变得有节奏、有韵律、易于上口、易于记忆，可以被儿童愉快地接受和记忆。以后，随着儿童经验的不断积累和深化，这些内容会随时被激活，被结合到各种新经验中去。一些不太容易理解和暂时不能理解的歌词在逐步积累和消化的过程中，对儿童的语言发展、文化知识的积累和思维能力的拓展将是有益的。

二、曲调的选择

(一) 音域较狭窄

学前儿童一般不宜唱过高或过低的音。只有在适合的音域内歌唱时，儿童才能唱出自然优美的声音，也才不容易"唱走音"。所以，在为学前儿童选择歌曲时，不应该选择音域过宽的作品。一般情况下，儿童唱歌时出现喊叫或走音的现象，往往与歌曲的音域不合适有关。一般说来，各年龄阶段的合适音域为：

$$2—3 岁：e^1—g^1$$
$$3—4 岁：d^1—a^1$$
$$4—5 岁：c^1—a^1$$
$$5—6 岁：c^1—c^2$$

总体上说，在集体教育情境中，所选歌曲的音域应当控制在上述范围之内。偶尔有个别音超出这个范围时，只要不是长时值的音，不是停留在强拍上的音，出现的次数不太多，还是允许的。

选择歌曲的音域与调高有关。教师应该根据上述音域范围来为歌曲确定合适的调高。有些教师往往习惯于将音域在 3—5 度之内的歌曲全部定在 C 调上。实际上，这种处理时常是错误的。

$$c^1—d^1—e^1—f^1—g^1—a^1—b^1—c^2$$
$$\text{do}\text{re}\text{mi}$$
$$\text{do}\text{re}\text{mi}\text{fa}\text{so}$$
$$\text{do}\text{re}\text{mi}\text{fa}\text{so}\text{la}\text{si}\text{do}$$

从上面的示意结构中可以看出：如果一首歌曲只含有"do、re、mi"三个音，最为合适的调高应该是 E 调；如果一首歌曲只含有"do、re、mi、fa、so"五个音，最为合适的调高应该是 D 调。一般说来，个人的音域总是从一个相对狭窄的音域开始，逐渐向高低两个方向扩展。所以，婴儿时期就已经获得的音域，将永远是每个人最舒适美好的音域。

（二）节奏较简单

节奏在这里作广义解释，包含狭义的节奏——时值的长短关系、节拍和速度。学前儿童一般不适合唱节奏过于复杂的歌曲。为 4 岁以前的儿童选择歌曲时，曲调中的节奏应当由与儿童自然生理节奏（如脉搏）相适应的均匀的二分音符、四分音符和八分音符构成，偶尔也可以出现含有附点音符的节奏。为 4—6 岁的儿童选择歌曲时，可选含有少量十六分音符的节奏，含附点音符的节奏出现的次数也可以稍微多一点，还可以出现少量含有切分音的节奏。

为 3 岁以前的儿童所选歌曲的节拍，最好以 2 拍子和 4 拍子为主。在 3—4 岁之间，偶尔也可以选择一些 3 拍子的歌曲。为 4—6 岁儿童选择歌曲，除了一般以 2 拍子和 4 拍子的歌曲为主，还可以选择 3 拍子甚至 6 拍子的歌曲，同时注意选择一些含有从弱拍开始的乐句的歌曲，以便培养儿童对"弱起"节奏特殊趣味的敏感性。

用较快的速度或较慢的速度歌唱，对较小的儿童来说是比较困难的。因为儿童呼吸比较浅，也比较短，而快速度和慢速度的演唱要求有较深的呼吸和较长的气息支持。所以，在为 4 岁以前的儿童选配歌曲时，应采用比较适中的速度。4—5 岁的儿童容易兴奋，除了适当选择比较轻快活泼、速度稍快的歌曲外，还可以选择一些安静柔美、速度稍慢的歌曲，以陶冶他们的性情。5—6 岁的儿童开始有一定的情感自控能力，控制发音器官、呼吸器官的能力也有了发展。所以，可以选择速度稍稍快一些或慢一些的歌曲，也可以选择一些含有速度变化的歌曲，以适应他们歌唱表现能力成长的需要。

（三）旋律较平稳

学前儿童一般不适合唱旋律起伏太大的歌曲。一般说来，他们比较容易掌握的是三度和三度以下的音程，同音重复包括在内。对小二度音程（半音），4 岁以下的儿童还不太容易唱准。所以，为 3—4 岁儿童所选的歌曲，应注意多选以五声音阶为主的旋律。在四度以及四度以上的大音程中，学前儿童比较容易掌握的是四度、五度和八度音程。对六度和七度音程，即使是 6 岁甚至 6 岁以上的儿童也不太容易唱准。因此，在为学前儿童选择歌曲时，宜多选择旋律比较平稳的歌曲。当然三度以上的跳进可以使旋律更加生动活泼，有一点跳进也可以使儿童逐步适应音程的跳进。但总的原则是：跳进不宜过多，跳进的跨度不宜过大，特别不宜有连续的大音程跳进。

（四）结构较短小、工整

学前儿童一般不宜唱结构过于庞大的歌曲。为 4 岁前儿童选择的歌曲，以含 2—4 个乐句为宜，总长度一般在 8 小节左右。为 4 岁以上儿童选择的歌曲，可含有 6—8 个乐句，总长度可增至 16—20 小节。

为学前儿童所选歌曲的乐句也不宜过长。在中等速度的情况下，2拍子或4拍子的歌曲一般以每句4拍为宜；3拍子的歌曲一般以每句6拍为宜。5—6岁的儿童在速度较快的情况下，偶尔也可以唱含稍长句子的歌曲。但总的来说，为学前儿童所选歌曲的结构以短小为宜。

学前儿童不宜唱结构过于复杂的歌曲。为4岁前儿童选择的歌曲，应是结构比较工整的，即乐句与乐句之间在长度上是相等的，在节奏上是相同或相似的，且一般没有间奏、尾奏等附加成分。为5—6岁儿童选择的歌曲，可以有间奏和尾奏，偶尔也可以唱一些不工整的乐句，但总体上应以工整为宜。4岁前儿童所唱的歌曲，大多数应为一段体或一段体的分节歌。5—6岁儿童偶尔也可以唱一些简单的两段体或三段体的歌曲，但总体上应以一段体为主。

(五) 词曲关系较简单

学前儿童一般不宜唱词曲关系过于复杂的歌曲。4岁以前，儿童所唱的歌曲大多数应该是一个字对一个音的。4岁以后，儿童可以逐步掌握一个字对两个音的词曲关系。5—6岁的儿童可以逐步适应一个字对多个音的词曲关系。但总体说来，为学前儿童所选的歌曲在词曲关系方面应该相对简单为好，一字一音的关系应是主流。

第四节　新歌教学导入

一、从动作开始的设计

该方法的适应范围主要是这样一类歌曲：词曲简单多重复，歌词内容为直接描述动作过程或是富于动作性。有些时候，这种方法有更广泛的适应性，如动作可以暗示儿童歌曲中比较特别的旋律、节奏或不容易记住的歌词等。这种方法在操作程序方面的典型特征是"从动作开始"或"动作在前"。

第一，教师提出并直接展示一种或一套简单有趣的动作或动作游戏，在幼儿开始对教师提供的动作进行模仿或游戏的时候，教师同时开始演唱或者播放新歌，为幼儿的活动伴唱，如下例。

范例 2-1

头发肩膀膝盖脚

歌词为："头发肩膀膝盖脚，膝盖脚，膝盖脚；头发肩膀膝盖脚，头发肩膀膝盖脚。"

1. 教师提出游戏方式：全体幼儿先把双手轻轻放在脸颊上，教师喊出身体某一部位的名称时，全体幼儿以最快的速度将双手移到该部位上去。

2. 教师以随意的顺序喊,有时快,有时慢,以使幼儿感到紧张有趣。
3. 教师改用歌词中的顺序喊,并逐步加快,让幼儿逐步发现其中重复的规律。
4. 教师改用歌唱的方式发出指令,让幼儿逐步熟悉歌曲的整体形象。

第二,教师提出某种形象或活动,指导幼儿用自己创造出来的动作表现。在教师带领下,幼儿对创编好的成套动作进行模仿或练习,教师同时开始演唱或播放新歌为幼儿的活动伴唱,如下例。

范例2-2

毕业歌

原歌词第一部分:"时间时间像飞鸟,嘀嗒嘀嗒向前跑,今天我们毕业了,明天就要上学校。"第二部分:"忘不了幼儿园的愉快欢笑,忘不了老师们的亲切教导。"第三部分:"老师老师再见了,幼儿园幼儿园再见了,等我戴上红领巾,再向你们来问好。"

1. 教师邀请幼儿创造两种身体动作,分别表现钟表秒针嘀嗒运动的样子和大自鸣钟摆锤敲正点时运动的样子。(前者应该小而短且比较轻快,后者应该大而长且比较悠远)
2. 教师演唱歌曲的曲调,第一、三部分唱得轻快,第二部分唱得深情,并同时邀请幼儿边倾听边根据音乐的性质自选合适的动作与歌声相配。
3. 教师引导幼儿发现:歌曲的第一、三部分的曲调是相同的并且是轻快活泼的,第二部分的曲调是不同的并且是深情的。
4. 教师出示挂图,一边带领幼儿做动作,一边范唱歌曲。

第三,对于词曲难度较大的一些歌曲,教师可直接展示或引导幼儿创编一套伴随歌词朗诵进行的动作或动作游戏,并利用第一次活动学习伴随着动作进行歌词朗诵;再利用第二次活动学习演唱歌曲,进行相关的游戏活动,如下例。

范例2-3

都睡着啦

有只大青蛙在木头上,他睡着了。还有一只苍蝇停在时钟上,他睡着啦。小老鼠、狗,狗和木马,精灵和小绵羊,你相信不相信就在现在,他们睡着啦。有只大灰熊住在森林里,他睡着啦。还有住在楼上的鸽子们啊,他们睡着啦。我们不想把他们吵醒,要轻轻、轻轻地,因为他们每一个都已经累了,要好好地休息。小白猫紧紧蜷在那里,他睡着啦。今天有人特别陪着我,快快地睡去。

1. 教师出示挂图,引导幼儿观察并体验歌词的意境。然后,一边引导幼儿观察挂图,一边带领幼儿做动作和朗诵歌词。

2. 引入游戏。在带领幼儿做动作和朗诵歌词的过程中,加入游戏:被教师拍到头的幼儿,在念和做"都睡着啦"一句歌词时,自动走到中间的空地上蹲下做睡着状。歌词全部念完后,被教师拍到头的幼儿当小白猫。猫一叫,所有幼儿都应立即回到座位,作为小白猫的幼儿可以追捉没有及时回到座位的幼儿。(第一次活动)

3. 教师出示挂图,引导幼儿体验歌词的意境并回忆歌词。然后,带领幼儿复习动作和歌词。(有配琴教师的班级可用琴声跟随师幼的朗诵)

4. 教师带领幼儿边做动作边练习,将歌词填入曲调唱出。(注意唱出意境)

5. 引入游戏。教师请一部分幼儿扮演歌曲中的角色(可以戴头饰,也可以用动作表示);另一部分扮演"星星仙子",在演唱"都睡着啦"一句时用动作"施魔法"。当唱到"我们不要把他们吵醒"一句时,离开座位去轻轻抚摸先已"睡着"的角色,唱到最后一句时也做睡着状。其他游戏方法如前述。

二、从歌词创编开始的设计

该方法的适用范围主要是一些词曲内容简单且多重复、歌词语法结构简单清晰、具有某些语言游戏性质的歌曲。这种方法在操作程序方面的典型特征是"从歌词创编开始"或"歌词创编在前"。

第一,教师直接提供新歌的第一段歌词,并用边演唱边做动作的方式,引发幼儿的兴趣并帮助幼儿理解、记忆"歌词的表述结构";然后,邀请幼儿创造性地提出另外的新形象,由教师将幼儿提出的新形象填入歌曲,"替换"原歌词中的相应部分并演唱出来。如此反复,并逐步邀请幼儿尝试进行新词的直接填唱,如下例。

范例 2-4

胡说歌

原歌词:"你把袜子挂在耳朵上吗?(休止两拍)你把袜子挂在耳朵上吗?(休止两拍)你把袜子挂在耳朵上吗?袜子挂在耳朵上吗?你把袜子挂在耳朵上吗?(休止一拍)"

1. 教师直接演唱第一段的歌词。该歌曲实际上只是将唯一的一句歌词"你把袜子挂在耳朵上吗"重复五遍。

2. 教师再演唱一次,并邀请幼儿跟随歌声做有关动作。

3. 教师邀请幼儿提出生活中其他非正常的穿戴方式,并帮助幼儿用与歌词相同的表述结构将新的形象编成歌词。接着,邀请幼儿创编相应的身体动作。

4. 教师演唱新编填出来的第二段歌词,并邀请幼儿随歌声做新创编出来的有关动作。

第二,教师提供某种情境,引导幼儿用语言来表述这种情境。然后,由教师将幼儿提出的语言组织成歌词并演唱出来,如下例。

范例 2-5

再见吧冬天

再见吧,冬天！再见吧,冬天！再见吧,冬天！希望你再来啊！

1. 教师提出情境:冬天就要离去,大家怀念冬天中许多美好的事物,对冬天说再见,并且希望冬天再来。

2. 教师邀请幼儿说出各自对冬天的美好印象,如下雪、结冰以及各种有趣的冬季游戏等。

3. 教师将幼儿提出的某一事物编填到歌词中唱出。如:"再见吧,雪花！再见吧,雪花！再见吧,冬天！希望你再来啊！"

4. 教师邀请幼儿按照歌词的结构自己编写歌词,随后和创编的幼儿一起将新词填入曲调并唱出。

三、从情境表演开始的设计

该方法的适用范围主要是这样一些歌曲:歌词内容所反映的是一些简单的、幼儿可以"一目了然"的情境或事件,且这些情境和事件是幼儿可以用自己的语言表述出来的。该方法在操作程序方面的典型特征是"从情境表演开始"或"情境表演在前"。这里所说的情境表演在实际操作中有不同的方式,可以是由教师或幼儿在现场做的哑剧表演或歌舞表演;可以是由教师或幼儿利用木偶或其他功能类似的教、学具做的情境表演;可以是由教师在投影屏幕或电视屏幕上播放的有关情境表演。

在以上各种方式中,首选的方式是各种现场的哑剧表演。现场哑剧表演的好处是:其一,表演者与观赏者在时空方面最为贴近,更容易相互吸引和交流;其二,表演者离观赏者最近,便于观赏者注意和看清表演的细节;其三,表演者不需要为这类表演活动做太多的准备;其四,一般不需要额外的经济投入。当然,其他各种方式的适当穿插使用,也可以丰富儿童的学习体验。此外,这种情境表演的设计应该突出重点,表演动作要能"点睛"、"出彩",而不是"面面俱到"、"平铺直叙"。

第一,教师表演,用动作象征性地表述全部的歌词内容,如下例。

> **范例 2-6**
>
> 谁饿了
>
> 一只小狗出来了,肚子饿得咕咕叫。
> 看见了肉骨头,啊呜啊呜吃掉了。
> 一只小猫出来了,肚子饿得咕咕叫。
> 看见了一条鱼,啊呜啊呜吃掉了。
> 一只小兔出来了,肚子饿得咕咕叫。
> 看见了胡萝卜,啊呜啊呜吃掉了。
>
> 1. 教师表演,用动作象征性地表述全部歌词内容。如:"一只小猫出来了"(模仿动物走路的样子),"肚子饿得咕咕叫"(做出表现肚子难受的样子),"看见了一条鱼"(做出看见食物很惊喜的样子),"啊呜啊呜吃掉了"(先做出狼吞虎咽的样子,再做出吃饱后很满足的样子)。
> 2. 教师邀请幼儿猜想教师的表演所讲的是一件什么事情:一开始是谁来了? 它怎么了? 后来它突然看见了什么? 最后它又怎么了?
> 3. 教师根据幼儿的猜想组织歌词并带着前述的那些表演动作演唱给幼儿听。歌词可以是任何动物以及它们喜爱的食物。
> 4. 教师邀请幼儿一起随歌声做动作。

第二,教师邀请本班或其他班级的个别幼儿事先准备好一套表演,或教师临时邀请个别幼儿配合教师做一套表演。该表演象征性地表述了全部歌词内容或只是提示歌词的主要内容,如下例。

> **范例 2-7**
>
> 小小蛋儿把门开
>
> 小小蛋儿把门开,走出一只小鸡来,
> 黄茸茸呀胖乎乎,叽叽叽叽叽叽叽叽唱起来。
>
> 1. 教师请一个幼儿"躲"到一幅"蛋"的图画("蛋"图的中间有横向裂纹,上部可以打开,后面是空的,幼儿的头部可以露出来)后面,并在其他幼儿看不见的情况下给该幼儿戴上一个小鸡的头饰。

2. 教师让其他幼儿去"敲门",让幼儿猜想门打开以后会有谁走出来。教师"敲门",打开图的上部,戴小鸡头饰的幼儿将头部露出来。教师绕到图后牵着"小鸡"的手将他领出来,并鼓励他用小鸡的叫声向其他人问好。

3. 教师拥着扮演小鸡的幼儿演唱歌曲。

4. 教师重复上述程序,只是每次更换一个幼儿和一种卵生动物的头饰。

四、从故事讲述开始的设计

该方法的适用范围主要是这样一些歌曲:歌词含有相对完整的故事情节,表述的内容和语言结构较前一种稍复杂些,通常有难以用动作来表现的时间、地点以及环境描述、情节发展和人物对话等。为了更好地帮助幼儿理解、体验和记忆,往往在讲故事时配以图片或活动的图景。在采用这种设计处理时,教师应该十分明确:解决的核心问题是帮助幼儿弄清和记住歌词、语法结构和内容的逻辑顺序,因此,气氛的渲染应该为理解和记忆服务,而不应喧宾夺主。该方法在操作程序方面的典型特征是:"从讲故事开始"或"故事在前"。

第一,教师讲故事,但需经常使用对话的方式而不是独白的方式,以更好地调动幼儿倾听和理解的积极性,如下例。

范例2-8

迷路的小花鸭

池塘边,柳树下,有只迷路的小花鸭,嘎嘎嘎嘎,嘎嘎嘎嘎,哭着叫妈妈。
小朋友,看见了,抱起迷路的小花鸭,嘎嘎嘎嘎,嘎嘎嘎嘎,把它送回家。

1. 教师出示挂图,引导幼儿观察:图上有一个池塘,池塘边有一棵柳树,柳树下有一只小小的花鸭子,小花鸭正在伤心地哭。接着,教师请幼儿猜想:小花鸭为什么要伤心地哭?最后,教师完整地讲述第一段歌词中的故事:因为小花鸭"迷路"了,找不到自己的家,找不到自己的妈妈了,所以它正在哭着叫它的妈妈呢!

2. 教师指着挂图,把第一段歌词所讲的故事清唱给幼儿听。

3. 教师邀请幼儿一起来猜想:后来谁看见了小花鸭?他是怎样帮助小花鸭的?帮助小花鸭的人心里高兴会怎样做?

4. 教师根据幼儿的猜想,重新改编第二段歌词中的故事,并清唱给幼儿听。

第二,教师与幼儿一起讲故事,以激励幼儿仔细观察、调动幼儿原有的经验,帮助幼儿理解,如下例。

> 范例 2-9

蝴蝶花

你看那边有一只小小的花蝴蝶,
我轻轻地走过去想要捉住它。
为什么蝴蝶不害怕?
为什么蝴蝶不害怕?
呦,原来是一朵美丽的蝴蝶花!

1. 教师出示挂图,图上有一个小朋友正在捕捉草地上停着的一只蝴蝶。
2. 教师指着挂图讲故事,要求幼儿观察,然后总结:这个小朋友看见草地上"有一只小小的花蝴蝶",他"轻轻地走过去想要捉住它"。可是,一直走到蝴蝶跟前,蝴蝶也没有飞走。小朋友很奇怪:为什么蝴蝶不害怕我呢?
3. 教师邀请幼儿猜想:为什么蝴蝶不害怕?
4. 教师揭示谜底:"哦!原来是一朵美丽的蝴蝶花!"教师配合哑剧表演动作,并演唱该歌曲。

五、从歌词朗诵开始的设计

与适宜采用故事讲述导入的歌曲相比,这一类歌曲中歌词的语言逻辑更加复杂,但情境性、故事性却比较弱。(当然,故事性较强的歌曲也可以采用此种方法)这种方法的特点是将歌词单独分离出来,用儿歌或诗歌的教学方法来进行教学,分散词曲同时学习的困难,并在第一阶段的教学中,把幼儿的注意力有效地集中在歌词的音韵节奏等特殊审美特征上。在第二阶段的教学中,把幼儿的注意力有效地集中在曲调和歌词的关系上。该方法在操作程序方面的典型特征是:从"学习歌词朗诵开始"或"歌词朗诵在前",如下例。

> 范例 2-10

蜜蜂做工

原歌词:"嗡嗡嗡嗡嗡嗡,大家一起来做工,来匆匆去匆匆,做工兴味浓。春暖花开不做工,将来哪里好过冬,嗡嗡嗡嗡嗡嗡,别做懒惰虫。"

1. 教师教幼儿学朗诵歌词。
2. 教师示范用较快的速度吟唱歌词,即用类似唱歌的方法朗诵。该方法注意突出歌词的节奏,以及每句终结处所押的"ong"韵和"阴平"、"阳平"的音调变化。
3. 教师鼓励幼儿和自己一起吟诵歌词,并同时用琴声为幼儿的吟诵伴奏。
4. 教师鼓励幼儿集体吟诵歌词,并请幼儿同时注意跟随琴声的伴奏。

六、从游戏开始的设计

历史上,有许多传统的幼儿游戏都是伴随着歌曲边唱边玩的。在早期的教育传统中,这种游戏歌曲是在学玩游戏的过程中自然而然地学会的。后来,教师把游戏和歌曲分开,作为两个独立的内容教授,也就把原本自然的活动人为地弄得不自然了。现在,我们要把这项活动恢复到它本来的面目。该方法在操作程序方面的典型特征是:"从游戏开始"或"游戏在前",如下例。

范例 2—11

丢手绢

丢、丢、丢手绢,
轻轻地放在小朋友的后边,
大家不要告诉他。
快点快点捉住他!
快点快点捉住他!

1. 教师教幼儿玩丢手绢的游戏。教师当丢手绢的人,并在每次从头开始玩时自己清唱歌曲。
2. 幼儿轮流当丢手绢的人,教师在每次从头开始玩时带领全体幼儿清唱歌曲。
3. 大家一起轮流当丢手绢的人,每次改由丢手绢的人清唱前三句,其他人一起清唱最后两句。

七、从填充式参与开始的设计

可以使用"填充式参与"方法的歌曲虽然并不多,但恰当地使用合适的歌曲会取得很好的效果。使用"填充式参与"方法的歌曲的特点是:歌曲中含有不断重复出现的简单的词曲动机。该方法在操作程序方面的典型特征是:在教师第一次范唱歌曲时,幼儿就用朗诵或歌唱的方式参与。幼儿参与的内容主要是歌曲中不断重复的那部分,如下例。

范例 2—12

顽皮的杜鹃

原歌词:"当我走在草地上,咕咕,听见杜鹃在歌唱,咕咕,当我轻轻走过去,咕咕,杜鹃飞向小河旁,咕咕,我又赶紧跑过去,咕咕,它又飞向远方,咕咕,咕咕,咕咕……"

1. 教师提出和幼儿一起玩一个小朋友和杜鹃捉迷藏的游戏,并与幼儿讨论杜鹃是怎样叫的。

2. 教师用一根树枝挡住自己的脸,邀请幼儿在教师的脸露出来时按照规定的节奏和音高整齐地唱"咕咕"。

3. 教师完整地范唱歌曲,并邀请幼儿在教师把脸从树枝后面露出来时整齐地唱"咕咕"。

八、从副歌开始的设计

该方法主要是针对带有副歌、比较大型的歌曲提出的。由于副歌通常是为增加气势、强调主题而特别设计的,因而在创造手法上强调重复。换句话说,副歌一般容易理解,容易激发情感,也容易"上口"和记忆。所以,首先让幼儿学会唱副歌,然后在教师范唱整首歌曲时邀请幼儿用演唱副歌的方式参与,这样往往会收到事半功倍的学习效果。该方法在操作程序方面的典型特征是"从副歌开始"或"副歌在前",如下例。

范例 2-13

秋天多么美

秋风秋风轻轻吹,棉桃姐姐咧呀咧开嘴,你看它露出小呀小白牙,长长脸蛋笑微微,来来来来来来来,来来来来来来来,秋天多么美,秋天多么美,来来来来来来来,秋天多么美。

秋风秋风轻轻吹,稻花姐姐把呀把手挥,你看它梳出金呀金头发,结出串串金穗穗,来来来来来来来,来来来来来来来,秋天多么美,秋天多么美,来来来来来来来,秋天多么美。

1. 教师邀请幼儿做一个"看样学样"的游戏。一共两个动作:拍腿和挥手。教师即兴重复或变换动作,幼儿即兴反应跟随。

2. 教师边唱副歌边做动作,并要求幼儿注意观察:教师在唱什么歌词的时候做什么动作。(教师在唱"来来来来来来来"的时候拍腿,在唱"秋天多么美"的时候挥手)

3. 教师教幼儿初步学会边唱副歌边做动作。

4. 教师出示挂图,指点着挂图上的有关内容清唱整首歌曲。在副歌开始前,教师用"来……"字重新给幼儿起音,并用指挥手势邀请幼儿参与进来。

九、从无意义音节玩唱开始的设计

所谓"无意义音节",是相对有意义的歌词系统说的。有的时候,我们让幼儿用"啦啦啦"、"嘟嘟嘟"或"嘀嘀嗒嗒"的方式,或用唱乐谱唱名的方式来玩玩唱唱,往往也可以起到增加情趣、降低困难的效果。这些"奇奇怪怪"的声音,有的时候可以由教师向幼儿提出建议,有的时候可以由教师鼓励幼儿进行创造。"无意义音节玩唱"的方法可以放在任何程序之中。如果作为导入的程序,就要安排在新歌学习的开始部分。

第一,这种处理可以是为较小年龄幼儿设计的,并作为歌曲学习的导入步骤,把这个程序安排在幼儿第一次接触新歌的时候,如下例。

范例2-14

小乐器

1. 教师提供若干打击乐器,分别演奏它们,让幼儿一一倾听它们的声音和节奏。
2. 教师鼓励幼儿用动作和嗓音分别模仿它们的声音。教师用琴声给幼儿伴奏,逐步使他们能够唱出这些乐器的模仿声。
3. 教师继续鼓励幼儿想象出各种"奇怪"的乐器,可以发出"奇怪"的声音,如"叽咕叽咕"、"科啦科啦"等。
4. 教师帮助幼儿把这些新发明的乐器声音填到音乐中去唱着玩。

第二,这种处理也可以为较大年龄的儿童设计,并且作为对歌曲新的表演处理,把这个程序安排在比较靠后的部位,如下例。

范例2-15

邮递马车

从那南边山坡上,远远传来了(第1句),
邮递马车阵阵声响,阵阵声响(第2句)。
马车将要带来快乐信息(第3句),
马蹄声儿多么清脆嘹亮(第4句)。
我们聚精会神侧耳倾听(第5句),
听啊,听啊,听啊,听啊,马车来了!(第6句)
邮递马车,向往的马车(第7句)。
啦啦啦……(第8句)
啦啦啦……(第9句)
啦啦啦……(尾声)
在那盛开柠檬花的乡间道路上,
马车将把愉快的消息,

带到我们的心坎上。
广阔的牧场正是中午时光，
看啊，看啊，看啊，看啊，马车来了。
邮递马车，心爱的马车。
啦啦啦……

1. 教师教幼儿学会用打击乐器为这首歌曲的录音音乐伴奏。
2. 教师引导幼儿创造无意义音节，要求能够表现出马车声由远渐近又由近渐远的变化，以及人们迎接邮递马车时的愉快心情。
3. 教师评价、综合分析幼儿的意见，调整自己原先的设计。
4. 教师与幼儿一起尝试演唱出新处理过的新歌词。

如以下范例。

第1—2句：无意义音节——"du"；

第3—4句：无意义音节——"da"；

第5句：无意义音节——"la"；

第6—7句：歌词——"听啊，听啊，听啊，听啊，马车来了！邮递马车，向往的马车"；

第8句：无意义音节——"la"；

第9句：无意义音节——"da"；

尾声：无意义音节——"du"。

十、从直观形象开始的设计

该方法的适用范围主要是这样一些歌曲：歌词含义对学习歌曲的幼儿来说不够明确，歌词的先后顺序比较容易混淆。过去，许多教师习惯使用图片等直观形象来帮助幼儿学习，但在使用时往往不注意突出重点，有时反而干扰了幼儿。在这里重新提出这种方法，是请教师注意方法采用与幼儿学习困难解决之间的关系。具体说来，可采用以下几种方法。

第一，突出顺序法。比如在歌曲《来了一群小鸭子》中，幼儿的实际困难是——搞不清鸭子的颜色，"小白鸭、小黄鸭乐得嘎嘎叫，小灰鸭、小黑鸭吵着要洗澡"。由于何种颜色的鸭子在前在后是没有什么道理可言的，所以，在图画中，鸭子按歌词中颜色出现的顺序排列，比画一池塘鸭子更有助于解决幼儿的记忆困难。

再如在歌曲《小鼓手》中，幼儿的实际困难是——记不住这么多事物，"花儿听了微微笑，草儿听了点点头，小鸟听了跳起舞，小朋友听了多高兴"。由于这些事物的先后顺序和它们的活动也没有什么道理可言，所以，按歌词中的顺序排列展示这些事物活动的图片，比一张包括小朋友在内的所有歌词内容的图片，更有助于将幼儿注意力集中在容易搞混的地方。

第二，突出重点法。如在歌曲《画妈妈》中，幼儿的实际困难是——总忘记第一段的第一句是"小蜡笔画呀画",而第二段的第一句则是"好妈妈笑哈哈"。所以,教师在范唱前应该强调是用"小蜡笔"来画妈妈,并在范唱第一段歌词时用深颜色的笔(如在黑板上画则用白粉笔)来画出妈妈的脸。在范唱第二段前,教师将笔换成红色的,在唱"笑哈哈"时画出妈妈的大嘴巴,在唱"胸前戴朵大红花"时在妈妈脸的斜下方画出一朵大红花。此外,在幼儿尚未熟练之前,教师最好每次都在开始唱第一段前,用"拿笔的动作"提示幼儿唱"小蜡笔画呀画";在开始唱第二段前,用指点图上妈妈嘴巴的动作提示幼儿唱"好妈妈笑哈哈"。

第三,突出关系法。如在歌曲《大馒头》中,对于没有相应生活经验的幼儿来说,实际的困难是弄不清馒头、面粉、小麦和农民伯伯之间的内在关系的。所以,教师提供的图画画面应该突出歌词中表述出的这种内在关系。教师在范唱和带领幼儿练习时,每次应该依次指点各个形象帮助幼儿记忆,直到幼儿想出属于自己的记忆方法为止。

第四,突出结构法。如在歌曲《毕业歌》中,由于音乐的第一、三部分相同但歌词却不同,歌词的第二、三部分都提到了幼儿园和教师,但先后顺序却是颠倒的。所以,幼儿经常会唱着唱着就不知道自己唱到哪里去了。对此,教师可以画一个类似下面结构:

第一行,红色:一个带有翅膀的闹钟　　一个去上学的孩子

第二行,黄色:一群孩子　　一位教师

第三行,红色:一位教师　　一群孩子　　一个戴红领巾行队礼的孩子

当然,教师在教学过程中仍然要引导幼儿注意图画提供的记忆线索。以下的程序及方法可供参考:

(1) 可参考"从动作开始的设计"中范例2-2中的第1—3程序。

(2) 教师范唱,特别注意指点第二、三行的第一、二个形象。

(3) 幼儿学唱,教师特别注意提前指点第二、三行的第一、二个形象。

(4) 如果有些幼儿在独立歌唱时仍有困难,教师可以引导幼儿再次观察图画上的顺序,或引导幼儿尝试闭上眼睛想象图画上有关部分的位置形象。

第五,突出情节法。如在歌曲《蝴蝶花》中,故事由一个错误的判断开始,发展到错误的行动,接着发展到疑惑,再发展到"恍然大悟"。如果用直观形象展示就能够突出这样的情节发展线索,不但歌词记忆的困难程度会大大降低,而且幼儿对歌词内容、情感的理解程度和表达的丰富程度会大大提高。

最后需要强调的是,所有的手段都是为达到目的而创造和采用的。这里提出的一些办法并不是唯一的。如果在使用这些方法时碰到问题,请仔细检查所选用的方法是否合适,或者你所选用的几种方法是否相互配合,或者你所设计的程序在细节上是否合理,以及你在实施过程中是否犯有技术性的错误。我们不要机械地对待书本所提供的知识经验。

第五节　用有趣的方式与幼儿共享歌唱的快乐

怎样提高教育教学活动的趣味性,是幼儿教师长期以来一直关注的问题。由于歌唱活

动,特别是新歌教唱活动,需要幼儿通过倾听教师的范唱和理解教师对歌词内容的讲解,努力记住和再现歌词和曲调,调控自己的歌声和相关表演,所以即便在本身就与游戏相伴的游戏歌曲的教学设计上,教师一般也都习惯于在新歌学会之后再将游戏的内容累加上去。而在新歌学习的过程中,教师一般更多地使用新颖别致的教具、学具和自身演唱的热情来激发幼儿的学习兴趣。1997年,美国教师约翰·马丁·费尔拉班德来中国讲学时提出,应该关注儿童在自然游戏中的歌唱学习方式。这给了我们很大的启发。从此,许多幼儿教师开展了以提高歌唱教学趣味性为目的的研究。以下是一些相关的研究范例。

一、从开始处插入的游戏

《丢手绢》这个歌曲,是为大多数教师所熟悉的。从前的孩子们都是在街头巷尾、谷场和家院里,是在玩"丢手绢"游戏的过程中学会这首歌曲的。在没有任何教学程序、教学设计,而是与同伴玩耍的活动中,一代又一代的儿童学会了这首歌曲和这个游戏,又将它们一代又一代地传了下来。其实,全世界各民族的儿童都有类似的自然的学习方法和学习过程。这种方法一般是:教师(或任何比其他人先学会的人)一边唱歌,一边带领大家做简单的游戏动作。歌曲唱完后,某个或某些以某种方式与音乐的结束发生关系的人需要被"罚"做一些特别的事情,如追跑,或表演,或担任下一任游戏者……在反复游戏的过程中,学会了唱歌。

新授歌曲《懒惰虫》的活动设计,就是借鉴这种在玩的过程中顺带学唱新歌的模式。与《丢手绢》一曲的教学稍微不同的是:需要个别游戏者比较严格地按照音乐的节奏来"点数"其他游戏者。待歌曲唱结束,唱最后一个"虫"字时,谁被"点到",谁就要创造性地表现一个自己对被人称作懒惰虫的状态。在有的设计中,这种在传统中常被称为"点兵点将"的游戏,可以贯穿始终。但在有的设计中,初步学会唱以后则还可能变换其他的演唱方式,如创编新歌词:黏黏虫、糊涂虫等。

新授歌曲《头发肩膀膝盖脚》的活动设计是借鉴传统亲子游戏中的身体部位指认、触摸和快速反应的样式。具体如下:

(1) 教师说哪个身体部位,幼儿就触摸哪个身体部位(没有固定规律)。
(2) 教师说哪个身体部位,幼儿就触摸哪个身体部位(按照歌词中出现的规律)。
(3) 教师唱哪个身体部位,幼儿就触摸哪个身体部位(按照歌词规律)。
(4) 教师唱哪个身体部位,幼儿就触摸哪个身体部位(自由变化速度增加趣味和难度)。

在有的设计中,这种传统游戏可以贯穿始终。而在有的设计中,初步学会唱以后还可以变换其他的游戏方式,如在指定歌词"脚"处作默唱处理等。

二、从中间处插入的游戏

新授歌曲《小老鼠打电话》的活动设计,也是借鉴这种在玩的过程中顺带学唱新歌的模式,从中间插入的。具体程序如下。

> **范例 2-16**
>
> ### 小老鼠打电话
>
> 　　小老鼠打电话,要找伙伴来玩耍,开开门来吓一跳,呀?怎么来的是小猫?钻进洞里仔细查,怎么?怎么了?噢。原来拨错号码啦!唉!!
>
> 　　1. 如一般常规歌曲教授程序,从范唱和讲解进入。
> 　　2. 专门学唱拨电话号码的乐句。用"点兵点将"的游戏模式,点到谁,谁就扮演猫。后面大家一起表演猫拜访老鼠的情节。最后,教师再独唱"原来号码搞错了"。
> 　　3. 教师完整演唱并带领幼儿完整地表演和游戏。教师只要强调幼儿努力唱清楚拨电话号码的乐句,其他乐句由幼儿自由唱。(根据具体情况重复次数)

三、在结束处插入的游戏

在许多幼儿园教师比较熟悉的传统音乐游戏中,真正被看作游戏的部分都是在歌曲结束处插入的。如歌曲《秋天》在结束处玩扫落叶、烧枯叶的游戏,歌曲《堆雪人》在结束处玩冰雪融化的游戏,歌曲《袋鼠妈妈》、《熊和小孩》、《兔子和狼》、《找小猫》、《网小鱼》等,几乎都是在歌曲唱完后安排追—逃或寻找—躲藏的游戏情节。下面一些范例,可能会给大家一些新的思路。

歌曲《除草歌》,在最后安排"苗好"和"苗死"两种结局。首先要求幼儿仔细倾听教师或其他指定人员的朗诵和演唱,然后做造型反应。

歌曲《蝈蝈蛐蛐》,在最后安排"点兵点将"的游戏,或谁动就"罚"谁的游戏。被"大公鸡啄到"的幼儿,必须对"要不要当爱吹牛的人"的问题进行创造性的"表态"。

歌曲《都睡着了》,在学会唱歌后进行分角色表演游戏。没有被要求担任特殊角色的幼儿担任小朋友,表现不把别人吵醒、自己也幸福安睡的情景。

歌曲《五只小猴子》,在活动快结束时离开座位表演,教师用即时贴给幼儿贴上摔出的"大包",最后还可以拨电话喊救护车。

歌曲《三只老虎》,最后可以假装被妈妈打屁股,假装哭,假装说"打得不疼",假装调皮地大笑……

四、贯穿始终的游戏

有些歌曲唱的过程就是游戏的过程,如歌曲《猜谜歌》、《猜拳歌》、《老鹰捉小鸡》等。对这种类型的歌曲,教师在设计时要注意在新授的过程中始终维持一种游戏的氛围,如下例。

> **范例 2-17**
>
> ### 猜谜歌
>
> 　　脑袋圆圆的,眼睛亮亮的,耳朵长长的,尾巴短短的,搓搓搓,搓搓搓,我们大家猜猜这是什么动物呀? 我们大家都知道这是小兔子啊!
>
> 　　脑袋圆圆的,眼睛亮亮的,鼻子长长的,身体大大的,搓搓搓,搓搓搓,我们大家猜猜这是什么动物呀? 我们大家都知道这是大象啊!
>
> 　　脑袋圆圆的,眼睛亮亮的,鼻子团团转,尾巴打个圈,搓搓搓,搓搓搓,我们大家猜猜这是什么动物呀? 我们大家都知道这是猪啊!
>
> 　　脑袋圆圆的,眼睛亮亮的,叫猫不抓鼠,像熊爱吃竹,搓搓搓,搓搓搓,我们大家猜猜这是什么动物呀? 我们大家都知道这是熊猫啊!
>
> 　　脑袋圆圆的,眼睛亮亮的,口边出胡须,夜里当巡捕,搓搓搓,搓搓搓,我们大家猜猜这是什么动物呀? 我们大家都知道这是小猫咪啊!
>
> 1. 猜简单的、容易得出唯一答案的谜语,同时感受歌曲结束处需要唱出的那部分。
> 2. 猜谜底稍开放的谜语,同时反复练习如何将不同歌词填入结束处需要唱出的部分,并唱出。
> 3. 幼儿轮流独立地创编新的谜面,并尝试用歌曲规定的方式朗诵出来;其他幼儿猜出谜底,并尝试用歌曲规定的方式演唱出来。中间允许中断思考和讨论。
> 4. 教师鼓励并帮助幼儿尽可能连贯地进行谜语问答。

　　由此可见,提高歌唱教学的游戏趣味性是需要创造性的。教师首先要摆脱这样的一种思维定势——唱歌就是以学会歌曲和提高声乐技巧为主要目的的活动,就是以倾听、模仿、练习为主要手段的活动。请打开眼界:看看自然状态下的儿童是怎样学习唱歌的,想想自然状态下自己是怎样学习唱歌的。唱歌是为了快乐,试试把自己曾经享受过的各种游戏快乐的因素添加到歌曲教学设计中来。当然,歌曲本身的游戏因素应当努力挖掘和选择。

 本章提示

　　第一,幼儿有效的学习和良好的发展是靠教师设计、实施学与教的细节予以保障的。

　　第二,在歌唱的教学活动中,幼儿不仅仅是在进行歌唱的知识技能以及歌曲作品的学习,而且是在进行学习本身的学习和各种社会性发展方面的学习。

　　第三,在歌唱的教学活动中,幼儿不是单纯地面对音乐领域或歌唱领域的问题,也不仅仅是使用和发展音乐领域或歌唱领域的相关经验,而是综合地面对多个不同领域的问题,并学会使用和发展多个不同领域的相关经验。

　　所以,不能简单地定论,分领域或分学科的教学设计和实施一定是割裂幼儿经验的整体思路的。重要的是教师怎样看待各种经验之间的联系,以及能否灵活地调动所有相关经验来进行新的学习。

 问题与讨论

1. 回忆你的相关经验,和同学讨论:在集体歌唱中最重要的价值是什么?
2. 自由地组成小组,改编或创作一个 3 分钟左右的短剧,尝试用即兴歌唱说话的方式来表现全部的内容。最好能够用一种游戏性的放松状态来对待班级的交流演出。
3. 选择一首歌曲,尝试为幼儿设计一个具有游戏性的集体歌唱教学活动。先全班进行,再分小组进行,最后全班交流。

第三章　集体韵律活动教学

 学习目标

1. 了解幼儿园集体韵律活动教学设计与实施的一般思路。
2. 尝试并初步体验幼儿园集体音乐教学活动实施的过程。

幼儿园的韵律活动泛指所有伴随音乐进行的身体艺术表现活动。这种活动主要可以分为创造性律动和集体舞蹈两种类型。其特殊的发展标准主要体现在：其一，身体各部分之间以及身体与头脑之间能够保持基本的协调性；其二，身体运动时能够与音乐保持基本的协调性；其三，身体运动时能够与他人保持基本的协调性；其四，身体运动时能够与周边环境中的物体以及空间保持基本的协调性。

第一节　发展幼儿动作表演的艺术表现力

一、发展动作的协调性

与发展动作的协调性有关的方法主要有以下几种。

（一）创造轻松自由的学习氛围

如果注意观察儿童在集体学习情境中学习动作的过程，就会发现：一些本来在日常生活中已经掌握自如的动作，一经教师要求反而变得不自然了。比如，幼儿平时走路是不会同手同脚的，但在幼儿园集体教育情境中，同手同脚的情况屡见不鲜，其主要原因是心理紧张。因此，教师要努力创造一种轻松自由的学习气氛。越是年龄小的幼儿，越要对他们放宽要求。特别是对在意教师评价、"要好"意愿强烈而胆小羞涩的幼儿，更要帮助他们放松。

（二）选择循序渐进的动作学习程序

教师选择的动作学习程序不够合理，是造成幼儿动作协调性难以进步的另一个原因。

如从幼儿控制重心能力发展的规律看,幼儿在走的时候基本上没有身体腾空过程;幼儿学跑的初期,身体几乎也是没有腾空过程的,直到跑的发展中后期,腾空的过程才逐步明显起来。因此,教师应注意每个新授动作技能的原有基础,如小班幼儿做小跑步时,应该允许膝盖自然弯曲,允许没有腾空过程等。

(三) 采用儿童最舒适的进度逐步加快速度

教师安排做动作的速度不适宜,也是造成幼儿动作难以协调的原因之一。有研究显示:过快或过慢的速度都会造成幼儿动作的紧张和不协调。就儿童个体来说,每个人都有自己最适宜开始的速度。所以,"聪明"的对策,一是让每个幼儿自由地按照自己的速度做动作;二是给个别幼儿伴唱或伴奏时,先观察并判定幼儿最适宜的速度,以后随着幼儿适应变化的速度逐步加快或减慢做动作的速度。

(四) 从儿童的自然动作开始过渡

所有的舞蹈动作都是以某种自然动作为基础的,只不过舞蹈动作在艺术程式化的过程中逐步变得让一般人认不出其本来的面目。但是,教师在教学前必须尽力还原其最朴实的本来面貌,因为这些动作是人的自然生活动作。人在做生活动作时,一般是自然协调的。在自然生活动作的基础上,逐步引导幼儿经历这些动作艺术程式化的过程,幼儿就容易掌握这些舞蹈动作。

(五) 不适宜分解学习的动作可以采用"拖"的方法

在动作教学中,教师一般都使用"分解"的方法,即把比较复杂的动作分解成几个简单的动作分别教授,然后把熟练了的几个动作合成整体进行练习。但是,有许多动作不能进行分解,如跑跳步、跑马步等。其实,在自然的游戏或表演活动中,这些不适宜分解的动作往往是不需要刻意进行教授的。年幼的儿童会自然地跟着教师、同伴或大一点的儿童"拖"。尽管每个儿童掌握的速度会不相同,但慢慢地都能够逐步掌握。

二、发展动作的随乐性

与发展动作的随乐性有关的方法主要有以下几种。

(一) 让儿童边唱边做

让儿童有机会边唱边做动作,一是有助于幼儿熟悉音乐,以及音乐与动作的关系;二是有助于幼儿形成音乐与动作联合反应的定势;三是有助于增进幼儿自主把握音乐和动作的积极性;四是有助于发展幼儿动作的随乐性。所以,教师应注意提供机会,鼓励幼儿边唱边做动作。

(二) 用哼唱或弹奏的曲调跟随伴和儿童的动作过程

年龄较小的幼儿,一般不会特别在意自己的动作与听到的音乐是否相一致。如果他所做的动作刚好与听到的音乐相一致,这两方面相互协调所产生的舒适感会逐步引起他的注意。随着这种特别经验的逐步积累，幼儿会慢慢产生追求这种经验的意识。随着这种意识的逐步增强，幼儿主动使自己的动作与音乐相一致的意识和能力会逐步发展起来。

（三）让儿童有机会跟随比较熟悉的音乐做动作

教师让幼儿有较多机会跟随比较熟悉的音乐做动作，会减轻幼儿探索不熟悉音乐的负担，进而提高幼儿动作的随乐性水平。特别是幼儿所做的动作是他们所不熟悉的时候，跟随比较熟悉的音乐便显得更加重要。当然，比较熟悉的音乐既可指音乐的某一歌词，也可指某一曲调。

（四）让儿童注意使动作与音乐的情绪、风格、结构相协调

教师除了应该引导幼儿注意动作的节奏与音乐相协调以外，还应该引导幼儿注意使动作与音乐的情绪、风格、结构相协调。这种使动作与音乐相一致的追求，不但能够提高幼儿动作的随乐性水平，而且可以有效地提高幼儿感受音乐、理解音乐的水平。

（五）动作组合既有整体美感，又便于儿童记忆和表现

一般说来，幼儿适应复杂性的能力是有一定限度的。要提高幼儿动作的随乐性，动作和音乐两方面的复杂性都应该适中。就动作方面来说，动作组合总体上应该是简单多重复的，既有整体美感，又便于幼儿记忆和表现。

三、发展动作的表现性

与发展动作的表现性有关的方法主要有以下几种。

（一）让儿童有机会看见更多由儿童和教师提供的动作表现范例

教师可以通过以下方式向幼儿提供积累动作表现语汇的机会：在本班活动中，由教师直接向幼儿提供；在本班活动中，由幼儿相互提供；在各种相关活动中，组织指导幼儿观摩本园其他班级或园外儿童的现场表演；通过播放录像、观看电影等活动，组织指导幼儿观摩儿童或成人的表演。

（二）让儿童有机会观察和用动作模仿各种事物及其运动状态

教师可以通过以下方式向幼儿提供观察和动作模仿的机会：一是在本班环境中，引导幼儿进行观察和表现，如动、植物角中的动、植物；家具、家用电器、玩具以及教具、学具形态；家长、教师、幼儿做事时的姿态及运动方式等。二是在散步、参观、郊游等活动中，引导幼儿进行观察和表现，如树木、花草，房屋、桥梁，行云流水，动物园里的动物，马路上的交通工具，以及人们活动的各种姿态和方式等。三是通过播放录像、观看电影等活动，向幼儿提供他们在周围环境中不容易看到和看不到的事物和景象。

（三）让儿童有机会在美术、文学作品激发下进行动作的表现

教师可以通过以下方式向幼儿提供动作表现的机会：一是在美术创作或欣赏活动中，鼓

励幼儿用动作感知和表现作品的情感、内容,以及构成有关视觉形象的线条、形状、运动状态等;二是在文学欣赏、复述及仿编、创编活动中,鼓励幼儿用动作感知和表现其中的人物、事物,以及他们的内心情感和外显活动等。

第二节 韵律活动的教学内容

一、韵律动作及其组合

(一) 韵律动作

在学前儿童音乐教育活动中,韵律动作一般可分为基本动作、模仿动作和舞蹈动作。

基本动作:指儿童在反射动作基础上发展起来的生活动作,如走、跑、跳、摇头、点头、弯腰、屈膝、击掌、招手、抓握等。

模仿动作:指儿童在表现特定事物的外在形态和运动状态时所用的身体动作,如鸟飞、鱼游、刮风、下雨、花开、树长等。此外,还包括儿童模仿日常活动的动作,如洗脸、刷牙、拍球、打气等;模仿成人活动的动作,如锄地、播种、骑马、打枪、织网、采茶、开飞机、开火车等。

上述两种动作是3—5岁儿童韵律活动的主要学习内容。

舞蹈动作:指经过多年的演化和进步,已经程式化了的艺术表演动作。这类动作比较适合5—6岁的儿童学习。幼儿园各年龄班儿童学习的舞蹈动作主要是一些基本舞步,如3—4岁学习小碎步、小跑步;4—5岁学习蹦跳步、垫步、踵趾小跑步、侧点步;5—6岁学习进退步、溜冰步、交替步、跑跳步、跑马步、秧歌十字步等。

在学前阶段,臂和手的舞蹈动作很少进行专门的学习。常见的臂的动作是摆动和划圈,常见的臂的姿态是平举、上举、下垂和曲肘。一般说来,幼儿园在中班安排学习"手腕转动"(翻手腕花),在大班安排学习"提压腕"(硬腕)。

(二) 韵律动作组合

韵律动作组合指按一首完整音乐的结构组织起来的一组韵律动作。在学前儿童音乐教育活动中采用的韵律动作组合,一般可分为:身体节奏动作组合、律动模仿动作组合、表演舞组合、集体舞组合、自娱舞组合等。

身体节奏动作组合:这是一种近年来从国外引进来的韵律活动。组合中的动作均为简单的击打、顿踏动作,而且这些动作通常能够发出声音,如击掌、捻指、拍击身体的某个部位、用不同的方法踏脚等。这种组合一般没有什么象征性的含义,但比较注意动作和音色变化的组织结构。

律动模仿动作组合:这种组合中的动作多为模仿动作,一般较为注意动作的组织结构,但更注意对模仿对象的表现。比如种子睡觉,种子发芽,幼芽长成大树,大树开花结果;小姑娘起床梳洗,小姑娘去果园劳动,等等。

表演舞组合:这种组合中的动作以舞蹈动作为主。这种组合比较讲究动作的组织结构,其中有的含有一定的情节,有的仅表现一种情绪。

集体舞组合:这种组合(含邀请舞)中的动作以舞蹈动作为主。这种组合比较讲究动作的组织结构,但其重要的特点是队形在空间中变化和舞伴之间的配合、交流。在这种组合中,简单、少量的同一动作反复进行是比较常见的结构手法。

自娱舞组合:这种组合在结构类型和结构方式上都比较自由,可以一个人跳,也可以几个人一起跳。舞伴之间的交流配合方式十分自由和即兴。

以上各种组合,除"表演舞组合"较适宜大班儿童学习外,其余各种组合均适合各年龄班的儿童。

二、韵律活动的类型和表演形式

(一)韵律活动的类型

律动的动作主要来自儿童内部的两个方面:一是儿童在反射动作基础上发展起来的一般动作,如拍手、点头等;二是儿童因模仿周围事物的外形或运动状态而创造出来的动作,如小蚂蚁搬东西等。

舞蹈的动作主要来自儿童的模仿学习:一是在幼儿园中从教师或其他幼儿处习得;二是从社区文化活动的现场或从大众传播中习得。这些动作是人类身体艺术造型实践的结晶,即使这些动作语汇在习得的过程中有所变化,但其"根基"还是通过模仿获得的。这也就是舞蹈与律动的不同之处。随着儿童的日益成长,这两者的界限将日益模糊。所以,律动通常是指简单的、原始的身体艺术造型活动。

舞蹈又可以划分为自娱舞蹈、集体舞蹈和表演舞蹈等种类。其中,自娱舞蹈在于自娱自乐;集体舞蹈在于适应空间变化和交流合作;表演舞蹈在于满足表现欲望和提高表现能力。

歌表演在幼儿园中特指伴随歌唱进行的身体表现活动。歌唱与动作表演本来是不可分割的,而为了把握教学的重点,可以这样说:从歌唱教学的角度,重点在"动作伴随歌唱";从韵律活动教学的角度,重点在"歌唱伴随动作"。

动作表演游戏也是人类早期及儿童早期未经分化的一种活动。这种活动一方面兼有运动身体、娱乐他人和娱乐自己的作用;另一方面兼有学习音乐、学习运动和学习游戏的作用。

(二)韵律活动的表演形式

韵律活动的表演形式有独舞、双人舞、群舞、领舞群舞等。

独舞:指一个人独立地做韵律动作。其中既包括一个人独自表演,也包括许多人一起表演,但各自独立活动,相互间不发生交流或配合关系。

双人舞:双人舞或三人舞在幼儿园教学中实际上主要是指一种小型的结伴舞,这种结伴舞通常是两个人自由结伴相互配合做韵律动作;有时候,也可以把三个人或三个人以上的小型组合形式归于这种类型中。

群舞：指许多人按比较严格的队形和动作规定一起跳舞。在幼儿园中,大部分的表演舞蹈和集体舞蹈都可能采取这种形式。

领舞群舞：指以单独舞者为主、集体舞者为辅的一种合作表演方式。其中的主导、辅助关系是规定的,必须遵照执行。在幼儿园中,只有少数的表演舞和集体舞采用这种形式。

三、韵律活动的简单知识和技能

(一)掌握动作的知识和技能

掌握动作的知识和技能,主要体现在以下几个方面。

身体部位运动的方式：如手臂挥动时的运动路线是直线还是曲线。

身体部位运动的方向：如头部运动时是向上、向下、向前、向后,还是向左、向右。

重心控制：如无论静止或移动时,臀部都尽量向里向上收,而不应向下沉或者向后撅。

参与运动各身体部位的配合：如脚做"垫步",手做"手腕转动"。又如在做摘苹果和放苹果的动作时,两眼要一直看着手,头部要自然地配合眼睛运动。

(二)变化动作的知识和技能

变化动作的知识和技能,主要体现在以下几个方面。

变化动作的幅度：如手臂划圈时,可以划大圈,也可以划小圈。

变化动作的力度：如走步时可以重重地踏脚,也可以轻轻地踮着脚走。

变化动作的节奏：如在做采茶动作时,可以快快地采,也可以慢慢地采,还可以快采几次再慢采几次。

变化动作的姿态：如在做踏点步时,动力腿可以点在主力腿的前面,可以点在主力腿的旁边,也可以点在主力腿的后面。再如在做挤奶动作时,可站成弓箭步做挤奶动作,也可以蹲着或者跪着做挤奶动作。

(三)组织动作的知识和技能

组织动作的知识和技能,主要体现在以下几个方面。

按情节内容组织：如小熊饿了慢慢走,小熊吃饱了蜂蜜高兴地跳舞。这种组合方式最容易引起较小年龄儿童的兴趣,也容易被他们掌握。

按身体部位的某种秩序组织：如自下而上地踏脚、屈膝、扭胯、耸肩、摆头。这种组织方式有利于发展学前儿童的秩序感。

按音乐的重复与变化的规律组织：即按相同的音乐做相同的动作,按不同的音乐做不同的动作。这种组织方式有利于学前儿童感知音乐的结构。

按对称的原则组织：如在右边或向右做一个或一组动作之后,再在左边或向左做一个或一组相反的动作。这种组织方式有利于发展学前儿童的均衡和对称意识。

按主题动作组织：即在一个韵律动作组合中,某一个特定的动作反复出现或反复变化出现。这种组织方式有利于发展学前儿童的整体统一意识。

四、韵律活动的常规

在进行韵律活动时,幼儿处在运动和兴奋的不稳定状态,往往不会注意这样一个问题,即只有保持良好的秩序,才能使自己获得更大的身心愉悦。所以,我们要让幼儿学习有关保持良好秩序的知识技能。韵律活动常规就是这样一些知识技能。这些知识技能的习得,既能配合养成幼儿的纪律性和责任感,又能使韵律活动得以顺利进行。集体韵律活动的常规一般包括以下一些方面。

(一)活动开始和结束的常规

(1)听音乐的信号起立和坐下。
(2)听音乐的信号开始活动和结束活动。
(3)在没有特殊要求的情况下,活动后自己找空位子就座。
(4)活动结束时自己收拾道具和整理场地。

(二)活动进行的常规

(1)在规定的范围内活动。
(2)在没有队形要求的情况下,找比较空的地方活动。
(3)在自由移动的情况下,不与他人或场内的障碍物(道具、桌椅等)相撞。
(4)在自由结伴的活动中,迅速、安静地在规定时间内寻找、选择和交换舞伴,分组和分配角色。
(5)在自由结伴的活动中,热情而有节制地与舞伴交流、合作。
(6)在自由律动的过程中,尊重他人的学习速度和表达意愿;在集体舞蹈过程中,安静倾听和独立思考教师的讲解。

第三节 韵律活动的材料选择

韵律活动的材料包括动作、音乐和道具。在为学前儿童选择韵律活动的材料时,要分别从这三个方面加以考虑。

一、动作

在为学前儿童选择动作时,需要考虑幼儿的兴趣和能力。因此,适宜的动作类别和难度应是选择动作的出发点。

(一)动作的类别

学前儿童学习的主要韵律动作分为基本动作、模仿动作和舞蹈动作。3—4 岁儿童最感兴趣的是模仿动作。他们所关心的不是动作本身,而是动作所表现的熟悉事物。所以,为4岁以前的儿童选择韵律动作,应以模仿动作为主,如生活动作、劳动动作,以及做各种模仿动植物、交通工具、自然现象的动作等。他们对跟随音乐做熟悉的基本动作也有兴趣,因为跟随音乐做熟悉的动作既轻松又有节奏感。所以,可以较多地选择基本动作,如走步、拍手、点头、摸脸蛋、拉耳朵、用手指点,等等。另外,有些基本舞步,如小碎步、小跑步等,结合儿童所熟悉的事物,将其作为模仿动作的语汇提供给儿童,也是能被儿童欣然接受的。

4—6岁儿童仍然对模仿动作有浓厚的兴趣,因此,为他们选择韵律动作仍应多选模仿动作。但是,随着年龄增长,以及韵律活动经验的增加,许多儿童,特别是女孩子,会对动作的形式美产生兴趣。因此,为中、大班儿童选择韵律动作时,可以逐步增加舞蹈基本动作的内容,以满足他们发展的需要。

(二) 动作的难度

学前儿童的动作发展有三个规律:从大的整体动作到小的精细动作,从单纯动作到复合动作,从不移动动作到移动动作。

3—4岁儿童最容易接受的是不移动的单纯上肢大肌肉动作,随后逐步学会单纯的下肢动作。在此基础上,才能逐步学会做简单的上下肢联合移动动作。3—4岁儿童还比较容易接受连续重复的动作。动作变换一般应在段落之间进行,偶尔也可以在乐句之间进行。

4—6岁儿童可以较多地学习移动动作,其中包括含有腾空过程的跑、跳动作和复合动作;还有手腕、手指、脚腕、眼睛、肩膀、膝盖等部位比较精细的动作。随着儿童记忆和反应能力的提高,动作变换可以较多地在乐句之间进行,甚至偶尔可以在乐句之内进行。

总体说来,学前儿童动作能力的发展是有限的,要先从单纯的、不移动的、大肌肉的分解动作入手。如在学习侧点步手腕转动时,应在分别学会侧点步和手腕转动以后,再进行复合动作的学习。

需要指出的是,当儿童结伴做动作时,由于要注意相互间的配合,同一种动作的难度便相应提高了。因此,在为各年龄班儿童选择结伴韵律时,应考虑儿童是否具有单独做动作的基础动作反应能力,如做"扶老公公走路"的动作时,先要学会"老公公走路"的动作。

二、音乐

为学前儿童选择韵律活动的音乐,需要注意以下几点。

第一,选择节奏清晰、结构工整的音乐。人的生命运动本身是有规则、有秩序、有节奏的运动。因此,节奏清晰、结构工整的音乐,更能够激发学前儿童进行韵律活动的欲望,也更容易让学前儿童用动作来表现。

第二,选择旋律优美、形象鲜明的音乐。除少数特殊需要的动作以外,为学前儿童选择的韵律活动音乐应该是优美动听的。这样的音乐容易引起学前儿童的好感,激发他们参加韵律活动的欲望。同时,形象鲜明是音乐能够吸引儿童的重要条件之一。特别是对于模仿动作和表现情节、情绪的舞蹈来说,音乐形象鲜明显得更为重要。

第三,选择不同节奏、不同性质、不同风格的音乐。这有助于扩大学前儿童的音乐眼界,提高他们对音乐作出动作反应的能力。比如：可以为同一种动作选择不同的音乐，以锻炼其迁移能力；可以为不同的动作选择同一曲音乐，使用时根据具体要求改变音乐的某一种或几种要素，如节奏、音区、速度、力度等，以锻炼其应变能力。

第四，注意音乐速度的选择。在为 3 岁左右的儿童伴奏时，应先用音乐跟随儿童的动作；待儿童逐步学会用动作跟随音乐以后，应选用中等速度的音乐，有研究认为以每分钟 120—130 拍的速度为宜；待儿童控制动作的能力增强后，可采用稍快或者稍慢的速度和突然变化或逐渐变化的速度。

三、道具

在学前儿童的韵律活动中，大部分情况下并不需要使用道具。但在需要使用时，选择道具应注意以下几点。

一是能增加活动的趣味性，增强动作的表现力，但不会妨碍儿童做动作或移动，不会使儿童因过度兴奋而游离于活动之外，也不存在潜在的人身伤害的危险。因此，所选的道具不宜过大、过重，使用技巧也不宜复杂。

二是能增强儿童的美感，引发和丰富儿童的想象、联想。因此，所选道具不宜粗制滥造，也不宜过于讲究、逼真。可以向儿童提供某种线索，让他们自己去选择道具；或向儿童提供某种材料，让他们自己去制作道具等，这对发展他们的想象能力和动手能力大有裨益。

此外，选择道具应当尽量使用儿童身边普通的甚至是废旧的物品，让儿童自己决定怎样利用它们进行活动。这样，有利于培养儿童的审美敏感性、环保意识和创新能力。

第四节　韵律活动教学导入

一、从观察开始的活动设计

该方法主要适合于让儿童在观察具体事物的外部形象或运动状态后，立即用自己的动作创造性地进行表现的活动，如下例。

范例 3—1

小鱼游（小班律动活动）

1. 教师组织幼儿观察鱼游（可以观察鱼缸、水盆或鱼池里的鱼，也可以观看鱼游的录像片）。
2. 教师播放音乐，鼓励幼儿自由地跟随音乐表现鱼游的样子。
3. 教师邀请个别幼儿轮流表演，引导幼儿相互观察，相互学习。教师哼唱音乐或用琴声为幼儿伴奏。

4. 教师播放音乐，带领幼儿重点练习踮着脚既轻又快地移动，同时用手臂自由地做出模仿鱼游的动作。

二、从回忆开始的活动设计

该方法主要适用于让儿童在回忆有关具体事物的外部形象或运动状态后，用自己的动作创造性地进行表现的活动，如下例。

范例 3-2

堆雪人（大班韵律活动）

1. 教师请全体幼儿自选空的地方任意摆出一种姿势不动，假装自己是一个被堆好的雪人。
2. 教师播放音乐，同时用语言提示：太阳出来了，晒到了雪人的什么地方，雪人的什么地方开始融化……
3. 幼儿一组一组轮流表演，相互交流学习，并鼓励表演中的合作（几个姿态不同的雪人并堆在一起）。教师播放音乐，给幼儿的表演伴奏。
4. 教师播放音乐，再次组织全体幼儿自由地结伴表演。

三、从基本动作复习或学习开始的活动设计

该方法主要适合于从复习某个熟悉的动作开始联系新动作学习的活动，或直接从观察新动作示范开始的新动作学习活动，如下两例。

范例 3-3

多幸福（大班新歌学习活动）（从复习"进退步"开始）

1. 幼儿复习含"进退步"的舞蹈。
2. 幼儿听教师范唱新歌《多幸福》，并观看教师随歌示范"退踏步"。
3. 幼儿集体讨论两种舞步的异同。
4. 幼儿随录音音乐或教师的歌声舞蹈。

> **范例 3-4**
>
> ### 邀请舞（中班舞蹈活动）（从新授"踮步"开始）
>
> 1. 教师脱掉一只鞋，请全体幼儿坐在椅子上观察教师用没有穿鞋的脚示范如何连续"踮"动，教师自己哼唱音乐给自己伴奏。教师引导幼儿感知：教师始终只用没有穿鞋的脚（即固定用一只脚）"踮"动，并且是在弱拍上准备、在强拍上"踮"下去的。
> 2. 教师邀请全体幼儿一起坐着进行练习，并用自己的哼唱跟随幼儿的"踮"动。
> 3. 教师请全体幼儿一起站起来"跳舞"，教师哼唱伴奏。每跳完一遍之后教师教幼儿一种"新疆舞的动作"（如行礼、耸肩、动头等），让幼儿相互逗趣。
> 4. 教师鼓励全体幼儿一边做"踮步"一边拍手。教师用"踮步"走到谁的面前，就拉着谁的手，在音乐的结束句中用"踮步"一起旋转一圈。（自然学习了用"踮步"移动）音乐不断重复，教师不断邀请新的幼儿和自己一起学习在旋转中移动。

四、从队形复习或队形新授开始的活动设计

该方法主要适用于先复习某个熟悉的队形，然后联系新队形学习的活动，或直接从感知、理解新队形开始的新队形学习活动，如下例。

> **范例 3-5**
>
> ### 葡萄丰收（大班舞蹈活动）
>
> 1. 教师请幼儿两两自由结伴，跟随音乐跳新疆舞。脚的动作必须是"踮步"；手必须做"手腕转动"；臂的姿态可以任意，但结伴的两人必须相互配合。
> 2. 教师邀请一半幼儿手拉手站成一个圆圈，然后向后转，面对圈外站好；另一半幼儿每人自选一个舞伴站在自己的对面。
> 3. 教师请全体幼儿跟随第一段音乐自由跳"踮步翻腕"动作组合。
> 4. 教师教外圈幼儿学习如何跟随第二段音乐"穿梭"式地进出内圈，变化队形，直至音乐结束。舞蹈全部教完后，教师组织幼儿与新舞伴从内外圈结伴自由跳"踮步翻腕"组合，然后重新跳这个新舞蹈。

五、从舞谱开始的活动设计

该方法主要适用于帮助幼儿理解舞蹈符号的作用，学习使用舞谱来帮助他们进行舞蹈学习的活动，如下例。

> **范例 3-6**
>
> ### 种太阳（大班舞蹈活动）
>
> 1. 教师向幼儿提供五种图片，每种图片上画一个太阳和一个带有箭头的线条，分别表示在圆圈上的顺时针转、逆时针转、自转、面向圆心聚拢、面向圆心散开。
> 2. 教师请幼儿选择一种图片摆放的顺序。
> 3. 教师带领全体幼儿按照图片的结构跳简单的圆圈舞。
> 4. 教师组织幼儿重复步骤2和3，尝试用不同的结构来跳舞。

六、从动作创编开始的活动设计

该方法主要适用于发展幼儿的动作创编兴趣和动作创编能力的活动，如下例。

> **范例 3-7**
>
> ### 拥军秧歌（大班舞蹈活动）
>
> 1. 教师播放舞蹈音乐，让幼儿在音乐声中自由地探索如何做与他人不同的甩动绸带或纸带的动作。
> 2. 教师请幼儿交流并小结创编中出现的动作变化规律，如动作的姿态、幅度或节奏变化等。
> 3. 教师将幼儿提议的动作加入到音乐中后再跳给幼儿观赏。
> 4. 教师带领幼儿练习。

七、从游戏开始的活动设计

该方法主要适用于动作或队形的教学中可以用游戏的方法来进行的活动，如下例。

> **范例 3-8**
>
> ### 花之舞（大班舞蹈活动）（重点学习双向穿梭的队形）
>
> 1. 教师及全体幼儿每人右手腕戴一小手圈（可以是扎头发的彩色松紧圈）。幼儿听教师口令找朋友握手问候。教师说"花朋友握握手"，每人立刻找一个朋友，用戴手圈的手（右手）与朋友握手，并说"你好你好"；教师说"好朋友握握手"，每人立刻找一个朋友，用没有戴手圈的手（左手）与朋友握手，并说"你好你好"。

2. 教师组织幼儿分两队站成两个圆圈,一圈顺时针,一圈逆时针,继续玩上述游戏。每次每人向前换一个朋友换一只手。

3. 教师哼唱舞蹈第二段音乐,将游戏动作组织到舞蹈音乐中去。

4. 教师教授舞蹈第一段的动作,并将第二段的动作和队形变化组织到舞蹈中去。

八、从故事开始的活动设计

该方法主要适用于情节性比较强的韵律动作组合的学习或创编活动,如下例。

范例3-9

小卓玛上学(大班舞蹈活动)

1. 教师一边向幼儿讲小卓玛上学的"故事"(实际上是简单的舞蹈情节),一边请幼儿用动作来进行创造性的表现。

2. 教师向幼儿简单地介绍藏族的服装和舞蹈动作风格,同时引导幼儿将原先比较生活化的动作改造成具有藏族舞蹈风格的动作。

3. 教师哼唱音乐,将新编出来的动作组织到音乐中去,并带领幼儿练习。

九、从音乐欣赏开始的活动设计

该方法主要适用于音乐结构比较复杂、音乐与动作结合要求比较高的韵律动作组合的学习或创编活动,如下例。

范例3-10

特快列车波尔卡(大班舞蹈活动)

1. 幼儿围成圆圈,教师带领全体幼儿坐在椅子上倾听音乐,并做简单的身体律动来感受音乐的基本结构和节奏。

2. 教师在动作中逐步加入暗示未来运动方向的简单动作,如左手在左前方点动手腕,暗示未来将会向左面顺时针方向移动等。

3. 在幼儿初步熟悉音乐结构和节奏的基础上,教师开始教授圆圈舞蹈。

本章提示

韵律活动是跨音乐和运动两个领域的综合性活动。它既不纯属于音乐领域,也不纯属于运动领域,而是与视觉领域的造型活动有着天然的密不可分的关系。可以说,它是一个独立的领域,有着自己独特的活动方式和社会实践价值。在韵律活动教学的过程中,幼儿将不可避免地涉及对健康、科学、社会、语言等领域经验的应用和发展。所以,不能简单地说,分领域或分学科的教学设计和实施一定是割裂幼儿经验整体的思路。问题的关键在于教师怎样看待各种经验之间的联系,以及能否灵活地调动所有的相关经验来进行新的学习。

 问题与讨论

1. 同样的动作,当你做很小的幅度和很大的幅度时,当动作是你新学的或已经高度熟练时,你需要的速度有什么不同?

2. 选择一个题材,如"枕头、被子和我"或"土地、蚯蚓和花",自由结伴进行律动表演,然后交流。

3. 自由结成小组,自选音乐,为3个年龄班分别创编有趣的集体舞,然后交流。

第四章　集体打击乐器演奏活动教学

 学习目标

1. 了解幼儿园集体打击乐器演奏活动设计与实施的一般思路。
2. 尝试并初步体验幼儿园集体打击乐器演奏活动实施的过程。

德国音乐家、音乐教育家卡尔·奥尔夫认为,打击乐器是最早为人类所掌握的乐器种类之一,也是现代社会中儿童最容易掌握的乐器。由于打击乐器演奏主要使用大肌肉动作,对于精细的小肌肉动作能力尚处于发展初期的幼儿来说,它们是最自然的音乐表达工具,也是最容易从中获得快乐源泉的乐器。

第一节　发展幼儿乐器演奏的艺术表现力

幼儿园的打击乐器演奏活动泛指所有通过简单打击乐器进行的艺术表现活动。这种活动可以具体分为设计性(预成性)的演奏和即兴性(生成性)的演奏。其发展标准主要体现在:个人的演奏能够与乐器、音乐以及他人的演奏保持基本的协调性,对使用乐器进行表达有自己独特的看法。以上内容可被概括地称为幼儿乐器演奏的艺术表现力,其内容包括是否舒适有效地演奏、准确流畅地演奏,及有表现力地演奏。

一、舒适有效地演奏

与此有关的主要方法如下。

(一) 选择合适的乐器和演奏方式

乐器或演奏方式如果不适合幼儿,就会影响演奏的舒适性和有效性。但由于控制协调能力发展的差异,年龄不同、经验不同、特长不同的幼儿对乐器和演奏方式的适应情况是不同的。一般来说,年龄小的幼儿应该多使用大肌肉来做演奏动作,最好先选用用手掌拍击的方式;当他们有一定的演奏经验和能力以后,再选用其他要求使用小肌肉以及手眼协调能力要求较高的乐器和演奏方法,如捏奏响板、对击碰铃、摇奏铃鼓等。具体细节下一节中还将介绍。

(二) 选择合适的空间安排

合适的空间安排是保证舒适有效演奏的重要因素,它还能够保证活动的秩序以及声部音色混响的效果等,因此成为活动整体审美效果的有机组成部分。

常规性的打击乐演奏活动应该有铃鼓(碎响音色)组、碰铃(圆润音色)组、响板(脆响音色)组,以及大鼓和吊钹(混响音色)组。使用其他非常规乐器时,可按常规乐器的音色性质分组。同音色组的乐器在空间安排上应该集中在一起,如可以安排成"单马蹄形"(图4-1)或"双马蹄形"(图4-2),每边为一个音色组;可以安排成"品字形"(图4-3),每块或每行为一个音色组;可以安排成6行的"满天星"队形(图4-4),每相邻的两纵列为一个音色组。小班一般安排成"半圆形",可用"分段切割"的方法来安排不同的音色组。大鼓和吊钹的音色主要是起"混响"作用的,应该根据配器、指挥以及幼儿反应能力的水平来具体对待:如大鼓和吊钹的演奏与铃鼓声部的演奏完全相同时,应该将它们安排在铃鼓组的后面或近旁;大鼓和吊钹的演奏完全独立时,应该把它们安排在指挥的身边或任何可显示其独立地位的空间之中;如大鼓和吊钹是分开演奏的,应该把它们分别安排在各自所加强的那个音色组所在的空间之中;大鼓和吊钹是相互交替、配合演奏的,它们在空间处理上则应该安排在一起。

图4-1　　　图4-2　　　图4-3　　　图4-4

一般情况下,教师应该站在全体幼儿都看得见的地方。幼儿年龄小,需要教师靠近时,可采用"半圆形"或"单马蹄形"队形(图4-5)。这时教师不要总是只面对某一方向的幼儿。在采用"双马蹄形"队形又需要教师靠近时,可将两侧幼儿的坐椅拧转成斜对教师或三面都向内侧,以便与幼儿进行体态和目光的交流,并避免"马蹄形"外口处的幼儿拧过头来观察教师的指挥(如图4-6)。

图4-5　　　　　　　图4-6

(三) 选择合适的练习速度

选择合适的练习速度,是保证舒适有效演奏的一个重要条件。一般情况下,教师应该首先用自己哼唱的曲调来跟随幼儿的速度,即教师用眼睛看着幼儿,调整自己的哼唱速度,直至幼儿的动作显示出比较自如的状态;待幼儿的演奏逐步熟练后,及时改换成弹琴伴奏,并稍稍加快速度,以使幼儿对练习产生新的欲望;待幼儿的演奏相当熟练时,将伴奏改换成录音播放的乐队的音响,这时速度可以更快一点。教师应事先向幼儿说明,并激发幼儿挑战新情境的信心。

(四)采用明晰、准确的指挥暗示

为了有效地帮助幼儿体验演奏的舒适性和有效性,教师在运用指挥方法时须注意:第一,应该学会在声部转换之前,将自己的头部和目光转向下一个将要演奏的声部。在组织建立声部时,尽量使用手势和眼神,减少语言指示。必须使用语言时,应当注意辅以相关的体态。第二,不使用击画节拍法,而使用击打节奏法。必要时,可将幼儿演奏乐器的模仿动作做出来,以减轻幼儿的记忆负担,使幼儿能够轻松自如地演奏和享受音乐。第三,一般不要使用装饰性的动作变化,动作越单纯清晰,越容易使幼儿轻松地领会。

(五)创造愉快、轻松、舒适的演奏氛围

愉快、轻松、舒适的演奏氛围,是保证舒适有效演奏的又一个重要条件。教师在组织指导演奏练习时,还应该注意:第一,带头保持愉快、轻松的状态。当然,要做到这一点,教师必须对活动的材料、程序以及可能发生的突发性问题做到"成竹在胸"。第二,幼儿在学习过程中出现掌握困难时,教师不要急躁,而应放慢速度,加强指导。第三,幼儿出现注意力涣散或过度兴奋状态时不要指责,而应设法激励或安抚。第四,教师应注意用目光扫视法,将自己愉快的心情不断地传递给幼儿,并注意用目光的短暂停顿与有特殊需要的幼儿进行特殊的"对话"。目光扫视法在完整的演奏练习中尤为重要。

二、准确流畅地演奏

幼儿是否能够准确流畅地演奏,与其节奏感与结构感的发展水平密切相关。与此有关的主要方法如下。

(一)选择节奏明晰的伴奏音乐

幼儿容易受环境因素的暗示,同时抵抗环境干扰的能力比较弱。当音乐本身的节奏不够明晰时,幼儿演奏节奏的明晰性往往也会降低。因此,教师应尽量为幼儿的演奏选配节奏明晰的伴奏音乐音响,以避免影响幼儿节奏感的发展。

(二)培养相互倾听、相互配合的良好习惯

由乐句乐段横向构成的乐章和由声部与声部纵向交织构成的织体,共同构成了音乐的"音响图案花纹"。体验"音响图案花纹"的美丽及其变化的乐趣,是打击乐器演奏的独特作用。这些美丽的"音响图案花纹"是由不同乐器小组共同"编织"而成的。因此,教师应该引导幼儿注意倾听、配合其他声部,注意倾听整体音响效果,以培养幼儿相互关注、相互配合的

良好习惯。

（三）运用合适的"变通乐谱"作为辅助工具

"音响图案花纹"是美丽的，但它在实践过程中流动时转瞬即逝，初学时往往容易造成感知和记忆的困难。因此，在设计性（预成性）演奏活动中，恰当地运用便于幼儿感知记忆的"变通乐谱"作为辅助工具，能够有效地提高新作品的学习效率，并能给学习演奏的过程带来更多的愉快感受。

（四）运用准确的示范、讲解、指令和指挥暗示

尽管在打击乐器演奏的过程中感知多声部音乐的节奏和结构有一定的难度，但有效的指导仍然可以使幼儿比较轻松地达到目标。因此，教师熟练地运用准确的示范、讲解、指令和指挥暗示等教学策略，显得十分重要。

（五）创造适度紧张的演奏氛围

经常处于适度紧张的演奏氛围，有助于养成良好的学习习惯。由于多声部音乐学习有一定的难度，教师在指导幼儿学习或练习时应注重创造适度紧张的演奏氛围。

三、有表现力地演奏

与此有关的主要方法如下。

（一）提供有表现力的伴奏音乐

有表现力的伴奏音乐本身就能够感染、打动幼儿，使幼儿与音乐发生共鸣，在不知不觉中将情感倾注到演奏之中。因此，教师不仅要选择具有情绪感染力的音乐伴奏录音，而且在自己哼唱或者用琴弹奏伴奏时注意音响表达的情绪感染力，以给幼儿的演奏提供富于表现力的良好榜样。

（二）传授有关的演奏技能

要做到心情—动作—乐器—音响的表达相一致，需要熟练地掌握演奏乐器的有关技巧。为此，教师首先要认真探索怎样才能做到"心—手"一致，然后仔细研究克服幼儿技能掌握障碍的有效策略。技能教学的效益提高以后，幼儿才能更快地在新的学习中进入"表现"的状态。

（三）采用富于感染力的示范、讲解、指令和指挥暗示

幼儿是易受情绪感染的特殊群体。在打击乐器演奏学习或练习的过程中，无论哪一个环节，教师的情绪和态度对幼儿的影响都是整体性的。因此，教师应该对示范、讲解、指令和指挥等所有的指导行为赋予情绪感染力，以带动幼儿进行有表现力的演奏。

（四）调适演奏时的兴奋状态

幼儿演奏时的兴奋状态是需要注意的问题，因为过高或过低的兴奋状态都会影响演奏效果。从性格角度来说，对比较容易兴奋的幼儿，教师应该注意避免使幼儿过度兴奋；对较为沉闷的幼儿，教师则应努力提高自己的兴奋程度来激发幼儿积极参与。从幼儿即时的实际反应来说，幼儿兴奋水平过低时，教师应通过提高自身的兴奋水平来激励幼儿；幼儿兴奋水平过高时，教师则应通过降低自身的兴奋水平来安抚幼儿。

第二节　打击乐器演奏活动的教学内容

一、打击乐曲

幼儿园使用的"打击乐曲"一般分为两类：一类是伴随歌曲或器乐曲进行的打击乐演奏乐曲；另一类是纯粹由打击乐器或替代性的打击乐器来演奏的打击乐曲。

伴随歌曲或器乐曲的打击乐演奏曲一般由两个部分组成：一部分是某一首特定的歌曲或器乐曲；另一部分是根据特定的歌曲或器乐曲创作的打击乐器演奏方案，即配器方案。

纯粹的打击乐曲，即专门为打击乐器创作或仅由打击乐器来演奏的乐曲。尽管纯粹的打击乐演奏这种表演方式目前在我国幼儿园的教学中不常见，但实际上它才是真正含义上的打击乐演奏。研究证明，这种活动和作品其实是受幼儿欢迎且易于被他们所接受的。

幼儿园所使用的打击乐曲演奏方案，有的是由专业音乐工作者创作的，有的是由幼儿园教师创作的，也有的是在教师的帮助下由幼儿集体创作的。

二、打击乐器演奏的简单知识技能

（一）乐器

幼儿可以接触到的打击乐器主要有：大鼓、铃鼓、串铃、碰铃、三角铁、钹、锣、木鱼、双响筒、圆弧响板、蛙鸣筒、沙球等。相关的知识主要有：乐器名称、演奏方式与音色的关系等。相关的一般技能主要有：用自然协调的动作演奏；奏出适中的音量和美好的音色；注意倾听音乐和他人的演奏，并使自己的演奏与整体音响相协调等。

（二）配器

在儿童的音乐学习中，"配器"主要是指由教师引导、组织儿童用集体讨论的方式，选择适当的节奏型以及合适的乐器，为儿童熟悉的歌曲或乐曲设计伴奏的一种活动形式。与此有关的知识技能主要有：知道如何按音色给乐器分类；知道如何利用乐器的搭配制造某种特定的音响效果；知道如何通过集体讨论等方法，为指定的歌曲或乐曲选配合适的节奏型及音色安排方案，并能用简单的图形、语音、动作等符号记录设计好的配器方案。

(三) 指挥

幼儿打击乐演奏活动中的"指挥"和"看指挥演奏"内容的学习，对幼儿的音乐成长和全面发展有着特殊的意义。在这种活动中，幼儿学习的内容主要是如何与人沟通、合作，以及如何相互协调。因此，在一般情况下，幼儿指挥者不必学习专业性的起势、收势和划拍，而只要学习如何开始、结束、轮流、交替和击打出所要求的节奏型，必要时做一些相应乐器演奏方式的模仿动作等。

与此有关的知识技能主要有：其一，知道如何用动作表示"准备"、"开始"和"结束"，并使自己的动作清楚、明确，易于让被指挥者作出反应。其二，知道在指挥时将身体倾向于被指挥者，用眼睛注视被指挥者，用体态和表情激起被指挥者的合作热情；知道如何用指挥动作表现节奏和音色的变化，使自己的动作与音乐协调一致。

三、打击乐器演奏的常规

由于乐器本身的新奇性以及可以发出响声等特性，进行打击乐器演奏活动历来难以保持良好的秩序。因此，为打击乐器演奏活动建立常规就显得十分必要。集体打击乐器演奏活动的常规一般包括以下内容。

1. 活动开始和结束的常规

（1）听音乐的信号整齐地将乐器从座椅下面取出或放回。
（2）乐器拿出后，不演奏时须将乐器放在腿上，不发出声音，眼睛也不看乐器。
（3）开始演奏前，按指挥者的手势整齐地将乐器拿起，做好准备演奏的姿势。演奏结束后，按指挥者的手势将乐器放回腿上。
（4）活动结束后，自己收拾乐器和整理场地。

2. 活动进行的常规

（1）演奏时身体倾向指挥者，眼睛注视指挥者，积极与之交流。
（2）演奏时注意倾听音乐和他人的演奏。
（3）演奏时注意力集中，不做与演奏无关的事情。
（4）交换乐器时，须先将原来使用的乐器放在座椅上，再迅速无声地找到新的座位；拿起新乐器，坐下后把新乐器放在腿上做好演奏准备。交换过程中不与他人或场内的座椅相碰撞。

第三节　打击乐器演奏活动的材料选择

打击乐器演奏活动的材料包括乐器、音乐和配器方案。为幼儿选择打击乐器演奏材料时,要分别从这样三个方面加以考虑。

一、乐器

为幼儿选择乐器时,一般考虑三点:首先,乐器的音色要好,如铃鼓的鼓面不宜选用塑料制的或铁制的。其次,乐器的大小及重量应适合幼儿,如铃鼓直径一般不宜超过15厘米,最好选用12厘米左右的;碰铃铃口的直径最好在3厘米左右;三角铁钢条的横断面直径最好小于3厘米;木鱼的底面积一般不大于幼儿的手掌面积。第三,乐器的演奏方法要适于不同年龄幼儿运动能力的发展。比如:

3—4岁幼儿可以选用的乐器有铃鼓、串铃、沙球、圆弧响板和碰铃。前三种乐器的奏法都是左手持乐器,用拍手的方法挥动大臂,最后由右手拍击左手使乐器发音。圆弧响板的奏法略有不同,即左手不动,右手先上提再向下拍击使乐器发音。碰铃的演奏法也与此类似,左右手各持一个碰铃,然后用类似拍手的方法使之相互撞击发音。这五种乐器的奏法类似儿童拍手的方法。另外,大鼓也是这一年龄段幼儿可以选用的。

4—5岁幼儿可以选用的乐器有木鱼、蛙鸣筒、小钹和小锣。木鱼在敲击时需要使用腕部的小肌肉,对于手、眼协调有一定的要求。蛙鸣筒在刮奏时需要均匀地持续用力,小钹和小锣在击奏时需要有控制地用力。另外,这一年龄段的幼儿还可以选用铃鼓的摇奏法。

5—6岁幼儿可以选用的乐器有双响筒和三角铁。这两种乐器的演奏,对于用力均匀和手眼协调都有较高的要求。此外,对这一年龄段的幼儿,还可以选用圆弧响板的捏奏法、沙球的震奏法和小钹的擦奏法。

作为教师,应该了解乐器的管理常识。比如:6个班级规模的幼儿园至少应该配置一个班级用的乐器组合。按每班45人计算,应该配置15个铃鼓、15个响板、15对碰铃。有条件的幼儿园还可以配置一面大鼓、一个吊钹、一副双响筒。条件再好一点的幼儿园可以专门为小班幼儿配置45个串铃。乐器统一存放在幼儿园资料室,班级需用时去资料室办理借用手续,归还时应该原数、原样归还。小班活动前可由教师办理借用,并由教师组织指导幼儿分发、放还、摆齐。中、大班应该由教师指导、督促幼儿自己来完成这些事情。

二、音乐

为幼儿选择打击乐配合演奏的音乐,除了注意节奏清晰、结构工整和旋律优美、形象鲜明外,还要考虑以下因素:第一,为3—4岁幼儿选择的音乐,最好是他们比较熟悉的歌曲或韵律活动的音乐。音乐的节奏比较简单,结构多为短小的一段体。第二,为5—6岁幼儿选择的音乐,节奏可以复杂一些,结构可以是一段体,也可以是两段体或三段体。在所选的音乐中,最好包括一些比较鲜明的、有规律的对比因素,即乐句与乐句或乐段与乐段之间存在比较明显的差异。

三、配器方案

(一) 配器方案的特点

1. 适合幼儿的实际能力

适合幼儿的实际能力有两层意思：其一，适合幼儿使用乐器的能力，即配器方案中选用的乐器种类和演奏方法应当是特定年龄阶段的幼儿能够接受的；其二，适合幼儿对变化作出反应的能力，即配器方案中的节奏变化和音色变化，其频度和复杂程度应当是特定年龄阶段的幼儿能够接受的。如在为3—4岁幼儿选择的配器方案中，一般宜在乐段之间变化音色；在为4—5岁幼儿选择的配器方案中，一般可在乐句之间变化音色；在为5—6岁幼儿选择的配器方案中，不仅可以考虑在乐段之间、乐句之间，甚至乐句之中变化音色，还可以考虑变化节奏。

2. 有一定的艺术性

这也有两层意思：其一，配器产生的音响效果能够与音乐原来的情绪、风格、结构相一致；其二，配器产生的音响效果既要富于趣味性、新鲜性，又要具有整体统一的美感。

(二) 配器的编配步骤

配器的编配步骤有以下五条：第一，熟悉音乐。对音乐进行反复倾听、哼唱、弹奏，以及感知、体验。第二，揣摩、分析。揣摩音乐的情绪、风格和趣味，注意抓主要矛盾，对次要的细节进行"省略"处理或"模糊"处理；分析音乐的节奏、结构特点，感知音乐结构中部分与主体的关系、重复与变化的关系等。第三，安排节奏和音色的布局。通过节奏和音色的改变，既可以强调"变化"，又可以强调"统一"。对于儿童年龄较小的班级或比较简单的作品，可多采用"相辅相成"的处理方法，即音乐节奏与配器节奏相同或相似。对于儿童年龄较大的班级或比较复杂的作品，偶尔可采用"相反相成"的处理方法，即故意拉大音乐节奏与配器节奏区别。第四，试奏和调整。第五，记谱和转换乐谱。

(三) "变通总谱"的设计

"变通总谱"是针对"通用总谱"（即通常使用的简谱和五线谱）来说的。由于通用总谱的认知方式和过程比较复杂，使用通用总谱会增加幼儿的认知负担，减少其感知音乐的乐趣。但如果不用总谱，幼儿在学习过程中的记忆负担又会太重。"变通总谱"正是为了解决上述矛盾而被创造出来的。目前，幼儿园普遍使用的"变通总谱"主要有动作总谱、图形总谱和语音总谱三类。

1. 动作总谱

动作总谱是用身体动作表现配器方案。身体动作可以表现节奏、音色、速度、力度的变化及其结构。在动作总谱中，可以用节奏动作、模仿动作、舞蹈动作、滑稽动作作为材料。使用动作总谱要注意两点：一是不宜用笨拙的肢体动作表现比较密集的节奏；二是身体动作不宜太难，应避免动作对幼儿掌握总谱内容造成不必要的困难。

2. 图形总谱

图形总谱是用形状和色彩表现配器方案。形状、色彩可以表现节奏、音色、速度、力度的变化及其结构。在图形总谱中，可用几何图形、乐器音色的象征图、乐器形象简图作为乐谱的材料。要注意不宜搞成"通用总谱"的图形解释方案，避免复杂化、繁琐化的设计。

3. 语音总谱

语音总谱是用嗓音表现配器方案。嗓音可以表现节奏、音色、速度、力度的变化及其结构。在语音总谱中，可用有意义的字、词、句、象声词、衬词和无意义的音节作为乐谱材料。尽量要使创造出来的语音总谱有趣、易记、上口。

在真实的教学情景中，尽管各种"变通总谱"是混合运用的，但在过渡到实际的乐器演奏之前，一般必须经过徒手的动作练习这个阶段。

第四节 打击乐器演奏整体教学法

一、整体教学法的基本特点

打击乐器演奏的整体教学法主要强调：让参与演奏的幼儿有机会了解作品的整体音响形象；让幼儿的合作演奏建立在主动追求自己所了解的整体音响形象的基础之上。整体教学法作为一个完整的方法体系，包含变通总谱法、击节奏型指挥法和引导参与创作法。

变通总谱法是指运用便于幼儿感知记忆的"变通乐谱"作为辅助工具，以提高新作品的学习效率，为学习过程带来更多愉快感受的一种方法。目前幼儿园经常使用的变通乐谱有动作总谱、图形总谱和语音总谱。通俗地说，这些变通总谱就是一些便于幼儿感知、理解和记忆的"符号"体系——如简单的动作组合、图形结构和由嘴巴发出的声音组合等。

击节奏型指挥法是相对专业指挥使用的"划拍指挥法"而言的一种变通方式。幼儿在学习演奏新的作品时，教师使用与幼儿不同的动作节奏"划拍"，容易干扰幼儿再现自己所要演奏的节奏型。所以，教师应使用与他们的演奏方式相同的动作来指挥。

引导参与创作法一方面是为了给幼儿提供自由探索和创造性表达的机会，另一方面是为了拓展幼儿的见识和提高幼儿的自信。在即兴性演奏中，经常有机会自由探索和表达的幼儿会因为自信而更加放松，不会因为紧张而造成不流畅。在设计性演奏中，幼儿自己经过认真思考创造出来的演奏方案，更容易被幼儿接受。

二、整体教学法的程序

整体教学法与传统的教学法在程序上有较大的区别。具体地说，传统教学法的程序是先分声部学习和练习，然后将所有声部合起来演奏。而整体教学法的程序有二：一是"先整体后分部"程序,主要适用于各声部间相互依存性较强的作品;二是"累加"程序,主要适用于含有一个或一个以上相对独立声部的作品。

(一)"先整体后分部"程序

"先整体后分部"程序适用于配器结构使各声部之间形成交错进行关系,整体音响上较为单纯的作品。其具体步骤如下:

第一,导入,引起兴趣。

第二,欣赏或进行简单的身体节奏活动,初步感知主旋律的情绪、风格和基本拍子。

第三,模仿学习变通总谱,或在教师指导下参与创作变通总谱的具体内容。(基础较薄弱的班级最好先从模仿开始)进一步把握作品整体音响的横向(句子和段落之间的)结构和纵向(声部与声部之间、配器与旋律之间的)结构。

第四,在熟练掌握总谱的基础上,进行分声部的练习。练习是所有声部同时进行的。练习时,重点注意相互倾听、相互配合,以便创造出心目中建立的整体音响效果。在这一步骤中,应该学习教师如何指挥。教师指挥时所做的动作,应该与幼儿的动作完全相同。待熟练后,教师可改用击拍法,但仍需把要求幼儿演奏的节奏型打出来。

第五,个别幼儿学习指挥,集体练习合奏。教师可鼓励有潜力的幼儿根据自己的情况,部分地改变原定的练习方案。(这个程序并非必须)

第六,在教师的指挥下,进入多声部乐器合奏练习。

第七,个别幼儿练习指挥,集体练习合奏。教师可鼓励担任指挥的幼儿根据自己的情况部分地改变原定的配器方案。在这一步骤中,由于已经进入多声部的合奏练习,为了减轻大部分幼儿的注意、记忆负担,保持甚至增强演奏的热情,教师要在开始演奏前让全体幼儿对将要发生的改变做好思想准备,并注意引导幼儿认真倾听,比较整体音响发生了什么样的变化。

第八,改进练习,根据需要将特色乐器逐步添加到乐队中去。每次发生变化后,教师都应引导幼儿倾听、比较,并鼓励年龄较大的幼儿对变化加以描述。(这个程序并非必须)

(二)"累加"程序

"累加"程序适用于各声部有一定的独立性,或至少有一个声部与其他声部之间没有交错进行关系,整体音响较为复杂的作品。其具体步骤如下:

第一,与"先整体后分部"的程序相同。

第二,模仿学习或创作一个比较有特色的、复杂的、有独立性的声部,该声部相当于一件打击乐器或一个打击乐器组"独唱"的声部。通过这一步骤,进一步把握作品的横向结构。

第三,在熟练地掌握该声部的基础上,将其他具有伴奏性质的声部用"先整体后分部"的程序学习掌握,最后将伴奏声部"累加"到独奏声部上去。在这个步骤中,最初往往需要个别幼儿来指挥已经熟悉的独奏声部,教师同时指挥尚不熟悉的伴奏声部;然后,把两个声部分别交给两个幼儿指挥;最后,由一个幼儿单独指挥伴奏声部,让独奏声部的幼儿完全独立地听音乐演奏。

以后各步骤可参考"先整体后分部"程序的相应环节。其实,在实际教学中,这两种程序经常是混合使用的。

最后,还必须指出:对于年龄小、经验少、音乐能力较弱或刚刚接触打击乐演奏活动的幼儿来说,模仿学习仍然是比较常用的一种学习方法。但是,创造性学习应当一开始就引入。需要注意的是,在要求的制定、方法的设计、程序的安排等方面必须特别谨慎,要以大多数幼儿能够胜任、愉快、积极参与作为难度设定的标准。

第五节　打击乐器新作品教学导入

一、从总谱学习开始的设计

该方法主要适用于原配器创作比较复杂、精美、完善的打击乐作品。

> **范例 4-1**
>
> ### 拔根芦柴花（大班打击乐曲活动）
>
> 该乐曲从"横向"看,由4个部分组成,并含有4种节奏型。
>
> 第一部分始终采用第一种节奏型:× ××,并使用了前后两拍音色不同的设计。如第一拍铃鼓与圆弧响板演奏（混合音色）,第二拍碰铃演奏（单纯音色）。
>
> 第二部分中的主要部分采用了第二种节奏型:×× ××,并使用了三个乐句分别用三种不同的单纯音色轮流演奏的设计。如:第一句铃鼓,第二句圆弧响板,第三句碰铃。
>
> 第二部分结束处重复采用了第一种节奏型:× ××,音色也如第一部分。
>
> 第三部分是高潮,采用了第三种节奏型:×— — —,并使用了第一拍齐奏（包括大鼓和大钹）,后三拍用铃鼓摇奏的设计。
>
> 第四部分是全曲的结束部分,采用了第四种节奏:× × × ×,并使用了齐奏的设计。
>
> 鉴于该配器方案比较复杂,教师可以"身体动作总谱"的方式导入。具体程序参见前述"先整体后分部"的程序。

二、从总谱创编开始的设计

该方法主要适用于原设计比较单纯,可以让儿童有更多创造性表达机会的打击乐作品。

> **范例 4-2**
>
> ### 这是小兵（中班打击乐曲活动）
>
> 该作品原是小班的歌曲兼韵律活动乐曲，幼儿一般在中班以前接触过。在组织这种活动时，教师只需先鼓励幼儿用简单的身体动作表现出几种简单的节奏：如 × ×××，或 ×× ××× 或 ××× ×××，然后帮助幼儿将这些节奏一一填入乐曲尝试随乐演奏即可。注意：每次尝试演奏时，始终只采用一种节奏。普通班级全曲不变化音色；基础好一点的班级可以在乐句之间变化音色；基础更好的班级可以尝试前半句用一种音色，后半句换一种音色。

三、从主要声部学习开始的设计

该方法主要适用于本身含有主次两个部分，其主要部分比较复杂、精美、完善的打击乐作品。

> **范例 4-3**
>
> ### 瑶族舞曲（中班打击乐曲活动）(A 段)
>
> 该乐曲从"纵向"看，可以分为两个部分，即铃鼓声部类似一种用铃鼓跳舞时奏出的"铃鼓音乐"，形象比较完整；而其他声部奏出的节奏型类似一种为铃鼓声部"伴奏"的辅助性声部。在组织这种活动时，教师应该先用舞蹈教学的方式教幼儿学会"跳铃鼓舞"，然后用"先整体后分部"的方法或一一加入的方法，教幼儿将伴奏性的声部逐步添加进去。

四、从主要声部创编开始的设计

该方法主要适用于本身含有主次两个部分，其主要部分比较单纯，可以让儿童有更多创造性表达机会的打击乐作品。

范例 4-3 也可以设计成这样：教师首先引导幼儿创编铃鼓舞，再引导他们创编铃鼓舞的伴奏。在实施创编的过程中，教师应该根据本班幼儿的实际情况提供引导。幼儿经验丰富，创编能力强，提供的意见可以少一点；幼儿的经验、能力相对缺乏时，提供的意见可以多一些。

五、从音乐欣赏开始的设计

该方法主要适用于原创作比较复杂、精美、完善，值得让儿童欣赏或用来教儿童怎样欣赏的音乐作品。具体方法参见书中与欣赏教学有关的章节。

六、从故事开始的设计

该方法主要适用于具有更多形象或情节描写性的打击乐作品,其中一些要请幼儿用打击乐器演奏来表现某个故事情节。如小班打击乐《小老鼠上灯台》《小白兔与大灰狼》等。

七、从韵律活动开始的设计

该方法主要适用于改编成打击乐作品的韵律活动曲。如范例4－2《这是小兵》,就可以从幼儿参与创编韵律活动导入,即先引导幼儿创编小兵模仿动作,如开枪开炮等;一段时间后,再让幼儿参与创编打击乐演奏活动。

八、从歌唱开始的设计

该方法主要适用于改编成打击乐作品的歌曲。目前许多在打击乐器活动方面深受幼儿欢迎的作品,原先都是幼儿所喜爱并演唱过的歌曲,如《这是小兵》、《大马》、《郊游》、《小红帽》等。这些歌曲节奏鲜明,结构工整,形象生动,情绪感染力强。先从歌唱学习开始,有助于提高幼儿的兴趣。因为事先熟悉了音乐,可以减轻幼儿在学习打击乐演奏时的负担。

本章提示

与歌唱活动和韵律活动一样,打击乐器演奏活动也是一种综合性的艺术活动,它所发展的也是幼儿的综合能力。其关键问题是:教师怎样看待各种经验之间的联系,以及能否灵活地调动所有相关经验来进行新的学习。

本章还专门分析了传统教学法与整体教学法在设计和程序方面的策略,力图从学习心理的角度分析调整传统思路、策略的理由。

问题与讨论

1. 分小组尝试演奏现成的幼儿园打击乐作品,然后交流演奏和指挥的心得。
2. 分小组尝试执教现成的幼儿园打击乐演奏教学方案作品,然后交流相关心得。
3. 分小组尝试创编并演奏一个幼儿园打击乐作品,然后用这个作品设计一个幼儿园打击乐器演奏的教学活动方案,并执教或模拟执教这一方案。
4. 集体研究各种包含乐器表演的综合性艺术表演活动的影像资料,特别是像《破铜烂铁》这样思路广阔、富有创意的作品,以拓展关于乐器使用的眼界。

第五章　集体音乐欣赏活动教学

 学习目标

1. 了解幼儿园集体音乐欣赏教学活动设计与实施的一般思路。
2. 尝试并初步体验幼儿园集体音乐欣赏教学活动实施的过程。

音乐欣赏是怀着欣喜之情反复倾听音乐的活动。人们欣赏音乐,首先要有欣赏的兴趣和愿望,其次要有感知音乐并从中获得积极体验的能力。实际上,在个人音乐欣赏能力的发展过程中,兴趣、愿望与能力的发展是一种相辅相成的关系:欣赏的能力越强,欣赏的兴趣和愿望越强;兴趣和愿望越强烈,越可能主动地寻求更多的欣赏机会;机会越多,从欣赏过程中得到的审美快乐也就越大。开展音乐欣赏活动,可使学前儿童接触更多的优秀音乐作品,开阔他们的音乐眼界,丰富他们的音乐经验,培养他们对音乐的喜爱之情,并使他们初步发展起感知、理解、欣赏音乐作品的能力。

第一节　发展幼儿欣赏音乐的能力

一、选择最好的音乐作品

研究证明,幼儿不仅喜欢自己能够理解歌词的歌曲作品,而且喜欢不带歌词的器乐作品。世界上许多著名的音乐作品已经应用于早期儿童教育中,并收到了良好的效果。所以,教师应该尽可能为幼儿选择公认最好的音乐作品,让幼儿直接与音乐大师对话,尽早发展幼儿对优秀音乐的敏感性。

二、选择最好的音乐音响

音乐的真实形象是通过真实的音响展示出来的。只有让幼儿聆听到最好的音乐音响,他们才有可能知晓究竟什么样的音乐音响是真正美好的。因此,教师要选择最好的音乐音响。

三、引导儿童利用更多的感知觉通道进行音乐的感知

感知心理学告诉我们：人在认识具体事物的时候，开放的感知觉通道越多，对事物的认识越全面、越丰富、越深刻。音乐认识也不例外。所以，教师在音乐欣赏教学中，不仅要让幼儿有机会倾听音乐，也要让他们有机会表演音乐，以及交流自己对音乐的感觉和体验。总之，我们要引导儿童利用更多的感知觉通道进行音乐的感知。

四、引导儿童在伴随音乐的表演过程中感知体验

在传统的音乐欣赏教学中，教师比较重视向幼儿讲解音乐作品和让幼儿单纯地运用倾听的方式感知音乐。有关研究表明：让幼儿有更多的机会在伴随音乐的表演过程中直接感知体验，学习的效果会更好。因此，教师应当将倾听和表演的教学方式有机地结合起来，引导幼儿在伴随音乐的表演过程中感知体验。

五、引导儿童使用不同的符号体系来表达音乐感受

心理学告诉我们，人的感受和表达活动经常是整体性的，不能分割的。人在运用不同的符号体系对音乐感知结果进行表达时，实际上是在进行更深一步的感知。所以，教师应该利用这一规律进行音乐欣赏的教学设计，让幼儿有更多的机会使用不同的符号体系来表达他们对音乐的感受。

六、引导幼儿感受倾听环境的音响的快乐

在我们周围的环境中，无论是自然界，还是社会生活，充满了各种音响：马叫、蛙鸣、暴风的呼啸、雨水的低吟、汽车的汽笛声、火车、飞机的隆隆声，等等。这些音响是音乐家进行创作的重要源泉。世界名曲《野蜂飞舞》、《雀》、《雨滴》、《田园》等，都是艺术家用高超的艺术手法表现出来的人类对自然音响的主观感受。专门为学前儿童创作的歌曲、乐曲中，也有许多模拟自然音响的成分。如果能从小培养儿童对周围生活中各种声音的倾听兴趣和倾听能力，会为他们欣赏音乐作品打下良好的基础。因此，教师要利用一切机会，有意识地引导幼儿倾听生活中的声音，丰富他们对各种声音的感性经验。比如：我们可以引导幼儿倾听活动室中的声音，倾听庭院、活动场所中的声音，倾听厨房中的声音，倾听卧室中的声音，倾听马路上的声音，倾听建筑工地上的声音，倾听在公园、郊外游玩时所听到的声音，倾听在家庭、社区生活中所听到的声音，等等。

第二节　音乐欣赏活动的材料选择

音乐欣赏活动的材料包括音乐作品和音乐欣赏的辅助材料。在为学前儿童选择音乐欣

赏的材料时,要从音乐作品和辅助材料两个方面加以考虑。

一、音乐作品

为幼儿的音乐欣赏活动选择音乐作品时,既要考虑每一首作品是否符合教育的要求;又要考虑所有作品在总体上是否符合教育的要求,即作品的内容、形式、风格是否丰富多样,比例结构是否合理,以及幼儿感知、理解音乐的实际水平如何。

如果选择的材料是歌曲,需要考虑歌曲的内容、形象、情绪是否是幼儿熟悉、喜爱和愿意接受的;歌曲中的歌词,是否是幼儿能够理解的。我们既可以选用一些幼儿园中大班学唱的歌曲做小班的欣赏材料,也可以选用一些小班歌曲做幼儿园中、大班的欣赏材料。

如果选择的材料是器乐曲,除了音乐的一般条件外,还要考虑结构是否单纯、长度是否适中的问题。由歌曲改编的器乐曲要符合上述条件。但是,大量中外著名音乐作品,以及一些为大年龄幼儿创作的音乐童话,无论在长度上,还是在结构上,往往都不完全符合上述要求。因此,在选材之后,通常要进行一定的截选或改编,以适应幼儿的接受能力。常用的截选或改编方法有以下几种。

截选片段　即截取作品中相对独立的片段,如贝多芬第九交响乐第四乐章中的《欢乐颂》主题、海顿第94交响乐第二乐章中的《惊愕》主题、约翰·施特劳斯《拉德斯基进行曲》ABA结构中的A部分、刘铁山等的《瑶族舞曲》中第一乐段的第一主题等。这些片段结构完整,有完满的结束感,形象鲜明生动,长度也比较适中,完全满足前述的选材条件。

压缩结构　即删减作品中的某些部分,而保留另一些相对独立的部分。如聂耳的《金蛇狂舞》,原作品的结构是:引子—A—B—A—引子—A—B—A—B—A。可将其中的重复部分删去,形成新结构:引子—A—B—A。实际上,也就是将原曲压缩成一个单纯的带有引子的单三部曲作品。

再如奥尔特的《钟表店》,原作品的结构是:引子—A—B—A—过渡—C—A—尾声。在为3—4岁儿童选择音乐时,可以只选其中的引子—A—尾声;在为4—5岁儿童选择音乐时,可以只选引子—A—B—A—尾声;在为5—6岁儿童选择音乐时,可以将C段中的其他部分删除,仅保留其中的慢板部分,并以这个慢板部分代替原结构中的C段音乐,构成一个新的"引子—A—B—A—过渡—C—A—尾声"结构的作品。这些作品经压缩以后,结构变得单纯而清晰,长度也变得较为适中,容易为幼儿所接受。

当然,在为幼儿选择音乐欣赏教材时,还应注意从总体上考虑入选教材的多样性和丰富性。如从内容出发,应包括反映社会、自然以及儿童生活和内心世界的作品;从表演形式出发,应包括各种形式的歌曲和器乐曲;从材料的文化背景出发,应包括不同时代的中外优秀作品和民间音乐。

二、辅助材料

在音乐欣赏活动中使用辅助材料,其目的是帮助幼儿更好地感受和理解音乐作品。音乐欣赏的辅助材料一般有动作材料、语言材料和视觉材料三种。

(一) 动作材料

通过跟随音乐做动作的方式参与到音乐中去,是幼儿感知、理解和表现音乐最自然、最重要的途径之一。与韵律活动不同,在欣赏活动中,选材条件侧重于反映音乐的性质,即动作与音乐在节奏、旋律、结构、内容、情感等方面的一致性。所以,为欣赏活动选材时,一般不宜选择复杂、陌生的动作,而应选择大多数幼儿能够自然做出的动作。

此外,在音乐欣赏活动中,要经常让幼儿有机会自己选择动作,独立地对音乐作出反应。因此,为欣赏活动选材时,有时只需要考虑动作的性质,而非具体的动作。如欣赏一首优美的抒情音乐,只需要确定幼儿所做动作的性质是柔软的、连贯的、绵长的、自由的。

(二) 语言材料

语言材料在这里特指含有艺术形象的有声文学材料,如故事、散文、诗歌、民谣等。在音乐欣赏活动中,选择语言辅助材料的首要条件是:从音乐出发,与音乐欣赏的要求相一致。这里所讲的"一致",不仅是文学作品本身的结构、内容、形象和情感与音乐相一致;而且是在讲述或朗诵文学作品时,语言的音调、节奏、力度、音色、风格等与音乐相一致。如欣赏舒曼的《梦幻曲》时,所配的故事与诗歌不仅在内容上具有梦幻的性质,而且讲述和朗诵时应保持和渲染这种梦幻的性质。

选择语言辅助材料的其次条件是:语言优美,文学性强,能为幼儿理解与喜爱。在音乐欣赏活动中,要经常让幼儿有机会自己选择语言,并独立地对音乐作出反应,教师按音乐欣赏的要求划定大致的范围即可,如欣赏一首优美抒情的音乐,只需要确定儿童语言所描述的形象和描述时所使用的曲调是优美的。

(三) 视觉材料

视觉材料要求形象具体,既可在时空中静止(如图画、雕塑等),又可在时空中流动(如录像、可活动的教具操作等)。形象具体,便于幼儿感知和理解;能在时空中静止,便于幼儿从容不迫地反复观察,有利于精细感知和记忆;能在时空中流动,便于与音乐同步流动,有利于帮助幼儿感知和理解音乐形象的动态化。

在音乐欣赏活动中,选择视觉辅助材料的首要条件是:从音乐出发,与音乐欣赏的要求相一致。这里所讲的一致,是指视觉材料的线条、构图、造型、色彩、形象、内容、情绪应与音乐相一致。如果视觉材料是在时空中流动的,其运动的方式应当与音乐相一致。比如欣赏柴可夫斯基的《洋娃娃的葬礼进行曲》时,教师所提供的画面色彩应该是灰暗的,构图应该是凝重的;而欣赏聂耳的《金蛇狂舞》时,教师所提供的画面色彩应该是辉煌的,构图应该具有强烈的动感;欣赏陈兆勋的《小白兔跳跳跳》时,木偶操作的节奏和结构变化应该与音乐的节奏和结构变化相一致;欣赏史真荣的《龟兔赛跑》时,幻灯或投影操作的画面变化应该与音乐内容的变化相一致。其次要注意的是:形象生动有个性,艺术感染力强,能为幼儿所理解与喜爱。此外,还需要考虑制作、购买材料时经济上是否允许等因素。

在音乐欣赏活动中,有时候可以让幼儿自己独立地创作视觉艺术作品,以此来表达他们对音乐的感受。在这种活动中,创作的要求应与音乐欣赏的要求相一致。如欣赏一首回旋曲时,欣赏的要求是感知和理解乐曲的结构,应要求儿童在创作中尽量反映出这种结构。

第三节　音乐欣赏活动的教学导入

一、从完整作品开始的设计

该导入模式比较适合于结构单纯、清晰的作品,以及不太注重感知体验细节的教学设计。

范例 5-1

单簧管波尔卡（大班音乐欣赏活动）

1. 教师出示挂图,描绘出带小兔子去花园玩耍的情境。
2. 教师播放音乐,并用套在手指上的教具"兔子指偶"在挂图上活动,以暗示音乐的节奏和结构。
3. 教师邀请幼儿伸出食指,边听音乐边模仿教师使"指偶"活动的方式,以感知音乐的节奏和结构。
4. 教师用创编简单韵律动作的方式继续引导幼儿感知和享受音乐。

二、从作品的某个部分开始的设计

该导入模式比较适合于结构稍复杂的作品,以及比较注重感知体验细节的教学设计。这些被作为开始的部分可以是一个节奏型、一个旋律动机、一个乐句,或者一个乐段等。

范例 5-2

金蛇狂舞（大班音乐欣赏活动）

1. 教师描绘过新年敲锣、打鼓、舞龙的情境,并出示挂图。
2. 教师利用挂图引导幼儿感知音乐中模仿锣鼓节奏的 B 段节奏,并教幼儿学会吟诵以该段节奏为基础创编的锣鼓模仿音响。
3. 教师先用哼唱,进而用琴声或录音音乐为幼儿的吟诵伴奏。
4. 教师引导幼儿用手臂模仿舞龙灯的情境,配合体验 A 段音乐,并结合 B 段音乐进行整体欣赏。

三、从某种辅助性材料开始的设计

该导入模式是与专门性的教学设计相对应的。其中可分为：从其他音乐活动（如歌唱、奏乐、韵律活动、音乐游戏）开始的设计；从文学活动开始的设计；从美术活动开始的设计。

范例 5-3

小雨和花（中班律动活动）

（音乐：《墨西哥舞曲》）

1. 教师邀请幼儿创编各种不同的下小雨的动作，并在哼唱 A 段音乐时带领幼儿用幼儿创编出来的下雨动作感知音乐的乐句。
2. 教师邀请幼儿创编各种不同的花的造型动作，并在哼唱 B 段音乐时带领幼儿用幼儿创编出来的开花动作感知音乐的乐句。
3. 教师带领幼儿用小雨给花儿喝水的游戏动作继续感知 B 段音乐，使幼儿体验合作交流的快乐，同时锻炼幼儿相互配合的能力。
4. 教师带领幼儿用完整游戏的方式感知和享受音乐。

范例 5-4

欢乐颂（大班音乐欣赏活动）

1. 在幼儿学会为歌曲唱填可以理解的新歌词的基础上，教师组织幼儿创编可以加入铃鼓演奏的韵律动作。
2. 教师用琴声伴奏幼儿的韵律动作练习和表演。
3. 教师引导幼儿加入大鼓和大钹的演奏，形成一个有气势的打击乐作品。
4. 教师邀请幼儿演唱歌曲，然后邀请幼儿欣赏成人音乐家演唱的《欢乐颂》，最后再邀请幼儿用打击乐器跟随成人演唱的录音演奏。

范例 5-5

梦幻曲（中班音乐欣赏活动）

1. 教师讲述作家冰波写的童话《梨子小提琴》，用作曲家舒曼的《梦幻曲》（小提琴演奏的音响版本）作为配乐。

2. 教师引导幼儿学习复述故事中某个优美的语言片段,继续用上述音乐作为配乐。
3. 教师引导幼儿创作美术作品,表现美好的梦境,继续用上述音乐作为配乐。
4. 有条件的教师在现场用钢琴弹奏该乐曲给幼儿欣赏。

第四节 其他表演艺术欣赏教学

尽管在全世界的现代文化区域中,各种综合性的艺术表演形式已经发展到很高的水平,但在我国普通学校的基础教育课程中,艺术表演教学内容仍旧是彼此分离的音乐课和美术课。2001年教育部颁发了综合性的艺术课程标准,随后陆续出版了教材,并且进行了教师培训,然而迄今为止,大部分中小学还是开设彼此分离的音乐课和美术课。在这样的背景之下,我国幼儿园传统的学科或领域课程中一直没有除音乐以外的其他表演艺术的教学内容,这方面的教学研究也一直处在相对空白的状态。

20世纪90年代末以来,幼儿园教师得到了自主选择和开发课程的自由。在强调贴近幼儿的现实生活,强调打通幼儿领域经验的壁垒的教育理念的影响下,教师进行了许多有益的尝试,将现实生活中已经存在和正在发展的综合艺术表演形式引入了幼儿园的课程中。所有这些欣赏学习活动,总的设计原则和实施原则与本章所述的音乐欣赏基本原则相同,即采用幼儿能够接受的参与方式,让幼儿通过亲身实践来获得对该艺术作品和该种艺术表演形式的体验。下面的例子都是幼儿园教师亲自设计和实践过的。这里需要注意的是:一是下述范例都是综合性和自主探索性的教学设计的范例;二是下述范例并不都是需要在一次集体活动完成的设计,更多的是一些系列设计的思路。

一、舞蹈和哑剧的欣赏

范例 5-6

俏夕阳(大班舞蹈欣赏活动)

1. 教师和幼儿一起欣赏真实的皮影戏。(亲临现场或利用影像资料)
2. 教师和幼儿一起欣赏舞蹈《俏夕阳》。
3. 教师和幼儿一起研究和练习舞蹈中最基本的行走动作。(使用原作的音乐片段A)
4. 教师和幼儿一起研究教师根据原作音乐风格专门创作的音乐B(旋律短句加锣鼓短句),再研究和练习怎样在旋律短句处运动,在锣鼓短句处静止造型。

5. 跟随音乐尝试完整的表演。

6. 幼儿分成几个小组,轮流到教师提供的幕布后表演(因为后面打了灯,在幕布前看有皮影表演的效果)和欣赏别人的表演。

范例 5-7

巴塞罗那奥运会(大班哑剧欣赏活动)

1. 教师和幼儿一起收集运动会中各种体育项目的图片,并将这些图片在活动室的某一面墙上布置成"A(空白)A"的格局。

2. 教师和幼儿一起分享各自关于体育项目的经验。在此过程中,教师鼓励幼儿尽可能多地使用动作来表现这个运动项目的特点。

3. 教师和幼儿一起欣赏各自收集来的体育漫画,学习了解这些漫画的有趣之处,尝试绘制自己的体育漫画。最后,将这些体育漫画布置在两个 A 格局之间的空白处,形成 ABA 的格局。

4. 教师和幼儿一起按照 ABA 格局中的内容进行哑剧表演:先表演正规的体育动作;再表演滑稽的体育动作;最后重复表演正规的体育动作。

5. 欣赏由俄罗斯著名喜剧大师表演的哑剧《巴塞罗那奥运会》(影像资料)。

6. 教师引导幼儿分享各自喜欢的内容,并总结出幼儿认为可以学习的内容。

7. 教师和幼儿一起讨论和尝试怎样把自己的哑剧表演修改得更有意思。

二、曲艺和武术的欣赏

范例 5-8

双簧(大班相声欣赏活动)

1. 幼儿欣赏教师现场表演的简单"双簧"。
2. 教师和幼儿一起讨论,理解"双簧"表演的特点和乐趣。
3. 教师和幼儿集体练习教师提供的简单表演内容。
4. 幼儿两两自由结伴练习,集中交流分享。
5. 教师和幼儿一起欣赏专业演员表演的"双簧"。
6. 教师引导幼儿分享各自喜欢的内容,并总结出幼儿认为可以学习的内容。
7. 教师鼓励幼儿创作自己的"双簧"。

范例 5-9

大班武术欣赏系列活动

1. 教师和幼儿一起欣赏太极拳(可以是现场表演或影像资料,使用背景音乐《高山流水》)。
2. 教师和幼儿一起讨论,理解"太极拳"运动的特点和乐趣;重点引导幼儿体会"圆圈运动"的过程性特点和稳健的静止造型特点。
3. 教师和幼儿一起尝试模仿"太极拳"运动。
4. 教师和幼儿一起欣赏太极剑(可以是现场表演或影像资料,使用背景音乐《高山流水》)。
5. 教师和幼儿一起讨论,理解"太极剑"运动的特点和乐趣;重点引导幼儿体会"圆圈运动"的过程性特点和稳健的静止造型特点与太极拳是相同的。
6. 教师和幼儿一起尝试模仿"太极剑"运动。
7. 教师向幼儿提供节奏更快、情绪更昂扬的音乐,鼓励幼儿自由迁移先前的打拳或舞剑的运动经验。
8. 教师向幼儿提供扇子,组织引导幼儿迁移先前的武术经验,集体为自己的班级创编一套扇子武术操。

三、歌舞剧、木偶剧和其他戏曲的欣赏

范例 5-10

三只小猪(大班歌舞剧欣赏活动)

1. 教师组织幼儿欣赏动画片《三只小猪》。学唱其中的主题歌。
2. 教师组织引导幼儿集体创编简单剧本并绘制成连环画作品。
3. 教师组织幼儿集体讨论三只小猪和大灰狼的表演。
4. 教师组织幼儿集体讨论:怎样和许多人一起表演稻草、木头、砖头,及这些材料搭建的房屋,怎样用人和扇子或手帕来表演"开幕关幕"。
5. 教师组织引导幼儿集体表演,每次都鼓励幼儿自由地尝试各种不同的角色。

范例 5-11

孤独的牧羊人(大班木偶剧欣赏活动)

1. 教师组织幼儿讨论:牧羊人是做什么的?他生活在哪里?孤独是什么意思?牧

羊人为什么会感到孤独？他如果不想让自己感到孤独可以做些什么事？

2. 教师在琴声的伴奏下朗诵《孤独的牧羊人》的歌词，然后帮助幼儿理解：愉快的歌唱可以使自己高兴，也可以使大家高兴。

3. 教师和幼儿一起欣赏电影《音乐之声》中的木偶剧表演《孤独的牧羊人》。

4. 教师和幼儿一起欣赏木偶剧表演，同时自由地跟随音响唱自己能够唱的那些部分。

5. 教师鼓励幼儿分成小组，选择不同的材料制作木偶人、绘制布景，组织排练和汇报演出。

范例 5-12

锄草（大班豫剧欣赏活动）（歌曲来自《朝阳沟》选段）

1. 和幼儿谈论唱词中幼儿基本能够理解的意思，并鼓励幼儿用动作来表示这些意思，重点是"杂草被锄死，苗儿长得好"，以及"心不要慌，手不要猛"。

2. 教师向幼儿教授唱词所述"锄草"的要领："前腿弓，后腿蹬。"

3. 在教授演唱的伴随下，幼儿跟随教师模仿表演动作。每一遍结束时，教师以锄死了杂草，或错锄死了秧苗的情境作为游戏的信号，让幼儿做"植物死亡状态的造型"。

4. 当幼儿逐步熟悉后，鼓励幼儿一边做表演动作，一边自由选唱自己能够唱的那些部分。

四、影视作品的欣赏

范例 5-13

加菲猫（中班动画片欣赏活动）

1. 教师组织幼儿照镜子。
2. 教师组织幼儿玩假装照镜子的游戏。
3. 教师引导幼儿跟随音乐的结构玩假装照镜子的游戏（音乐为德立博的《拨弦》）。
4. 教师和幼儿一起欣赏动画片《加菲猫》片段《照镜子》，并和幼儿一起研究怎样才能够表演得更好。

◆ 本章提示

在过去的教学设计思路中,欣赏是一种被动观看或倾听的活动。经过多年的实践,教师已经认识到,将欣赏理解为"旁观",在早期的音乐舞蹈教育中是行不通的。经过本章的学习,我们应该懂得:参与的过程本身是欣赏的过程,而且在有些情况下,参与甚至是一种更好的欣赏方式。

经过第二到第五章的学习,学习者可以不断增进这样的理解:即便是分领域教学设计的思路,也会自然地运用到不同领域相互渗透、相互支持的教学策略。过去很长一段时期内,由于过于强调领域学习的单纯性,教师往往没有意识或不敢使用相互贯通的策略。我们现在明白了贯通的重要性,应该根据需要自然地采用贯通的策略,以获得良好的学习和审美享受的效果。然而,如果过分追求形式上的贯通,有时可能走向良好愿望的反面。

 问题与讨论

1. 我们怎样理解被动欣赏和参与性欣赏的价值区别?
2. 我们怎样理解单纯性的艺术和综合性的艺术?
3. 分小组集体为幼儿选择设计音乐欣赏活动,并进行交流。
4. 在教师的引导下,集体为幼儿园设计一个或一组欣赏活动。

第六章 创造性集体音乐教学

学习目标

1. 了解创造性教学的历史和理论。
2. 初步掌握创造性教学基本思路和技巧。

自上个世纪80年代以来,整个教育界都在反思:为什么我们培养出来的许多学生比较缺乏独立思考、质疑批判能力,以及探究创造能力?

反思的结论是:学校教育过度强调"教师示范、讲解,学生观察、模仿"的教学方式,使得学生在学校期间没有机会在教师的指导下锻炼独立思考、质疑批判的能力,也没有机会锻炼应用以及创造性应用已经习得的知识技能的能力。因此,需要对学校教育中的课程内容、课程组织方式以及教学法体系进行改革。而且这一切的改革还必须与教师的儿童观、教育观、知识观、教学观的改造同时并进。当然这一切改造的前提还应该是:我们在理论上和实践上已经认真澄清"观察模仿和探究创造"两种学习之间的复杂互动规律。

第一节 从模仿到创造

儿童心理学告诉我们:观察模仿学习是一切学习的基础。观察模仿学习是儿童的天性。有效观察模仿学习的三大主要价值是:1. 提升对观察模仿错误的警惕性和责任感;2. 提升观察模仿的速度和准确性;3. 积累与探究学习有关的各种有益经验和与创造学习有关的各种语汇及思路。

美国著名心理学家布鲁姆所提出的学习心理学的观点告诉我们:不断通向深度掌握知识的路径是"观察模仿——了解理解——直接应

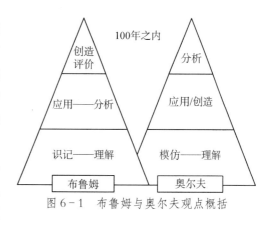
图6-1 布鲁姆与奥尔夫观点概括

用/迁移应用/创造性应用——综合分析/提炼为理性认识"。

奥地利作曲家、应用教育家奥尔夫提出的音乐教学心理学的观点告诉我们:遵循音乐学习心理规律的教学流程是"模仿——理解——应用/创造——分析"。右图概括性地反映了布鲁姆及奥尔夫的观点,更清晰地表明了这两者观点的共性。

其实,早在2600年前,孔子便已经表达过类似的观点:

"举一隅不以三隅反,则不复也。"

意思是:如果学生不能够将教师的范例类推到类似的事物上,说明学生没有能够理解,教师就不能够再往下教了。在当前的语境下,可以理解为:学生还没准备好,即教师所教授的内容尚不在学生的"最近发展区"内;或者还可以理解为,教师的举例解释不够充分,导致学生不能够理解掌握,因此,教师也就不应该继续教授后面更复杂的、需要前面的知识作为基础的内容。

下面我们再来看一个经典的奥尔夫音乐教学师资培训案例。

意大利传统儿童拍手游戏及儿歌《巧克啦哒》(注:巧克力的意思):

巧克　巧克　啦啦
巧克　巧克　哒哒
巧克啦　巧克哒
巧克　啦　哒

根据美国著名奥尔夫体系老师古德金先生教学流程改编如下图:

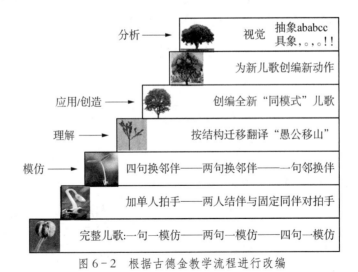

图6-2　根据古德金教学流程进行改编

教师引导翻译出来的儿歌《愚公移山》:

愚公　愚公　移移
愚公　愚公　山山

愚公移　愚公山
愚公　移　　山

学生结伴创编出来的儿歌《健康快乐》：

健康　健康　快快
健康　健康　乐乐
健康快　健康乐
健康　快　　乐

具象分析的符号结构如下图：

图 6-3　具象分析的符号结构

抽象分析的符号结构：

AB　AB　CC
AB　AB　DD
ABC　ABD
AB　C　D

最后，再来看一首儿歌：

土豆　土豆　丝丝
土豆　土豆　皮皮
土豆丝　土豆皮
土豆　丝　　皮

这首儿歌自上世纪出现在我国流行了至少 30 多年，而且一直被作为奥尔夫教学法体系中教师常年使用的经典奥尔夫作品。其实它与前述例子的结构是完全相同的。

但是,在学习完这首儿歌后,却很少有教师将古德金的教学流程进行到底。问题的关键不在于"观察模仿",而在于我们忽视了从"观察模仿"到"探究创造"之间"经验迁移的桥梁"!

周淑惠在她的专著《幼儿数学新论——教材教法》中给我们提供了一张专门用来说明模式概念教学的示意图,如下图:

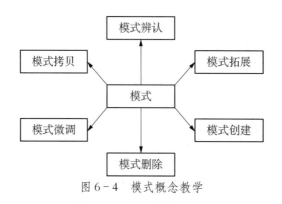

图 6-4 模式概念教学

这原本是一张用来说明模式教学的渐进流程的示意图。模式辨认——模式拷贝——模式微调——模式拓展——模式删除——模式创建,应该是教学必须遵循的一种循序渐进的流程。

正如数学活动"幼儿穿串珠":上小班的时候,最低水平的幼儿最初大约仅能将串绳穿过珠子的孔洞;慢慢发现同色或同形的珠子穿在一起会更有意思;有一天他发现邻座孩子使用了同形双色——间隔的排列方法,于是就模仿邻座;随后他自己发觉还可以有两两间隔,或者三色作一间隔……于是他开始反复探索各种间隔。终于又有一天,教师提出任务,要求大家在家长开放日公开活动中,为自己的妈妈穿一串漂亮的项链,并为妈妈画一幅肖像,把自己串的那串项链画进肖像送给妈妈。这时候,大班下学期的幼儿,已经积累了大量不同的模式思路,即便不再刻意模仿或参照任何模式,也完全可以创造出属于自己的新样式了。虽然这是一个数学和美术的例子,但所有的创造行为都是一样的:一步一步从模仿走过来的。

所以我们现在可以说:对于模仿和创新的关系,不仅有现代国外的心理学家、教育学家进行探讨,更有中国从古到今的哲学家、文学家、政治家、军事家们的深入研究,他们不仅仅从理论上,而且从实践上,都一致认为:"模仿和创新"之间,不但绝对不是对立的关系,而且还必然是相辅相成、相互促进的关系。因此,教育改革的关键:不在于教或者不教,而在于教什么和怎样教。用一句古语概括这个关键的核心就是:学以致用。

第二节 即兴歌舞的历史脉络

"即兴"这个词应该是艺术创作当中最有魅力的词了!

汉语词典释义:对眼前景物有所感触,临时产生兴致而创作。

在这里可以进一步理解为:"即兴艺术表达"即没有事先设计、记录、或排练等准备过程,但却仍旧能产生完整、流畅成品的艺术表达。

拥有丰富相关经验的人都应该知道:无论是在比较传统的奥尔夫音乐教育体系、达尔克罗兹体态律动体系中;还是在比较现代的起源于巴西的"巴西战舞"、起源于美国黑人社群的"街舞"、"饶舌说唱"、"爵士乐"中;无论是在中国民间的传统武术、奏乐(如江南丝竹、广东音乐、河南吹打乐、湖南土家族打溜子……)、舞蹈、歌唱的自娱活动;还是在传统西方宫廷、学院、剧场歌舞乐表演中的"华彩"展演、起源于西方的现代歌舞乐表演的个人表演(solo)、斗舞(battle)等的竞赛中,"即兴"一直都被视为一种最高水平的创作表演境界。

为了更好地理解"即兴"的价值和其在奥尔夫音乐教育体系中的重要性,此处再次需要盘点一下人类"即兴"行为的源头和机制。

1894年,德国艺术史学家格罗塞出版了对后世影响很大的艺术史专著《艺术的起源》。该书力图通过大量原生态社会艺术生活的亲身调研材料,揭示原始艺术发生和变迁的原因,探索社会发展与艺术起源、艺术发展之间的内在联系。

在此书中,我们看到:在人类文化发展的早期阶段,社群生活在互相隔绝的封闭空间中。社群一直在重复积累有限的作品,一旦有特殊才能的个体即兴展现出的"新作品"被社群认可后,就被社群重复、稳定下来,并最终被收纳到公共的积累当中。创新者总是鲜有产生,创新作品也总是鲜有产生。因此,艺术作品、语汇和思路的发展相当缓慢。

随着人类社会的逐步发展,人类社群的迁徙、交流、融合,文化艺术的作品、语汇和思路的相互碰撞越来越多;新作品、新语汇和新思路产生的速度也随之加快;社群中创新者产生的速度也越来越快;社群对作品、语汇和思路创新的认可接纳的速度也越来越快。这应该是人类文化艺术发展的一个总的规律。

实际上,自上世纪90年代开始,我们的团队利用各种可能的机会搜集文献资料、前往国内各地采风、拜访各类相关人士……获得了大量佐证上述观点的证据。随着网络资讯手段日益便利,更使我们充分认识到:一个能够即兴进行艺术表达的创作者一定具备以下基本的态度和能力条件:

第一,拥有大量作品、语汇和思路的积累(注意:当然是具体艺术品种,即周遭相关艺术品种内的);第二,前述积累不仅仅是知识性(知道)的,而且更是高度熟练掌握性(做到)的;第三,有大量实践经验能够将已经掌握的作品、语汇和思路随意拆分组合;第四,对这种"即兴"创新拥有追求、享受的心态和充分的自信。

当然,我们现在真正关心的是:在现代艺术教育的教学体系中,怎样让每一个学生都多少能够拥有这样一种进行"即兴"艺术表达的基本素养呢?我们来看看各种现实中仍然可以见到的范例。

一、国外当代教学法体系中的范例

1. 奥尔夫教学法竖笛

(1) 新手入门时,教师先教吹响;然后教吹一个乐音的指法。

(2) 当学习者可以吹响这个乐音后,就开始长音和短音的"即兴"。

(3) 然后学习第二个乐音的指法,开始音的高低加长短的"即兴"。

(4) 学习更多的乐音指法后,可能加入柯达依指挥手势"即兴"指示的长短、高低"即兴"演奏,这时候团队成员可以轮流担任指挥和吹奏。

(5) 再然后,当学会了"音型"等概念和技法后,便开始尝试"即兴伴奏"了……

2. 达尔克罗兹律动

(1) 新手入门时,教师先教坐姿上肢固定动作,一拍一次;然后另外动作两拍一次;依次四拍、半拍(每种长短动作各不相同,但都固定对应)。

(2) 学习者根据教师即兴动作变换随意"即兴"反应。

(3) 在教师指导下将拍子反应迁移到下肢,然后跟随教师"即兴"。

(4) 根据音乐性质的变化并加入同伴合作的相互模仿的"即兴"。

(5) 根据音乐性质的变化并加入同伴合作的相互配合的"即兴"。

3. 柯达依歌唱(即兴和声的合唱——有一定音乐基础的学习者)

(1) 入门者先复习熟悉歌曲《闪烁的小星》,然后学习演唱两声部卡农——四声部卡农。

(2) 教师讲解大调主和弦,学习者分声部练唱大调主和弦。

(3) 看教师指挥,在钢琴和教师演唱歌曲的同时,用大调主和弦为主旋律伴唱(每小节、每四拍重起一次)。

(4) 学习者各人自选主和弦中任意一个音开始,每四拍重起一次,可以更换音高或不更换,为主旋律伴唱。

(5) 教师依次导入大调属和弦及下属和和弦……

4. 巴西战舞刀术(已经具备最初步移动以及即兴结伴攻防基础的学习者)

(1) 每人两根木棍(大约10公分直径,200公分长度,一手一根),跪姿,空三拍,第四拍同时敲击地面。

(2) 第四拍两根木棍互击。

(3) 两人结伴,立姿,第四拍先练习右手持棍互击;然后练习左手持棍互击;慢慢过渡到根据同伴"起势"即兴换手互击。

(4) 加入下肢移动,空间位置不固定,同伴固定。

(5) 加入下肢移动,空间位置和同伴都不固定。逐步加入更多技巧,高级阶段才从木棍过渡到木刀再过渡到钢刀。

5. 铜管乐入门(中学选修课——入门)

(1) 每个学生先学习吹响,再学习吹奏一个乐音。

(2) 练习用这一个乐音即兴吹奏出不同拍子的长短音。

(3) 全体跟随教师播放的铜管乐乐曲,按照教师的要求(给出的节奏乐谱)吹奏已经学会的那个音。

(4) 逐步加入更多的音……

6. 街舞（入门开始）

（1）最基本的上肢动作卡节奏。
（2）最基本的下肢动作卡节奏。
（3）最基本的上、下肢动作卡节奏。
（4）不断练习以适应针对不同的音乐卡准节奏（主要在教师指导下学习）。
（5）大量积累编排现成的成熟作品；初步尝试跟随熟悉的音乐即兴表演。
（6）不断积累更多的动作语汇和动作之间相互链接的技巧；慢慢尝试跟随不太熟悉的音乐即兴（慢慢转向向任何"高手"借鉴或一起探讨研究）。

从上面这些来源不同的范例中我们不难看出：在相对更加成熟完美的教学体系中，完全的生手，依靠科学的课程梯级和教学支持策略，也是可以从刚刚入门不久的阶段，就开始"即兴"的。

二、中国民间传统歌舞传承的范例

1. 侗族、苗族多声部即兴歌唱

（1）原生态歌唱传承活动，通常在婴幼儿时期就开始了，母亲在歌唱的时候就怀抱着他们的婴幼儿，这些小孩一直在成人的歌声中长大。
（2）多声部的主旋律、柱式和声声部、复调和声声部，实际上是相对固定（从小学会的东西）的。
（3）歌词虽然即兴的成分会多一些，但内容既然来自生活，便是应景而歌，大同小异，特别是歌曲中的一些助推情绪的衬词，往往是一成不变的。

2. 纳西族跳月、藏族锅庄

（1）中南、西南地区大部分的少数民族原生态广场舞蹈，都属于领袖模仿性质的圆圈舞蹈或链状舞蹈。
（2）绝大部分的基本动作都是自小从社区成人舞蹈活动的旁观中，自然习得的。
（3）担任领舞的人即兴决定做什么动作或何时更换动作。
（4）有时候也会由奏乐者来即兴决定一种节奏的风格，领舞再据此决定动作。
（5）比较重要的特点是：所有人需要随时和领舞以及社群保持一致。

3. 维族麦西来甫、纳尔滋库姆

（1）维族大部分的民间广场舞蹈，都属于自由结伴的邀请对舞。
（2）绝大部分的基本动作都是自小从社区成人舞蹈活动的旁观中，自然习得的。
（3）小孩子可以即兴决定何时加入舞蹈的人群以及和谁一起对舞。
（4）任何人在舞蹈时做什么动作都是自己即兴决定的。
（5）比较重要的特点是：舞伴之间需要随时相互关注、交流和配合。

从上面这些来源不同的范例中我们不难看出：在相对更加"原生态"的文化传承中，非常幼小的儿童，依靠耳濡目染的文化"浸染"，也是可以从刚刚入门不久的阶段，就开始"即兴"的。

第三节　创造性集体歌唱教学

教师示范、幼儿模仿的教学方法,许多年来一直被看作是幼儿园集体歌唱教学的唯一方法,实践也证明这个方法对幼儿的音乐成长是有效的。然而,近年来,随着人们教育观念的不断进步以及教育目标体系的不断发展,学习歌曲和学习歌唱的技能已不再是歌唱活动唯一的目的,发展幼儿的创造能力或创新精神则成为更受重视的目标之一。于是,幼儿园教师开始注意一些非正规、非严格模仿的歌唱活动,并逐步将从事这类活动的方法有机地组织到幼儿园的歌唱活动中来。

这类活动最初起源于幼儿的自发性歌唱。从"传统的正规音乐活动"的目标出发,这类歌唱活动似乎更接近于玩笑或胡闹。但是,如果从近代儿童发展的某些标准出发,就不难看出:这类活动顺应了幼儿自由探索、表征周围世界(其中也包括音乐世界)的自然需求,在发展幼儿对音乐的积极态度倾向和探索、创造音乐的意识与技能方面是很有价值的。在世界各国儿童的自然生活情境中,能够观察到大量的这类行为:儿童会自发地重复某些歌曲中他们感兴趣的部分;或心血来潮地将某个突然萌发出来的古怪想法取代原有的歌词,唱到歌曲中去;或者将歌曲填上新词,配上自己发明的身体动作以相互交流、相互取笑,甚至会独自反复玩弄这些自己的"发明创造"而自得其乐。如果你是一个有心的观察者,就会发现:这些创造者们往往会不厌其烦地重复自己的创作,几小时、几天、几周,甚至更长时间。他们会沉浸在"自己的歌曲"演唱中,表现出极大的快乐和满足。一旦某个作品得到"儿童社会"的公认,会迅速地在孩子们中间"流行起来"。

这类活动的作用,一是在特定的曲调中,儿童要将自己的意思用新编的歌词唱出来,起码要在感性层面上掌握这一特定曲调的句法和节奏特征。因此,这种活动能够满足儿童认识音乐、把握音乐的需求。二是儿童所唱的是他们自己想出来的、认为最有意思的事情,因此能够满足他们自己与自己进行情感交流的需求。三是儿童在这种活动中可以感受到自我表达以及人际交流的乐趣,发展其"音乐是自我表达和人际交流手段"的音乐价值观念。四是儿童创造意识及创造能力成长的需求可以在这种活动中得到很好的满足。

目前的歌唱教学活动中,常见的创造性歌唱教学主要有以下几个方面。

一、创编新歌词

在创编新歌词的教学活动中,应该注意:第一,选择简单多重复、适于儿童创编的歌曲;第二,只教授一段歌词作为创编的样板;第三,必要时,预先做好必要的知识准备,以保证活动具有良好的创造气氛和审美气氛;第四,创编中应注意集体参与创编和歌唱的密度,以保证大多数儿童有机会动脑、动口、动手;第五,应注意控制好编唱时间,以保证活动结束时有"余兴未尽"的气氛;第六,应注意创编结果的个人独创性和审美性,以保证编唱的结果能够给儿童留下美好的印象。

（一）教学步骤

创编新歌词的活动，可以根据幼儿以及教师教学考虑的具体需要，安排在教学系列活动的任何一个程序中。下面请看几个范例。

范例 6-1

做做拍拍

原歌词："摸摸耳朵，摸摸耳朵，拍拍手。"（整首歌曲只有这一句歌词，一共重复了4次）

程序安排：新歌导入程序

1. 教师提问：老师今天有没有带耳朵来呀？老师的耳朵在哪里？谁愿意上来指给大家看一看？……你想不想摸一摸老师的耳朵？再摸一摸你自己的耳朵，然后告诉小朋友老师的耳朵和你的耳朵一样不一样？……摸耳朵开心不开心？真开心！那我们一起来拍拍手！

2. 教师范唱歌曲同时做相应的动作，并用体态和眼神邀请幼儿和自己一起做动作。

3. 教师提问：摸耳朵真有趣，我们还能想出别的更有趣的动作吗？谁愿意来试试看？（如：刮鼻子、伸舌头、敲脑门等）

4. 教师继续范唱幼儿新编的歌词并带领幼儿做动作……

范例 6-2

加油干

原歌词："加油干呀么嗨嗨，加油干呀么嗨嗨，老师和小朋友们一二三四，加油干呀么嗨嗨。"

程序安排：新歌练习并学习领唱齐唱的程序

1. （在幼儿初步熟悉歌曲的基础上）教师提出活动要求。这位司机叔叔的卡车陷到烂泥里面去了，我们一起来帮他把卡车推出来好吗？好，现在我来唱："用劲推呀么。"你们来唱："嗨嗨。"；我来唱："老师和小朋友们。"你们喊："一二三四。"然后大家一起唱："用劲推呀么嗨嗨。"

2. 教师领唱，幼儿参与齐唱。

3. 教师提出邀请：哪位小朋友能够想出一种要用劲干的工作，我们就请他来担任领唱。

4. 教师帮助每一个志愿者编填新歌词并完成领唱的尝试。

> **范例 6-3**

勤快人懒惰人

原歌词:有些勤快人呀,正在厨房劳动。他在炒菜,他在煮饭,他还在蒸馒头。他在炒菜,他在煮饭,他还在蒸馒头。有些懒惰人呀,正在厨房睡觉。他不炒菜,他不煮饭,他也不蒸馒头。他不炒菜,他不煮饭,他也不蒸馒头。

程序安排:新歌学会后的复习程序

1. 复习新歌,尽量唱出两种人的不同性格。
2. (在幼儿基本能够熟练而有表现力地演唱歌曲的基础上)教师组织幼儿想出人们在厨房里可以进行的其他劳动,并把这些劳动按照某种关系组织成歌词。(如:烧菜——他在煎鱼,他在炒肉,他还在烧豆腐;包饺子——他在揉面,他在擀皮,他还在剁饺馅;收拾——他在刷锅,他在洗碗,他还在冲地板)
3. 教师帮助幼儿用新歌词演唱第一段歌曲,并鼓励幼儿自己即兴填唱第二段歌曲。
4. 教师鼓励幼儿尝试用接唱的方法或领唱齐唱的方法演唱新歌词。

请注意:在同一次活动中,如果加入演唱形式学习或练习的内容,就不应要求幼儿编第二种新歌词。

> **范例 6-4**

猜谜对歌

原歌词:什么水面打跟头?什么水面起高楼?什么水面撑阳伞?什么水面共白头?鸭子水面打跟头,大船水面起高楼,荷叶水面撑阳伞,鸳鸯水面共白头。

程序安排:新歌教学

1. 教师范唱问题:"什么动物天上飞?"整首歌曲从头到尾只唱这一句歌词。同时玩"点兵点将"游戏。
2. 范唱结束被点的幼儿"即兴"说出他自己的谜底,如"燕子"。
3. 教师范唱答案:"燕子燕子天上飞。"这首歌曲从头到尾只唱这一句歌词。同时继续玩"点兵点将"游戏。(一直反复,幼儿逐渐参与到歌唱问题和答案中来)

程序安排:学会后的复习程序

1. 待幼儿比较熟练自如之后,可以建议幼儿更换什么动物水里游,或什么植物天上飞;什么东西天上飞;或者同一段落中由一个问题逐渐增加到两个、三个,甚至四个。
2. 任何时间教师都可以组织幼儿玩类似的问答游戏,也可以鼓励幼儿自发地玩这种游戏。
3. 还可以鼓励幼儿一对一地即兴游戏,或者继续加入领唱齐唱的对歌游戏形式。

范例 6-5

我爱你

原歌词：星星对着月亮说，我爱你；葵花对着太阳说，我爱你；青蛙对着池塘说，我爱你；蜜蜂对着鲜花说，我爱你。我要大声对着你呼喊，我爱你！我要大声对着你呼喊，我爱你！

改编后的歌词：

小班。宝宝对着妈妈说，我爱你。（同样歌词连续唱四遍）

中、大班。蜜蜂对着鲜花说，我爱你。（同样歌词连续唱四遍）

程序安排：新歌教学以及学会后的复习程序

1. 教师范唱歌曲。

2. 范唱结束后邀请幼儿创编歌词："谁对谁说我爱你"幼儿说出其意见后，教师将新歌词填入继续范唱。中班幼儿若有困难，教师可以提供拆散的成对图片给幼儿匹配，或给其中之一启发幼儿联想。

3. 一直反复，幼儿逐渐参与到歌唱问题和答案中来。

程序安排：学会后的复习程序

待中、大班幼儿比较熟练自如之后，可以在区角提供更多现成图片材料或纸笔等绘画材料鼓励幼儿自发地玩这种游戏。

范例 6-6

我们都是好朋友

原歌词：送一片蓝天给小鸟，送一片绿草给小兔，送一股清泉给小鱼，送一片翠竹给熊猫。我们都是好朋友，世界越变越美好。

改编后的歌词：

送一片蓝天给小鸟。（同样歌词连续唱四遍）

或者：送一群小鸟给蓝天。（同样歌词连续唱四遍）

程序安排：新歌教学

1. 教师范唱歌曲。

2. 范唱结束后邀请幼儿根据"环保"的主题和歌词结构继续创编如："小兔或小羊喜欢……"教师继续用新歌词范唱（一直反复到幼儿逐渐参与到歌唱中来）。

3. 待幼儿比较熟练自如之后，幼儿挑战在同一段落中唱出两个、三个，甚至四个不同的内容。

程序安排：学会后的复习程序

1. 待大班幼儿比较熟练自如之后,可以在区角提供更多现成图片材料或纸笔等绘画材料鼓励幼儿自发地玩这种游戏。
2. 教师还可以提供机会鼓励幼儿面对全班独立或合作展现独立创编、小组合作创编的新歌词。

范例 6-7

祝福歌（海南黎族民歌活动）

原歌词:你要想健康你就喝一杯,你要想快乐你就喝两杯,你要想平安你就喝三杯,你要想幸福你就喝四杯。

改编后的歌词:
1. 你要想健康你就喝一杯。（同样歌词连续唱四遍——祝福歌）
2. 客人他来了请你端张凳。（同样歌词连续唱四遍——礼貌歌）
3. 你要是爱我请你回回头。（同样歌词连续唱四遍——送别歌）

程序安排:新歌教学
1. 教师范唱歌曲。
2. 范唱结束后邀请幼儿"即兴"说出他对祝福的新建议,如"长高"或"勇敢"……
3. 教师继续用新歌词范唱(一直反复,幼儿逐渐参与到歌唱问题和答案中来)。
4. 待幼儿比较熟练自如之后,幼儿挑战在同一段落中唱出两个、三个,甚至四个不同的内容。
5. 玩看信号快速反应游戏:为每个祝福词创编一种动作,教师做什么动作,幼儿就唱什么歌词。还可以看教师的手势快速反应喝"几杯"的具体数字。

程序安排:学会后的复习程序
1. 待幼儿比较熟练自如之后,可改由个别幼儿轮流担任"出手势"的人。在任何时间都可自发玩此游戏。
2. 鼓励幼儿将祝福歌改编成"告别歌"或"礼貌歌",自发地玩这种游戏。

(二) 注意事项

1. 小班歌词创编活动需注意的问题

(1) 所选歌曲的音域一般应在六度以内;词曲的结合方式应一字对一音;曲调的节奏一般应以二分、四分、八分音符为主;每个乐句在长度上一般应相等;整首歌曲的长度一般不应超过八小节,以减轻幼儿学习、掌握的负担。

(2) 歌曲的旋律、节奏、歌词中应含有较多的重复成分;每段中最好只含有一种形象或动作,以减轻幼儿记忆、反应的负担。

(3) 歌词中所含的词汇一般应多为名词、动词或象声词;句子的结构应相对简单;创编时只需幼儿用少数"替换词"来替代原歌词中相应位置上的词汇;一般无需幼儿重新组织句子,以减轻幼儿语言表达的负担。

(4) 最初学习时,应采用在教师的具体帮助下,由一个幼儿想出相应的形象或词句,集体一起唱出的方法。等熟练后再鼓励幼儿独立地唱出新词,以减轻幼儿情绪方面的负担。

(5) 教师应注意鼓励"参与"精神。对反应较慢、发展暂时滞后的幼儿,应给予平等的机会和具体的帮助。一般不宜催促,也不应漠视或放弃,以减轻幼儿在自尊、自信成长方面的压力。

2. 中班歌词创编活动需注意的问题

(1) 为中班幼儿选择的歌曲音域可以宽一些,一般在七到八度之间。如果偏低的音经常成群地出现,可以相应提高调高水平;如果偏高的音出现频繁,且时常在强音上延长,则可相应降低调高水平,以使大部分的音高出在 C 调的中音 do 到高音 do 之间。

(2) 在节奏方面,允许有少量的附点音符和十六分音符。在词曲结合的方式上,允许有少量一字两音甚至一字多音的情况。总体来说,新因素增加的速度不宜过快,大部分的情况还是应该与小班接近。

(3) 在歌词内容方面,中班幼儿可以比小班加入更多的新知识或间接经验。句子中所要求改变的成分可以比小班多,改变的方式也可以比小班复杂一些。在进行创编活动之前,教师应检查本班儿童在日常生活及其他教学活动中所获得的知识经验有否可以利用的地方;如果需要,教师可以在语言、常识或其他相关教育活动中顺带进行一些必要的知识经验和语言组织技能方面的准备,以使幼儿体验到更多创造的快乐和音乐享受的快乐。

(4) 从小班就开始进行歌词创编活动的幼儿,其能力会提高得快一些。然而,教师要持谨慎的态度,因为不适宜的难度会使幼儿因畏难而降低热情。围绕一首歌曲进行的创编活动,进行到一定程度应该暂停,因为再好的活动连续进行也会使幼儿因生厌而降低热情。

3. 大班歌词创编活动需注意的问题

(1) 在材料选择和学习要求上可以比中班稍难,但仍应谨慎地保持尺度。

(2) 在教授原歌词和曲调时应该尽量教得扎实,以使后面的学习和创编能够在比较完善的审美情境中进行。

(3) 在有基础的班级,可以考虑逐步加快编唱的速度和提高编唱的独立性要求,以便对能力逐步增长起来的幼儿形成更有力的挑战。

(4) 在有合作基础的班级,可以逐步增加合作性的创编活动,以锻炼幼儿的合作能力。如采用中班难度的歌曲,在学习反应上则要求:教师在弹歌曲的前奏时允许小组讨论、协商,前奏结束时小组全体成员必须整齐地一起唱新编出来的歌词。

4. 大、中、小班歌词创编活动共同需要注意的问题

(1) 一般只向幼儿提供一段歌词。

(2) 应针对班上幼儿的具体情况做好创编要求和程序设计。与创编有关的知识经验技

能准备情况应以幼儿的实际基础为着眼点,必要时可利用其他活动,不应为准备而准备。

(3) 应注意提高创编活动的参与"密度"。减少等待或游离于活动边缘的状态,让绝大部分幼儿有机会动脑、动嘴和做动作,并享受创造和分享创造成果的快乐。如在含有较多重复句子的歌曲中,一个幼儿编唱出第一句后,其他幼儿可以马上参与进来唱出其他重复的句子;或由一个或几个幼儿提出建议,教师组织大家一起把新的创作展示出来等。

(4) 应注意在一次音乐活动中把握好创编时间片段的长短。理想的时间控制的标准是:全体幼儿在整个创编的时间段中保持高度的参与积极性。教师能恰如其分地在幼儿的积极性下降之前终止活动或转入新的活动,为活动创造出意犹未尽的气氛。如果教师把握幼儿情绪状态的经验不足,可以在最初时采用比较机械的方法,即将整个创编活动控制在5—8分钟之内,或者将独立创编的幼儿人数控制在3—5人以内。将歌曲创编内容比较复杂或较复杂的演唱方式、合作训练包括在学习内容中时,创编两种新歌词效果更好。

(5) 应注意使创编的结果达到相对完美的程度。质量有时应该比数量更为重要。对于创编中产生的比较有独创性和审美性的例子,教师可以稍加评说,并提供机会让幼儿通过多唱几次来感受优秀范例的独特好处,以不断提高幼儿对独创性和审美性的判断能力。同时,应帮助幼儿提高演唱的熟练程度和完美程度,以不断提高幼儿对活动的自我享受水平。

二、创编表演动作

在创编表演动作的教学活动中,一般应该注意:第一,即兴创编活动与引导创编活动应该区别对待;第二,结构性动作、情节性动作、情感性动作应该区别对待;第三,在引导创编的活动中,创编的数量以"够用"为限度;第四,在即兴创编的活动中,应以"反馈"的相互展示、交流、学习方式来丰富儿童的创编思路;第五,应以提问和提供思考线索、提供改善建议的方式来丰富儿童的创编思路;第六,知识准备、数量限制、独创性、审美性要求等与"创编新歌词"相同。

(一) 教学步骤

创编表演动作的活动可以根据歌曲、幼儿以及教师的教学考虑,安排在教学系列活动的任何一个程序中。下面请看几个范例。

范例 6-8

小老鼠和小花猫

原歌词:"一只小老鼠,瞪着小眼珠,呲着两颗小牙,长着八字胡。一只小花猫,喵喵喵喵喵,吓得老鼠赶快往回跑。"

程序安排:新歌导入程序

1. 教师出示挂图,挂图上突出地画着小老鼠的眼睛、牙齿和胡须。

2. 教师一句一句地向幼儿提供歌词内容,鼓励幼儿用自己想出的动作来表现画面和歌词的内容。

3. 教师将幼儿创编的动作组织起来,一边朗诵歌词一边表演给幼儿看。

4. 教师一边范唱歌曲一边表演给幼儿看。

范例 6-9

胡说歌

原歌词:"你把袜子挂在耳朵上吗?(休止两拍)你把袜子挂在耳朵上吗?(休止两拍)你把袜子挂在耳朵上吗?袜子挂在耳朵上吗?你把袜子挂在耳朵上吗?(休止一拍)"

程序安排:新歌练习并学习动作创编的程序

1. (在初步熟悉原歌曲的歌词和教师所提供的动作的基础上)练习演唱第一段歌词,并在教师带领下边唱歌词边做动作(在唱歌词的时候拍腿,一拍拍一次,下面加线处为"弱起拍",不做动作。在休止处轻轻向下拉耳垂,一拍拉一次)。

2. 教师引导幼儿创编新的歌,并鼓励幼儿在展示自己的新歌时尝试展示自己的新动作——玩弄被特别打扮了的身体部位,类似向下拉动耳垂那样。

3. 教师或提出创新意见的幼儿带领大家练习并享受新创作的作品。

范例 6-10

小狗抬轿

原歌词:"八只小狗抬花轿,老虎坐轿把扇摇,一只小狗跌一跤,老虎狠狠踢一脚。小狗疼得汪汪叫,老虎却在睡大觉,花轿抬到半山腰,想个办法真正好。一二三往上抛,老虎跌个大老跤! 一二三往上抛,老虎跌个大老跤!"

程序安排:新歌学会以后专门创编歌表演的程序

1. 教师组织幼儿有感情地演唱新歌。

2. 教师组织引导幼儿自由地结合成三人小组,自己创编三人配合的歌表演动作(两人当小狗,一人当老虎)。

3. 教师播放录音歌曲,配合全体幼儿的自由结伴表演(幼儿自行协商角色分配)。

4. 教师组织交流:轮流邀请志愿小组或有独创、配合好的小组为大家表演。教师组织幼儿相互提出优点,创造机会让大家相互模仿,然后鼓励幼儿交换伙伴进行新一轮的自由表演。

(二) 注意事项

这是大、中、小班创编表演动作中共同需要注意的一些问题,具体如下:

(1) 应该区别对待即兴创编活动与引导创编活动。即兴创编的活动特点主要是幼儿在前,以幼儿的意见为主,教师则根据幼儿的创造结果提供自我发展完善的机会,或建设性的参考意见。引导创编活动的特点主要是教师在前,教师的潜在意见(不在幼儿创编前直接提出的意见)为主导性的意见,在幼儿提出创编意见后,教师再根据幼儿的意见重新组织自己原有的设计。

(2) 应该区别对待结构性动作、情节性动作、情感性动作。结构性动作创编强调的是:通过创编理解和展现特定的结构,如段落、句子歌词内容的重复变化、前奏、间奏、尾奏等。情节性动作创编强调的是:通过创编理解和展现歌词内容中的人物和故事情节。情感性动作创编强调的是:通过创编理解展现歌曲的主要情绪、情感氛围。教师突出重点地要求和辅导,有助于幼儿理解不同创编手法与表达要求之间的关系,同时有助于"分兵出击,各个击破"。

(3) 在引导创编的活动中,创编的数量以"够用"为限度,即如果只需要一个动作,在合适的动作出现后,该种动作创编就可以告一段落。无限制地创编多余的新动作,会阻碍完整地享受成果,也容易造成幼儿兴趣减退和注意力涣散。

(4) 在即兴创编的活动中,教师应以"反馈"和相互展示、交流、学习的方式来丰富儿童的创编思路。教师的"反馈",是指用语言或动作将幼儿的创造再现出来。因为幼儿年龄小,许多创作是在不完全自觉的情况下自然"流露"出来的,往往做完了也就忘记了。在这种情况下,教师有必要帮助幼儿记录,并把幼儿的成果"放大"后展现给全体幼儿,以便产生更好的教育效果。同样,教师组织幼儿相互展示、交流、学习,可以通过幼儿教育幼儿。

(5) 一般情况下,教师引导创编之前要先创编好一个"样本",这个样本体现通过创编要求幼儿掌握的有关知识和技能。在实际的创编教学中,教师一般不直接提供自己的样本,因为这样会限制幼儿的思路,也会限制教师从幼儿那里获得启发。好的教师能够灵活地通过提问和提供思考线索、提出建议等方式来丰富幼儿的创编思路;同时,能通过吸收幼儿的意见来丰富自己的创编思路。

(6) 知识准备、数量限制、独创性、审美性要求等与"创编新歌词"相同。

三、处理歌曲的演唱表情和演唱形式

处理歌曲的演唱表情和演唱形式的活动,一般不会作为独立的新授活动来安排。在处理歌曲的演唱表情和演唱形式的活动中应注意以下几点:

一是教师提供的"感知体验处理榜样"的活动在前,引导幼儿进行"榜样经验迁移"的活动在后。这是因为,幼儿积累的歌曲处理经验很少,教师必须有意识地向幼儿提供自己的处理榜样,以帮助幼儿积累这方面的经验。

二是教师应尽量对幼儿各种独特的处理作出积极的反应,即教师应努力帮助幼儿寻找自己处理的独特而合理的理由,不要轻易地否定幼儿的意见。即使你认为幼儿的意见有不太合理之处,也应选择建设性的表述方式。

三是数量限制、独创性、审美性要求同前。

四、即兴歌唱说话

即兴歌唱说话是指用歌唱或类似歌唱的方式来进行对话、讲故事或其他语言活动、语言游戏的活动。幼儿在这种活动中不仅学习音乐，锻炼语言和交往能力，而且能学会以幽默乐观的态度来对待生活。歌唱说话活动可以在任何音乐或非音乐的活动中进行。其最重要的原则是：为幼儿创造出一个宽松自由的活动气氛。在幼儿园进行的即兴歌唱的音乐形式，主要有以下几种。

1. 近似旋律的歌唱

这种歌唱其实更像是一种故意的怪腔怪调的朗诵。一本正经地做这样的事情，往往另有一番情趣。

2. 同音歌唱

这种歌唱方式是：任意找出一个音高，将一个或者几个句子中的每一个字用这个相同的音高来唱。到想换音高时，再换成另一个音高继续演唱。

3. 模音歌唱

这种歌唱方式是：由教师或能独立唱出旋律的幼儿先唱出一句有明确旋律的歌词，然后由其他幼儿即兴将后续歌词编出来，并填入该旋律中唱出来。

4. 置换词曲

这种歌唱与创编新歌词类似，即将结构类似的歌曲、戏曲或诗歌重新组合。如将两首歌曲的歌词互换，或将熟悉的四句七言古诗填入一首熟悉的黄梅戏曲调中唱出来，等等。前者如将《闪烁的小星》和《我上幼儿园》两首歌曲的歌词互换；后者如用五言古诗歌曲《静夜思》的曲调演唱其他五言古诗《春晓》《悯农》，或者用其他幼儿园熟悉的歌曲曲调来演唱古诗《苔》等。

5. 即兴歌唱

真正意义上的即兴歌唱应该是歌词和旋律都具有自由创造的意味，在旋律和歌词的形式上更完整地歌唱。幼儿在这种歌唱中，会自然地将原有的各种相关经验拼接起来，使唱出的即兴作品更像是某个熟悉作品的改编版或"拼盘"版。

这样的活动虽然对于幼儿来说并不困难，但对于习惯了某种模式化歌唱活动的教师来说，反而往往觉得不那么容易进行。总之，创造性的歌唱活动既容易开展，又不容易开展。有兴趣开拓自己和幼儿视野的教师，可以大胆地尝试。

第四节 创造性集体律动和集体舞蹈教学

一、创造性律动教学

"创造性律动"是当今幼儿园音乐舞蹈教学研究领域的一个新概念。它的提出，在我国教育改革的背景下具有重要的意义。其特殊的教育价值在于：这种活动为幼儿提供了更多自由地、创造性地伴随音乐进行身体动作表达的机会，弥补了传统韵律活动教学以模仿和重复练习为主的不足，实现了现代教育改革理想向可操作的教学行为的转化，使幼儿能够在其中体验到自主探索和创造性实现自己想法的乐趣。

设计和指导创造性律动教学，需要教师具备丰富的律动舞蹈知识、娴熟的创造性思维技巧，以及对幼儿在此方面发展潜能的了解和信任。目前，我们在这方面的积累比较有限，但可以通过以下一些方面来汲取专业发展的营养。具体说来，一是学习达尔克洛滋体态律动教学体系、奥尔夫教学体系等（阅读文献或参与现场培训）；二是参加各种专业表演实践活动（观看演出或影像资料）；三是参与社区群众业余文艺实践活动（或观摩）；四是带领幼儿在幼儿园自发的表演游戏和教学活动中创造性地表达。

创造性律动教学可以是"设计的"或"即兴的"，"设计的"即指按照预先设计好的思路或方案进行律动表现；"即兴的"即指凭直觉进行律动表现，或者一边想一边进行律动表现。创造性律动可以由教师主导进行，也可以在小组活动中由幼儿自己协商进行，或在自荐领袖的带领下进行。上述思考的角度不是非此即彼的，而是根据活动内容和幼儿的具体情况，由教师或幼儿自主选择决定的。下面，我们来看一些范例。

范例 6-11

七巧云（中、大班动作和声音的即兴律动活动）

1. 在有风有云的天气观看云彩的变化（也可观看实景影像资料或教师制作的教学课件），为活动积累经验。
2. 教师使用嗓音或乐器发出连续的声音模仿"风"，全体幼儿在"风"声中自由地表现云彩的形状，实际上是形体的变化（教师鼓励幼儿在需要合作时自由组合）。教师的声音停止时，所有幼儿必须静止造型（可随意地反复开始和结束）。
3. 教师请少数幼儿表现"风"，继续上面的游戏，并鼓励"风"和"云"的身体互动和情感交流。
4. 教师将"奏乐"的工作交给幼儿志愿者，继续上面的游戏，并鼓励更多的"风"和"云"两两结伴、身体互动和情感交流。
5. 请幼儿讨论并加入能区别"风"和"云"的道具。鼓励奏乐的幼儿选择不同的乐器和不同的发生方法，引导"风"做出强弱以及力度渐变等各种变化，引导"云"跟随"风"的变化而变化。
6. 教师加入钢琴的演奏或录音乐音的伴奏。在一个完整片段演奏结束时，幼儿才结束表现。

类似的活动也可以在小班进行。由于小班幼儿尚不能立刻理解和较好地自控，可将表现情境改为"老鹰和小鸟"或"大鸟和小鱼"。当发现幼儿不能够注意声音的停止和做出动作静止反应时，老鹰或大鸟的"出击——捕捉"游戏情境能够有效地引起幼儿的游戏警惕和行为自制。

范例 6-12

美丽之门（大班律动活动）（音乐为由英国歌曲《萨莉花园》改编的器乐曲）

教师讲述故事：在一个城堡里面，有两个好朋友被巫师施了魔法，变成了雕塑。这两个好朋友非常向往自由，希望能像从前一样快乐地生活、游戏。小呼啦圈知道了他们的愿望，就摇身一变，变成了一扇拥有魔力的"美丽之门"。当优美、动听的音乐响起来时，小呼啦圈立刻充满魔力，用爱的能量去破解那些魔法。这样，变成雕塑的好朋友，就复活啦！

1. 幼儿运用呼啦圈玩套圈的游戏，两人一组。音乐响起时，拥有"美丽之门"的雕塑复活了。但当他将"爱的能量"传递给另一个雕塑时，他就会因失去魔力而重新变成雕塑（不能动）。被"美丽之门"套住的雕塑因为获得爱的能量复活了，接过"美丽之门"后再次把"爱的能量"返还给了自己的朋友……

2. 幼儿迁移呼啦圈的游戏经验，探索用"肢体"变成各种各样的"美丽之门"，继续进行更复杂的相互"套圈"游戏。

范例 6-13

大班韵律活动捏泥人（大班韵律活动）（音乐为《喜洋洋》）

1. 幼儿坐在椅子上看着教师指图谱做小幅度上肢动作，初步熟悉音乐。
2. 幼儿坐在椅子上观看两位教师示范律动的基本表现方式（包含音乐和动作的共同结构方式和两个人相互配合的方式）。
3. 教师邀请一个幼儿志愿者作为被塑造的泥人，合作表演。
4. 教师邀请两个幼儿志愿者合作表演，教师在必要时给予指导。
5. 教师邀请全体幼儿两两结伴，共同合作表演……

范例 6-14

调皮的小老鼠（大班创造性律动活动）（音乐为丹麦的民间舞曲《七式进阶》）

（该音乐的 A 段是节奏稳定的舞曲，B 段是从 5 到 3 的音程有规律的反复。每次反复时，5 音的时值长短不断变化，但以同样时值的 3 结束。）

1. "毛线魔盒"探索游戏：幼儿模仿教师轮流从魔盒上拉线，发出小老鼠"吱"的叫声；一直到拉不动时，叫声立刻停止。
2. 在教师鼓励引导下，幼儿从身体的不同部位进行假想的拉线游戏，自由地表现声音的长短变化。

3. 根据教师提供在大屏幕上的"小老鼠聚会"图,幼儿模仿着将拉线游戏中表现声音长短的经验迁移到诸如"小老鼠扎气球"等创造性肢体表现的游戏中。

4. 加入A段音乐的统一简单律动,将表演的结构扩展成A+B。在教师鼓励引导下,幼儿进一步尝试在B段创编与音的长短相关联的生活趣事。

范例6-15

海草舞(大班创造性律动活动)

(经过重新组织的音乐A段带有节奏儿歌念白,节奏稳定,B段一共包含8个弱起乐句)

1. 教师带领幼儿集体为A段音乐创造一套简单的上肢动作。

2. 教师教,幼儿玩"请和我相反"游戏,即教师口令"准备出"的"出"字发出的同时,教师的双手伸向哪个方向,幼儿必须将双手伸向相反方向,如"你上我下"(每个乐句伸出一次)。

3. 整个AB段连起来玩游戏。教师一个人对全体幼儿——教师一个人对一个幼儿——一个幼儿对全体幼儿——一个幼儿对一个幼儿。教师引导幼儿自定输赢规则。

4. 幼儿熟练后,将A段动作改成"擂主",即"领袖"的即兴舞蹈,"打擂者"即兴模仿。对擂的方式和规则也可以自由协商重新制定。

范例6-16

小鸡小鸡(大班创造性律动活动)

(经过重新组织的音乐AB两段,可以不特别区分。重点注意卡准节奏)

1. 幼儿观看专业街舞表演视频《小鸡小鸡》,各人选择至少一个自己喜欢的动作。教师组织分享(重复一次,以便更多幼儿对更多动作具有更清晰的印象)。

2. 教师邀请参与分享的幼儿担任"小老师",全体幼儿初步积累一些动作语汇。

3. 教师组织全体幼儿围成大圆圈玩"请你像我这样做",即"领袖模仿游戏"。志愿者进入圆圈担任领袖。(四个八拍换人,前面的领袖选择后面的新领袖)教师在一旁提醒领袖对简单的动作进行速度、幅度、空间方向、水平等的变化。

4. 教师邀请一位幼儿与自己即兴对舞,逐步换成两位幼儿即兴对舞(刚开始可以是相互模仿;然后逐步演变成即兴"斗舞")。

二、集体舞蹈教学

集体舞蹈在遥远的古代曾经是人类社会重要的社会交往和社会学习活动。在一定程度上,甚至可以说,集体舞蹈是幼年人类个体的"进入社会之门"。20世纪50年代,集体舞蹈曾经是我国各级各类学校的学习内容之一。但是,20世纪60年代中期以后,集体舞蹈便从我国教育机构的教学内容中消失了。迄今为止,仍然没有被恢复。其实,集体舞蹈除了具有重要的审美价值以外,还有如下重要的教育价值:其一,促进社会交往意识以及能力的发展,促进合作意识、团队意识以及相应能力的发展,体验集体共同舞蹈的快乐;其二,促进积极的生活态度以及能力的发展,体验舞蹈的快乐,以有助于美化生活;其三,认识身在其中的立体空间的变化规律,感受其新奇魅力,增强对音乐、舞蹈动作,以及队形结构中数学规律的敏感性;其四,通过愉悦的活动锻炼身体,增进身心健康。下面,我们来看一些范例。

范例 6-17

特快列车波尔卡(大班集体舞活动)

活动层次(一)

活动目标:

1. 欣赏舞蹈音乐,初步了解音乐结构和即将学习的舞蹈结构;体验音乐热情欢快的情绪。

2. 利用简单的上肢动作表现音乐的情绪,并初步了解舞蹈动作的结构和方向变化。

3. 自由探索与不同舞伴进行目光交流的各种可能性,并享受交流的快乐。

活动准备:

1. 音乐音频。

2. 椅子排成单圈,其数量与幼儿人数相同,加上教师的椅子。椅背向圈外,椅子间的距离应保证幼儿的双腿可以自由进出与踏动(坐着是为了在第一次接触新作品时保持幼儿情绪稳定和减缓疲劳)。

活动过程:

1. 了解音乐的名称和内容,对活动产生向往。

2. 向教师模仿学习准备动作中多数人可能发生困难的动作。

3. 跟随教师一边倾听音乐、体验音乐的情绪,一边模仿教师的动作。

4. 稍熟悉音乐和动作后,可在教师的言语、动作以及目光提示下,探索如何与舞伴进行目光交流。

[注]全部动作均取坐姿

活动层次(二)

活动目标：

1. 学习集体舞，初步学会用蹉步踏着音乐的拍子移动；体验和表现挺胸抬头、眼睛从肩膀上向上看出的动作姿态和欧洲式的舞蹈风格。

2. 迁移音乐欣赏活动的经验，注意利用接触过的简单动作来提示新学习的舞蹈动作，注意倾听音乐并尽量利用音乐结构来提示动作结构。

3. 注意避免在蹉步移动时拉倒舞伴和被舞伴拉倒；两个舞伴对拍右手时，应注意探索用力方式和力度，以双方都感到舒适与协调为宜；进一步探索和享受与更多舞伴进行的目光交流。

活动准备：

1. 音乐音频。

2. 椅子排成单圈，其数量与幼儿人数相同，加上教师的椅子。椅背向圈外，椅子间的距离应保证幼儿的双腿可以自由进出与踏动。

活动过程：

1. 坐在椅子上复习"活动层次（一）"中学过的准备性律动。

2. 将椅子移动到教室的墙边，站成单圈，再次复习"活动层次（一）"中学过的准备性律动。

3. 练习顺时针方向的蹉步移动，练习跟随音乐的蹉步移动。在教师的提醒下，尽量注意不拉倒他人，也不被他人拉倒。

4. 跟随音乐，练习 A 段的连贯动作，理解准备动作会怎样提示舞蹈动作的结构和方向。

5. 两人结伴，探索击掌和对转方式，了解怎样才能舒适、协调和准确地跟随音乐做动作。

6. 跟随音乐，练习全套连贯动作 2—3 遍。在教师的提示下，注意倾听音乐，并尽量利用音乐来提示动作的结构。稍熟练后，尽量争取与更多的舞伴进行目光交流，并享受交流的快乐。在教师的提醒下，避免因过分高兴而引发混乱，保持舞蹈的轻松愉快和优美有序。

范例 6—18

田纳西摇摆（大班集体舞活动）

活动目标：

1. 学习集体舞，感受和表现乐曲轻松、愉快的情绪。

2. 借助简单的节奏型音乐，探索丰富的动作表达；并在熟悉的游戏情境中，构建完整的舞蹈结构。

3. 享受集体舞蹈中探索、交流、变化的快乐。

活动准备：

1. 幼儿对集体舞的概念有初步认识。关键概念是：单圈、双圈、面向圈上、面向圆心。

2. 听音乐，了解音乐的结构。

3. 幼儿有初步的游戏经验：老狼游戏；照镜子游戏；领头人游戏。

4. 手腕花人手一个，一半幼儿戴黄腕花，另一半幼儿戴红腕花。

5. 活动室内的椅子排放成圆形，椅子之间有一定距离，便于幼儿进出。

活动过程：

1. 全体幼儿在教师的引领下，听音乐玩"老狼游戏"进场。

（1）教师和幼儿在活动室外，相互牵手，呈链状队形。教师扮演"老狼"的角色，先向前跑动，后突然停步回头。教师回头时，全体幼儿便迅速停止跑动，手牵手静止不动。

动作结构为：

$$\frac{\times\times}{跑\ 跑}\ \frac{\times\times}{跑\ 跑}\ \frac{\times\ 0}{停,}\ 0\ |\quad \frac{\times\times}{跑\ 跑}\ \frac{\times\times}{跑\ 跑}\ \frac{\times\ 0}{停……}\ 0\ |……$$

（2）在音乐声中，教师和幼儿牵手以上述游戏方式进场。随着进场人数的逐渐增加，原先的链状队形演变为单圈队形：全体幼儿和教师面向圈上绕椅子玩"老狼游戏"。

（3）幼儿松开各自拉着的手，继续随乐动作，看到教师回头，保持当前造型不动。

2. 玩"领头人游戏"，教师先当领头人。

教师提供的动作结构为：

$$\times 拍\quad \times 拍\quad \frac{\times\ \times}{扭一}\ \times 扭\ |,\ \times 拍\quad \times 拍\quad \frac{\times\ \times}{扭一}\ \times\ |……扭……$$

3. 全体幼儿站在各自的椅子前，面向圆心模仿教师的动作：拍、拍，扭一扭。

4. 讨论强化刚才模仿学习的动作模型：我是先拍两次，再扭两次。

5. 教师要求幼儿按照前面提供的模型进行创编。

幼儿1：拍拍肩扭一扭。

幼儿2：拍拍头扭一扭。

幼儿3：拍拍膝盖扭一扭。

教师用动作并伴随节奏朗诵反馈如：拍（肩）、拍（肩）、扭一扭。

6. 教师鼓励创编"拍"以外的其他动作。

7. 教师提示把晨间玩过的体育游戏编成动作模型，如：拍（球），拍（球），扭一扭；跳（绳），跳（绳），扭一扭。

8. 幼儿跟随A段音乐尝试即兴表演自己创编的动作模型，教师挑选领头人。音乐起。幼儿坐在椅子上，根据基本的动作模式——"×，×，扭一扭"随乐创编动作。教师绕椅子行走并观察幼儿的动作。一旦发现某幼儿创编出较好的动作,教师便反馈该幼儿的动作,并暗示其他幼儿模仿其动作。

9. 教师继续帮助幼儿拓展创编的思路:模仿小动物或日常生活的动作。

10. 教师引导幼儿讨论:怎样按顺时针方向依次当"领头人",以及怎样在换"领头人"后迅速模仿新领头人的动作模型。每个领头人同样动作反复做四次。

11. 在音乐声中,教师带领全体幼儿逐一模仿各领头人的动作。每当领头人做第三遍动作时,教师便帮助下一个领头人明确自己将要做出的动作;并在第四遍动作即将结束时,用语言提醒全体幼儿:注意,要换动作啦!

12. 教师组织幼儿将椅子撤出,扩大活动空间站成两个圆圈,内圈组右手戴黄腕花背对圆心,外圈组右手戴红腕花面对内圈组玩"照镜子游戏"。动作模型不变。

13. 教师组织幼儿学习"换朋友照镜子游戏":每对朋友面对面站好不动,举起戴腕花的手指着现在的朋友。顺着腕花的方向手向外打开指出对面的新朋友。外圈的人指里圈的小朋友。里圈的人指外圈的小朋友。

幼儿按教师的指令做出反应。教师要注意检查和纠正幼儿:指现在的朋友!(检查)指下一个朋友!(检查)指现在的朋友!(检查)指下一个朋友!(检查)……外圈的小朋友不动,里圈的小朋友跑到新朋友面前!里圈的幼儿在教师的口令声中,按顺时针方向跑动一个人的位置,和新朋友面对面站好,并和新朋友握手。

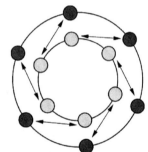

图 6-5 换朋友照镜子游戏示意图

14. 教师加入节奏朗诵:跑,跑,握握手! 跑,跑,握握手! ……连续重复练习四遍为一个完整的周期(一共交换四个朋友)。

15. 教师播放 B 段录音音乐。幼儿随乐找新朋友,并和新朋友握手。每个乐句的前半乐句跑动,后半乐句和新朋友握手。换八个朋友为一周期。

16. 组织幼儿将"老狼游戏"、"照镜子游戏"和"换朋友照镜子游戏"连起来跳集体舞。

17. 教师鼓励幼儿邀请家长客人一起来跳舞。每个幼儿邀请一个成人与其左手相牵,呈双圈队形,逆时针方向站立。幼儿在里圈,成人在外圈。

教师建议在做放松动作的时候,与舞伴玩挠痒痒游戏;在玩照镜子游戏的时候,请成人轮流当领头人。

音乐起,幼儿与成年客人共舞。音乐结束处各自做独特造型,静止观赏并体验片刻。活动结束,幼儿相互致谢并道别。

> **范例 6-19**
>
> **铃儿响叮当（大班创造性集体舞蹈活动）**
>
> （该音乐的结构为 ABA 三段体）
>
> 1. 教师先教授幼儿一个由自己创编的集体舞蹈（应该包含两人或三人结伴共舞的形式）。
> 2. 待幼儿学会并可以比较熟练地舞蹈后，再引导幼儿将其中某一段的动作换成幼儿自己创编的新动作（可以反复替换各种幼儿建议的新动作）。
> 3. 待幼儿掌握替换动作的方式后，教师可以再引导幼儿重新创编不同人数或不同链接方式的结伴共舞方法。
> 4. 更换其他新的集体舞蹈音乐，组织幼儿分组创编属于他们自己的集体舞蹈。注意：这一过程不是一次性完成的。

第五节　创造性集体奏乐教学

在教师较多地控制整个集体音乐学习活动的情境中，幼儿的确可能习得更多的知识、技能。在音乐发展水平比较高的班级中，幼儿往往会对音乐活动表现出很大的热情。但是，长期在高控制的教学情境中，幼儿在人格发展方面往往缺乏探索、创造、自主学习的意识和能力，这正是当今学前教育界提出的需要自我反省的问题，于是，我们看到了许多所谓"低控制"的改革尝试。然而，在所谓"自主自由"的表面之下，存在着许多迷茫和焦虑。这也是当今学前教育界提出的需要进一步自我反省的问题。基于对上述问题的思考，人们发现：自主必须是有目标的自主，自由只能是超越性的自由。因此，教师应该激励和支持幼儿不断确立自己的目标，体验自我超越的自由。于是，我们也就有了对探索性打击乐器演奏教学方式的一些"探索"。

一、从乐器入手的探索活动

幼儿天生具有探索周围环境的好奇心。因此，为幼儿提供能够自由地对发声物体进行探索的机会，有利于保持和发展幼儿的好奇心，也有利于他们积累对声音的各种经验。教师可以通过以下几个方面进行尝试。

一是探索同一物体不同的发声方式。第一，教师可以鼓励幼儿用不同的方式使物体发出声音；第二，教师通过分享经验的活动，鼓励幼儿用自己喜欢的各种方式来描述他们的发现；第三，在幼儿描述他们的发现时，如果发生某种困难，比如会做但不会用语言描述等，教师应该给予具体的帮助；第四，教师给予的语言帮助，可以引导幼儿学习使用客观描述的方法,如敲铃鼓中间响,弹边上的声音脆,摇它的时候有小镲片发出的声音;也可以引导幼儿学习使用类比描述的方法,如敲铃鼓中间的声音像打雷,弹边上的声音像小鸡吃米,摇它的时候像下雨,轻轻地摇像下小雨,使劲地摇像下大雨……

二是探索不同的物体。第一,可以探索乐器;第二,可以探索周围环境中的各种物体;第三,可以引导幼儿收集各种乐器及其相关的资料,并研究怎样制作自己的乐器。

三是探索乐器的使用。第一,教师可引导幼儿将前面探索的相关经验及时应用到日常的节奏朗诵、歌唱、律动表演、舞蹈,以及带有节律性质的体育游戏中去;第二,教师可以引导幼儿尝试用一种或几种乐器,以独立或合作的方式,即兴"描述简单的场景"或"讲述简单的故事";第三,教师可以提供各种乐器表演或综合性艺术表演活动的影像资料,特别像《破铜烂铁》那样思路广阔、富有创意的作品,以拓展幼儿关于乐器使用的眼界,鼓励幼儿进行自己的创意尝试。

二、从音乐入手的探索活动

乐器演奏活动是一种艺术表现活动。艺术除了要表达一定的思想内容以外,还需要表现人们对艺术形式美的种种认识。在这方面,教师可以作如下的尝试。

(一) 探索节奏型

音乐艺术中的节奏型就像视觉艺术中的图案,简洁可辨的结构单元反复变化,能够形成一个独立作品的整体感或统一感。在幼儿具备基本的稳定拍子的感觉后,教师可以这样做:一是组织幼儿做节奏型即兴"创编——模仿"游戏(一人即兴奏出一个节奏短句,另一人或其他人模仿),或做节奏型"即兴对话"游戏(一人即兴奏出一个节奏短句,另一人即兴奏出另一个节奏短句,就像相互交谈一样);二是鼓励幼儿创编出最简单的节奏,并将这一节奏作为能够不断重复的节奏型,为自己朗诵的儿歌、演唱的歌曲或其他由教师弹奏、播放出的音乐伴奏。

(二) 探索乐句和乐段中的节奏型

乐句和乐段是音乐中比较大的结构单位,随着幼儿相关经验的不断增长,教师可以这样做:一是通过引导幼儿体验现成的打击乐器作品的演奏学习,逐步积累节奏型和音色的重复变化,以及与乐句、乐段的组织结构之间的相互匹配的感性经验;二是通过引导幼儿为结构清晰的歌曲或乐曲配器的活动,使幼儿关注乐句和乐段组织结构的规律,体验节奏型和音色的重复变化怎样与乐句、乐段的组织结构之间相互匹配;三是通过观察幼儿自主自发的乐器演奏活动和教师提供的即兴乐器演奏活动,随时了解幼儿在结构感方面发展的情况,并根据幼儿的实际发展提供"更上一层楼"的教学设计活动。

三、从生活意象入手的探索活动

乐器演奏活动除了要表现人们对艺术形式美的种种认识以外,还需要表达一定的思想内容。对于幼儿来说,这种表达与他们的生活经验更接近,表达起来限制更小,自由度更大。在这方面,教师可以尝试:一是提供情节简单的故事(可以通过教师的讲述,也可以通过图片、图书或某种实物操作、影像资料),引导幼儿将之转化为由乐器演奏的"音响故事";二是鼓励幼儿为图片、图书、某种实物操作、影像资料、幼儿自己创作的简单的哑剧表演加配乐器演奏音响,从而成为某种新创作的"配乐故事";三是从一个幼儿独自的单一意象的简单诉说开始,逐步发展成多个幼儿合作的多意象的复杂诉说。

范例 6-20

吹气球(大班创造性奏乐活动)

1. 教师吹起一个气球,慢慢放气;再吹起一个气球快速放气,请幼儿观察气球吹气和放气是两种不同的运动状态。教师引导、鼓励幼儿用身体动作和嘴巴发出的声音来模仿这两种不同的吹气、放气状态。

2. 两位教师示范游戏玩法:一人用身体,一人用嘴巴发出声音,一起模仿气球吹气和放气的状态。

3. 将嘴巴发出的声音迁移到正规打击乐器上,教师示范后逐步过渡到幼儿两两结伴合作游戏。教师提醒幼儿注意:事先协商:是做动作的人听奏乐的人指挥,还是奏乐的人看做动作的人指挥。

4. 将正规打击乐器更换成各种废旧物品。教师提醒幼儿注意:事先思考:怎样才能让某件物品发出自己想要的声音。

四、自主小乐队探索活动

"乐队"的本义就是合作性的。其实,当"小舞台"或"音乐区"给小班幼儿提供自主学习的机会以后,幼儿就获得了自己探索、发现"乐队"概念的可能。而且,当他们自发地处理各种人际关系以达成满意合作的可能性,以及自然地面对各种合作不协调的困难时,"自主小乐队探索活动"也就随之展开了。在这里,我们要鼓励教师尝试的是:其一,经常注意观察幼儿在合作过程中会发生哪些矛盾,他们尝试解决矛盾的方法;或者如果他们放弃解决矛盾,原因是什么,他们需要怎么样的帮助,等等。其二,教师在区角活动的现场,自然地介入幼儿解决问题的尝试,帮助幼儿反思经验或教训;也可以将公共性问题纳入新的集体教育活动设计方案中。其中,与乐器合作演奏有关的矛盾有:分工问题,谁的创意应该被集体采纳的问题,集体统一行动中的领导和服从问题,等等。

总之,我们虽然在探索性打击乐器演奏教学方面积累的经验还很有限,但为了教师更自主、更有创意地教和幼儿更自主、更有创意地学,必须在实践中不断努力地进行探索。

本章提示

在过去的若干年中,创造性的集体音乐教学一直是幼儿园教学的重大困境之一。困境的核心是"一教就死,一放就乱"。其中的基本问题就在于将模仿学习和创造学相互对立起来了。

通过本章的学习,学习者应该了解到:通过模仿、理解和应用,大量积累前人、他人呈现的思路和语汇,并在此基础上不断尝试微调、拓展、拆拼技巧,将各种思路语汇加以变化应用是非常重要的。作为准教师,学习熟练掌握这些技巧,才可能成为幼儿园创造性音乐教学活动的真正引领者。

 问题与讨论

1. 请按本章 122 页《巧克啦哒》的思路,创编 5—10 首新儿歌并配上动作,大家一起练习和游戏。
2. 为熟悉的儿童歌曲的曲调换填上另外熟悉儿歌的歌词。
3. 将熟悉的儿童歌曲的歌词更换为另外熟悉儿歌的曲调。
4. 为大家喜闻乐见的网络小舞蹈编配新的动作。

第七章 集体美术活动教学

 学习目标

1. 了解幼儿园集体美术教学活动的基本观念。
2. 了解幼儿园集体美术教学活动设计与实施的一般思路。
3. 尝试并初步体验幼儿园集体美术教学活动实施的过程。

幼儿园课程中的美术教学实际上包含了所有专门的视觉艺术学习,以及各种融入幼儿一日生活的视觉审美活动。本章将介绍有组织的集体美术教学活动的基本观念和一般设计实施思路。

第一节 美术教育与儿童心理发展

一、发展幼儿的视觉审美感知能力

美术活动中的审美感知是视觉器官对欣赏对象的形状、色彩、光线、空间、张力等要素组成的形象的整体性把握,是一种区别于日常感知的,能够揭示事物的情感表现性(或审美属性)的特殊的感知。它是审美主体的一种积极主动的心理活动,是对现实的一种创造性的把握。它意味着个体能够捕捉眼前事物中最能引发审美体验的那些特征。这种能力不是人类精密的大脑近期才有的能力,而是在有机体能够寻求外部世界和内部世界的信息时就已具有的一种稳定不变的能力。也就是说,它在低级动物的生存活动中就开始出现了,因而绝不是大脑和意识发展起来之后的产物。因此,审美感知"并不是少数几个天才的艺术家特有的,而是属于每一个心智健全的人的"。

幼儿的感知能力使得他们在美术活动中,总是选择那些对于他们来说富有审美意义的形象及其结构特征作为自己的欣赏对象。他们的审美知觉对杂乱无章或井然有序的存在物具有一种直觉的整合作用——以他们自己的审美原则,即一种情感原则来重新呈现对象,使之成为以某种表现性为灵魂的有机统一体。在这个过程中,幼儿将自己的审美趣味当作在知觉层面上剪裁对象的尺度。于是,我们常常在幼儿的绘画作品中看到:凡是与他们的审美趣味吻合的部分被突出夸大,而与审美趣味无关的部分则被淡化,乃至忽略。这种对审美对象选择的主动性作为一种能力,是构成幼儿审美知觉极富特色的重要因素。这样,在幼儿那里形成审美知觉的那些色彩、线条、形象等就活了起来,成为发出"儿童自己的声音"的生命存在。

美术是一种视觉艺术。幼儿的美术教育应该顺应幼儿视觉上的这种主动选择性,给他们提供充分的视觉资源,发挥他们视觉感知的潜力,使他们获得足够的视觉经验,形成敏锐的审美能力。另外,当幼儿这些不同于成人的表现被成人欣赏、鼓励时,他们就会因自己的优点被认可而将其"发扬光大"。如果成人不欣赏或嘲笑,他们则会抛弃自己的优点来附和成人,童真的敏感性会因此而过早衰减或衰竭。

二、发展幼儿的视觉审美想象能力

无数的经验告诉我们,美术活动不是靠概念、判断、推理来进行的,而是靠想象来进行的。我们常常看到一些幼儿一边画一边说,还一边手舞足蹈。可以说,想象是创造活动的第一步。它使幼儿的美术活动不只是停留在对对象的感性形式的直观感受上,而且能够更加深入地感受到对象的感性形式中蕴含的更为丰富的内在意义。

在幼儿阶段,占据其精神世界主导地位的是带有情绪的想象,这一点表现在"万物有灵"和"万物有情"的特点上。在幼儿的绘画中,起初的圆形涂鸦线条被儿童用来代表任何一样事物;逐渐地,幼儿给自己的作品命名,甚至面对画面上的寥寥几笔能"添油加醋",讲出一个长长的故事;再以后,幼儿把不在眼前的事物通过想象勾勒出其形象,这说明幼儿真正能用符号来表征想象的事物了。也就是说,这时候幼儿能够脱离实物的符号形态,进行自由的想象。由于象征功能的形成,幼儿摆脱了婴儿时期现实世界的束缚,可以在精神世界里自由地想象了。这种自由的、个性化的想象,就是幼儿的审美意象。

有人曾经做过这样一个测试:要求大班幼儿先看《太极图》,然后说出想象出的意象。幼儿把《太极图》想象成:大海的波涛在哗啦啦响、白云从眼前飘过、跳跃的鱼、滚动的轮胎、蛇宝宝、滑滑梯、剪刀剪了一刀、往下滴的小水珠,等等。从中,难道我们没有感受到这种意象所散发出的生动、鲜活的气息吗?总之,以情感为特质是幼儿审美意象的基本特征。

人们在研究中,还常常发现幼儿在用语言表达自己的内心感受时存在脸憋得通红、说话不太流畅的现象。由此,我们可以认为,幼儿在审美过程中内心所产生的审美意象与口头语言所表达的意象可能存在一定的距离,前者要丰富和生动得多。幼儿受其语言发展的限制,在表达自己的心声方面可能存在"心有余而力不足"的现象。美国学者加德纳在其研究中发现了与此相类似的情况:幼儿在自己的作品中可以很明显地表现出平衡、和谐或节奏效果,但他们很难使用说话的方式来描述对自己作品和别人作品中的这些特质知觉。所以,我们有理由相信,幼儿在审美活动中产生审美意象的潜力很大。同时,我们应该注意,要让幼儿直接使用审美符号媒介——音乐、舞蹈、美术,而不要过多地要求幼儿用语言来表述他们内心的审美意象,必要时还应该对他们的语言表述给予帮助。[①]

---

① [美]加德纳:《艺术与人的发展》,光明日报出版社1988年版,第148页。

审美意象既是想象的结果，也是美术创造的媒介。在美术教育中，培养幼儿的想象力，就是要帮助幼儿形成审美意象，让幼儿在宽松自由的心理环境中放松而又专注于自己的审美想象，以便让幼儿在美术欣赏中更深地感受到对象的感性形式中所蕴含的内在意义，同时也为美术创作积累丰富的、生动的、鲜明的内在图式。

三、促进幼儿情感和人格的发展

幼儿的美术中充满了情感色彩。如前所述，早在婴儿使用笔、纸、颜料画画之前，他们的视觉就有对色彩、形状等的审美偏爱，表现出一种情绪倾向。到幼儿时期，其心理发展的移情作用在美术欣赏中表现得更加明显。在美术欣赏活动中，凡是那些由幼儿自己选择出来或感受到的、有明显的形式美的、符合幼儿自身生活经验的美术作品，会使他们产生审美愉悦。幼儿表现出一种全神贯注的投入，完全沉浸在艺术文本所带来的愉悦之中。其表现与成人有不同之处：成人用"只可意会，不可言传"来表达自己的强烈感受，而幼儿除了用语言叙述外，还用自己外显性的行为来表达，这些流露是自然和真实的。

在美术创作中，当幼儿准备在画面上把自己的构思画出来时，他们通常是在情感激发的前提下进行的。他们似乎沉醉于自己的活动中，以积极的态度，借助于描述媒介表达自己的思想感情。一个5岁的幼儿在画《愤怒的爸爸》时，用绿色来描绘爸爸气得铁青的脸，冲冠的头发一根根地直竖起来，闪耀着火红色的光。幼儿通过画面色彩等表达他在爸爸愤怒时的体验。有时人们还会看到，一个幼儿如果内心有重要的事情要表达，他在作画时往往非常激动。当然，画面上也就不可能很清晰地描绘出他所观察的物体。用这种方式作画有很大的价值，因为正是这种美术活动为紧张情绪的排解和大量能量的释放提供了一条途径。完成一幅美术作品，既是一种成就的证据，也是一种情感表达的形式。我们不难发现，几乎每个幼儿在画完一幅画或制作出一件手工作品时，都会流露出一种愉悦的、放松的，甚至恋恋不舍的情绪。因此，美术活动过程与美术作品加强了幼儿的满足感，而这种满足感是个人成就感的重要源泉。现代心理治疗中的艺术治疗，正是利用美术活动能实现情感表达和满足情感需要的这一特点，把美术作为窥探幼儿内心秘密的手段来寻找致病症结，并把美术作为解开这种致病症结的钥匙而加以运用的。

美术教育活动为幼儿提供了一个情感沟通与满足的机会，从而使美术活动成为他们喜爱的活动。在美术欣赏教育中，教师为儿童精心挑选美术作品，引导他们亲身体验和感受其审美特征，促使他们的内心情感与美术作品所表达的生命运动的力的模式达到同构，满足其审美情感的需要，激发其审美愉悦，增强其审美感受的敏感性。在美术教育活动中，教师要为幼儿创设宽松的心理环境和丰富的物质环境。这样，幼儿便能够用绘画或手工这种外在的符号形式，尽情地、自由地表达自己的观点，抒发内心的情感，从而获得一种精神上的满足——一种因自我肯定而产生的愉悦感，并将美术这种符号化的人类情感形式扩展到生活的其他领域，丰富和发展其情感世界，按照美的标准和美的规律，将他们感受世界的审美能力转变为内心需要和自我发展的内在动力，进而成为行为的一种内在自我调节，使其人格得到健全完善的发展。因此，美术教育是一种真正的塑造人的教育。

第二节　美术教学活动目标与内容

一、幼儿园美术教学活动的目标

我国美术教育的目标走过了"以实用技能的学习为主——学科知识的学习——注重美术对人的发展的价值"这样一条发展的道路。2001 年，为贯彻《幼儿园工作规程》，指导幼儿园深入实施素质教育，教育部制定并颁布了《幼儿园教育指导纲要（试行）》（以下简称《纲要》）。《纲要》既考虑到儿童发展的年龄特征，又考虑到社会对未来人才的要求，即具有创造才能的可持续发展性；同时充分发掘了艺术特有的通过审美愉悦来健全完善儿童人格的审美教育价值，体现了"将审美感受与审美创造"融入生活、融入整个生命过程的终身艺术教育观。2012 年 6 月教育部颁布的《3—6 岁儿童学习与发展指南》，其中的艺术领域明确提出"感受与欣赏"、"表现与创造"两个子领域三个年龄段的典型表现和发展目标，分别对 3—4 岁、4—5 岁、5—6 岁三个年龄段末期幼儿应该知道什么、能做什么，大致可以达到什么发展水平提出了合理期望。教师可以同时依据这一文件，并结合儿童美术活动的过程及其作品，判断儿童美术发展的水平和状况。

（一）集体美术教育的总目标

集体美术教育的总目标可以表述为：通过线条、形体、色彩等要素，初步感受周围环境和美术作品中的形式美和内容美，对美的敏感性；通过各种造型要素自由地表达自己的感受，体验美术创作的乐趣；初步尝试不同美术工具和材料的操作，并用自己喜欢的方式大胆地表现出来。

这一总目标是幼儿美术教育其他层次目标的依据和最终追求。它体现了审美教育的性质，即要培养幼儿的审美感知、审美情感和审美创造等基本能力，并将这种能力应用于体验生活之美、创造生活之美和体验生命之美、创造生命之美之中。

（二）集体美术教育分类活动教育目标

在这一总目标的指导下，集体手工、绘画、欣赏三种不同类型的美术活动的目标可表述如下。

1. 绘画目标

绘画学习用造型、色彩、构图等美术语言进行创造性的表现，具有创造的意识；体验绘画活动的乐趣，能积极投入绘画活动中；初步尝试不同绘画工具和材料的用法，形成良好的绘画习惯。

2. 手工目标

能大胆地塑造和制作多种平面的和立体的手工作品，用以美化周围环境和进行游戏活动;体验手工活动的乐趣,能积极投入手工活动中;初步尝试不同手工工具和材料的基本使用方法,形成良好的手工活动习惯。

3. 欣赏目标

具体说来,一是通过对周围环境和具体作品的欣赏,初步感受对称、均衡、节奏、和谐的美,感受不同风格的美术作品;二是初步感受周围事物的运动变化和美术作品的造型、色彩与构图等的表现性,并产生一定的情感;三是初步感受美术作品中的形象、主题内容的意义,了解美术作品是如何表现现实生活和作者的思想情感的;四是体验美术欣赏活动的乐趣,能积极投入美术欣赏活动中;五是能用自己的语言与他人交流和评价成人及同伴的美术作品。

幼儿美术教育的分类活动教育目标是总目标在欣赏、绘画和手工三个领域中的具体要求,不同领域又各有不同的侧重点。它反映了欣赏、绘画和手工活动各自的特点,并体现出幼儿美术教育实践的启蒙性质。

(三) 幼儿园美术教学活动目标的撰写

幼儿园美术教学活动目标是指某一具体的美术教育活动的目标。美术教学活动目标通常有以下三种表述方式。

行为目标:它陈述的是幼儿的学习行为变化的结果。这种行为变化的结果是可以观察和测量的。它包括三个组成部分:一是幼儿外显的美术行为表现。例如"画出"、"搓出"等;二是观察到的这种行为表现的条件,即幼儿的这种美术行为是在什么样的情况下产生的,是"临摹的"(例如"画出"、"搓出")、"在教师指导下的",还是"独立的"行为;三是行为表现公认的具体内涵。例如"画出一群正在做游戏的小朋友"、"剪出一个窗花",等等。一般来说,美术技能的学习活动目标的撰写可采用行为目标的写法。教师在撰写时应注意分析行为目标的三个方面。

展开性目标:它陈述的是幼儿学习行为变化的过程。它所关注的不是外部事先规定的目标,而是教师根据教育的实际进展提出的相应目标。也就是说,展开性目标不像行为目标那样关注结果,而是注重行为进展的过程。如:艺术修养能力的提高、人格的健全和完善是在长期的教育过程中逐渐形成的,纯粹依靠行为目标来描述还不够,借助于展开性目标就能很好地解决这一问题。例如"节日的环境"这一欣赏教育活动的目标——"通过欣赏幼儿园中布置的节日环境的美,形成对生活中美的事物的关注",就是用展开性目标来表述的。

表现性目标:它陈述的是在幼儿参与某种活动后得到的各不相同的结果。它所关注的是幼儿在活动中表现出来的某种程度上首创性的反应的形式,而不是事先规定的幼儿行为变化的结果。所以,表现性目标强调的是幼儿行为结果的开放性。例如,"学习设计服装,注意款式、色彩和装饰纹样的变化美",就是采用表现性目标的表述方式。独创是艺术的本质特征,因而在幼儿美术教育目标中,教师应特别注意表现性目标的撰写。

幼儿美术教育的学科发展目标和全面发展目标,最终都要通过具体的美术教学活动目标才能得以落实。因此,撰写具体美术教学活动目标必须注意以下两点:第一,注意幼儿的有效发展。具体地说,一是活动目标应适应幼儿已有的发展水平,符合他们美术学习发展的规律和特点;二是活动目标应把促进幼儿的发展作为落脚点,也就是说,要为幼儿创造最近发展区。如果教师不能准确地把握幼儿美术学习的最近发展区,就会造成幼儿"原地踏步"或"坐飞机",幼儿会因为缺乏挑战而觉得无聊,或者因为压力太大而觉得焦虑。好的目标是让幼儿"使劲跳起来摘桃子,经过努力可以摘到桃子"。第二,注意整体性。具体地说,一是活动目标要考虑幼儿美术学习时认知、情感、技能等方面的整体发展;二是活动目标要考虑幼儿的学习能力、学习习惯和共同学习秩序感等方面的整体发展;三是活动目标要考虑美术与其他相关领域的整体发展。

二、幼儿园美术教学活动的内容

在幼儿园,美术教育内容一般可分为绘画、手工和欣赏三个部分。

(一)幼儿绘画教育内容范围

幼儿绘画教育活动是教师引导幼儿使用笔、纸等绘画工具和材料,运用线条、形状、色彩、构图等艺术形式语言创造出可视的、有空间感的艺术形象,它能培养幼儿的审美创造能力。幼儿绘画教育的内容包括以下三方面。

1. 绘画工具和材料的使用方法

幼儿可学习的绘画工具和材料的使用方法包括:一是各种绘画工具和材料的性质,例如油画棒的油性,水粉颜料、水彩颜料的水性,宣纸的渗透性等;二是各种绘画工具和材料的正确使用方法。从不同的工具和材料看,幼儿可学习的有彩笔画、水粉画、蜡笔水彩画、水墨画、印画、纸版画、吹画、喷洒画、吸附画等形式。

2. 绘画的形式语言

绘画的形式语言是指线条、形状、明暗、色彩、构图等美术要素,是绘画表现的手段。绘画教育中,幼儿所要学习的绘画形式语言主要有线条、形状、色彩和构图。

线条:有线条的形态和线条的变化。

形状:这是由线条构成的轮廓和结构。它是造型的基本要素之一,是构成画面形象的基础。幼儿对形状的学习主要包括:基本几何形状、基本几何形状的组合以及自然形体等。

色彩:幼儿对色彩的学习主要包括色彩的色相、明度的辨认和色彩的运用;学习运用色彩的内容主要包括主体色与背景色关系的处理、色彩的装饰和色彩的情感表现等。这类学习主要通过具体的操作活动来进行。

构图:这是指一定的空间安排和处理人、物的关系和位置,把个别或局部的形象组成艺术的整体,以表达作品的主题思想和美感效果。简单地说,就是形象在画面中占有的位置和空间所形成的画面分割形式,如单独构图、并列构图、均衡构图等。这需要一定的把握整体的能力和预先构思能力,对于幼儿来说有一定的难度,因此需要逐步学习。

3. 绘画的题材

绘画的题材是指创作者在生活中形成的,根据一定的创作意图进行选择、改造或想象而进入作品的一定生活现象。幼儿绘画的题材往往来自他们的生活。具体有:自然景物、日常用品、人物、植物与水果、动物、交通工具与生产工具、建筑物,以及简单的生活事件、自己想象中的物体与事件,等等。

(二) 幼儿手工教育内容范围

幼儿手工教育活动是教师引导幼儿使用不同的手工工具和材料(如点状、线状、面状、块状),运用贴、撕、剪、折、塑等手段制作不同形态的物体形象,培养幼儿的审美创造能力和动手能力。幼儿手工教育活动的内容主要有以下三方面。

1. 手工工具、材料及其性质

(1) 手工工具。相对于成人的手工制作,幼儿的手工活动是较为简单的操作活动,所用的工具也较为简单,主要有刀、剪刀、笔、泥工板、牙签、切片尺、糨糊、胶水等。

(2) 手工材料。幼儿手工活动的材料可以分为点状材料(如沙子、小珠子、纽扣、谷物、果核、种子等)、线状材料(如绳、棉线、毛线、麦秸、草棒、橡皮筋、高粱秆等)、面状材料(如纸、布、树叶、羽毛、刨花等)、块状材料(如泥、面团、萝卜、瓶子、纸盒等)四种形态。

2. 手工材料的基本制作技法

幼儿可学习的手工材料的基本制作技法有串连、粘贴、剪、撕、折、染、盘绕、编织、塑、插接等。

3. 手工的题材

幼儿手工活动的题材有:玩具(如折纸、泥塑)、节日装饰物(如拉花、窗花)、游戏头饰(如帽饰、面具、纸花)、日常布置用品(如染纸、点线面状材料贴画、蔬果造型、瓶盒造型)和贺卡等。

以上是幼儿美术教育内容的大致范围。教师在选择美术教育内容时,还应注意根据当地的实际情况来进行,做到因地制宜、因时制宜、因材制宜,有的放矢地开展幼儿美术教育活动。

(三) 幼儿欣赏教育内容范围

幼儿欣赏教育活动是教师引导幼儿欣赏和感受美术作品、自然景物和周围环境中美好的事物,了解对称、均衡等形式美的初步概念,感受其形式美和内容美,从而丰富幼儿的美感经验,培养其审美情感和审美评价能力。幼儿欣赏教育的内容主要有以下两大方面。

1. 欣赏对象的类型

绘画作品:从作品的题材看,幼儿可欣赏的是一些与幼儿生活经验接近、表现手法为幼儿所理解的作品,尤其是人物画。动物画是幼儿最喜欢的绘画内容之一,中国画中如徐悲鸿画的马、李可染画的牛、齐白石画的虾和小鸡、吴作人画的熊猫等都可以作为幼儿欣赏的对象。从作品的存在形式看,幼儿可欣赏的绘画作品可以有年画、连环画、宣传画等。其中,年画所特有的民间喜庆气氛、生动的造型、对比强烈的色彩与幼儿的心理有相通之处,因而非常适合作为幼儿欣赏教育的内容。

雕塑作品:如无锡的惠山泥人阿福系列、天津的泥人张系列,等等。这类作品生动、形象,表现出一种生命活力。

工艺美术作品：从实用性与陈设性看，幼儿可欣赏的工艺美术作品有日用工艺品和陈设工艺品，前者如经过装饰美化了的茶具、灯具、服饰、玩具等，后者如以摆设、观赏为主的壁挂、陶艺、染织工艺等。从民间艺术性看，幼儿可欣赏的民间工艺品有剪纸、民间玩具、面具、脸谱、风筝、花灯、皮影等。从时态上看，幼儿可欣赏的现代工艺作品有生活日用品、交通运输工具、服饰品等工业产品设计和商品包装装潢、广告、贺卡等装潢艺术设计两类。工艺美术作品的选择要注意与幼儿的生活情趣结合起来。

建筑艺术：如埃菲尔铁塔、故宫、悉尼歌剧院、北京四合院、福建圆楼、云南竹楼，等等。教师在为幼儿选择以上建筑艺术作品时，应注意建筑物造型的创造性。可结合幼儿的生活环境来进行选择。

儿童美术作品：教师在选择优秀的儿童美术作品作为幼儿欣赏的对象时，要注意选取同龄孩子的作品、有童趣的作品。

自然景物：教师在选择自然景物作为幼儿欣赏的对象时，应注意选取幼儿容易观察到的景物，例如日月星辰、花草树木、虫鱼鸟兽，并注意自然景物不同的形态美。

周围环境：幼儿可欣赏的周围环境大致有室内环境和室外环境两类，前者如家庭环境、幼儿园教室环境等，后者如广场、园林等。

2. 欣赏知识与技能

艺术作品的形式分析：教师在选择艺术作品作为幼儿欣赏对象时，应注意选取在造型、色彩、构图等方面特点鲜明并适合幼儿理解的一些作品。

作品主题的分析：教师在引导幼儿欣赏有具体主题的艺术作品的过程中，应该用幼儿可以理解的方式，向他们解释艺术家的创作意图，以及提供其他相关的信息。

对作品的联想：教师在引导幼儿欣赏艺术作品的过程中，还应该根据作品或作品的某些特征、细节，引导幼儿展开他们富有个性的想象、联想。

对作品的表达：教师在引导幼儿表达自己对作品的感知体验的过程中，应该鼓励幼儿使用语言（包含文学性语言）、动作（包含舞蹈）、音乐以及戏剧表演等方式来进行表达，以深化和丰富幼儿对美术作品的感受，同时拓展和提升幼儿自我表达的能力。

作品的背景知识：教师在引导幼儿欣赏艺术作品的过程中，应该向幼儿介绍艺术家的生活故事、艺术家创作灵感启发的源泉、相关时代的艺术状况等背景知识。这对于开阔幼儿艺术眼界，提高幼儿艺术理解力是十分有益的。

第三节 集体绘画教学活动

集体绘画教学活动是指导幼儿使用笔、纸、颜料等绘画工具和材料，运用线条、色彩、形体等艺术语言，以及造型、设色和构图等艺术手段，将其生活体验与思想情感通过加工和改造转化为具体、生动、可感的艺术形象，以发展其审美创造能力的活动。一般可分为命题画、意愿画和装饰画三种活动形式。由于它们各自的功能不同，因而指导方式也有所区别。

一、命题画教学活动的实施

命题画教学的指导要点是由教师提出绘画的主题和要求,幼儿按照这一要求完成绘画。命题画教育以帮助幼儿学习造型、设色、构图等形式语言为主要目的。根据命题画的内容,可以分为物体画和情节画。物体画的主要描绘对象是单一的物体,侧重于儿童造型能力的培养;情节画的主要描绘对象则是一组物体及其相互关系所反映的一定的情节。除了造型能力的培养以外,更侧重于构图能力的培养。相较而言,情节画复杂一些。因而,在幼儿园绘画教学中,随着幼儿年龄的增长,情节画的比重应逐步增加。

命题画的关键在于教师的命题。为此,教师应该深入地了解幼儿,选择幼儿感兴趣的、与他们的生活经验相关的内容作为绘画的题材。一般说来,自然景物、日常用品、人物、植物、动物、交通工具与生产工具、建筑物及简单的生活事件等都可以作为命题画的内容。

(一) 物体画教学活动的实施

1. 引导幼儿完整地观察、理解物体的结构特征

在幼儿的绘画中,表象有着描绘和符号功能,因而幼儿的表象主要有个别表象和概括表象两种类型。个别表象是记忆中某一具体事物的形象,它是某一具体事物多侧面、多角度、多次地作用于人的感官而在大脑皮层上留下的印记。因此,它虽然是个别的,却具有概括性,是具体对象多种形象信息的概括。正是个别表象的这种概括性,才保证了艺术的立体性与生动性。概括表象是记忆中某一类事物的形象,这是一种对事物的审美本质特征的概括,它保证了艺术的理性成分。教师要注意帮助幼儿获取这两类表象,因为人是不可能记住大千世界瞬息万变的千万种姿态的。为此,可以采用特征对比、形象比喻、几何图形概括等方法,帮助幼儿获得物体的视觉表象。

教师要帮助幼儿通过各种感官感知、掌握事物的基本形态,抓住事物形的特征、色的特征,其中最为关键的是抓住写生对象的神韵。例如,对于一只鸡,可以启发幼儿观察思考:公鸡在走路的时候看上去是怎样的?引导幼儿抓住"公鸡是骄傲的"这一神韵进行思考:如何造型才能表现出公鸡的"骄傲"特征?这时,教师可以引导幼儿用动作来表演出"昂首挺胸"这一神态。随后,教师引导幼儿观察公鸡的身体结构是"V"字形的特征。不论公鸡是怎样的动态,其"V"字形的身体结构特征是不变的。通过这样的观察与分析,幼儿对公鸡的造型表现就迎刃而解了。

当然,对于不同年龄班的幼儿,观察的要求是不同的。对于小班幼儿,只要求他们在教师的引导下观察物体的大致轮廓外形,形成一个基本的视觉印象;对于中班幼儿,则不仅要求他们看到物体的整体轮廓,还要求他们看到物体的基本组成部分及其形状、大小、结构、颜色等;对于大班幼儿,则要求能比较全面、细致地观察物体的形状、大小、结构、颜色和物体的动态。总之,要从幼儿身心发展的特点出发,引导他们从对象的整体结构出发,着重于事物的神韵,即对象之内在精神的表现,而不纠缠于物体细节的精确描绘,不强求绘画表现与事物的"肖似"。

2. 采用涂染法和线描法两种方式来描绘物体

教师可以指导幼儿用涂染法和线描法两种方式来描绘物体。涂染法是指不画物体的轮廓线而是直接用笔蘸颜料涂画出物体的形,以表现物体的形象特征的方法。这种画法由于很快能在画面上出现有颜色的物体的形,因而能引起幼儿对绘画活动的兴趣。线描法是指先用线条勾画物体的基本部分和主要特征,然后涂上颜色的方法。这种画法简练,概括性强,能清晰地表现物体的形象特征。比较而言,涂染法适合年龄较小的幼儿进行物体画的学习。随着幼儿年龄的增长,线描法的运用会越来越多。

3. 通过系列课题帮助幼儿掌握物体的造型

系列课题可以帮助幼儿学会从不同角度来描绘物体不同的造型特征,便于幼儿在绘画时能根据情节的需要来表现物体的形态,使画面生动,并能表现主题。例如,主题为"形象设计师"的物体画,可以先让幼儿欣赏有各种表情、脸型、发型、装束、姿态等的中西不同风格的人物画,然后引导幼儿在仔细观察的基础上,依次创作"笑得露出牙齿的人"、"妈妈的发型真好看"、"鞋子博览会"、"我是小小服装设计师"、"我喜欢的运动项目"、"形象设计师"等系列作品。有了造型的基本能力,幼儿在下一步的情节画创作中就游刃有余了,不会出现因为不会描绘人的形象而影响整幅画的效果的现象。

(二)情节画教学活动的实施

情节画教学是以物体画教学为基础的,是在物体画基础上的进一步提高。情节画教学要求幼儿根据主题情节的需要,把与之有关的物体形象恰当地安排在画面上,表现出各个形象之间的相互关系。

1. 感知物体间的空间关系

物体的空间关系包括现实的空间关系和画面上的空间关系。观察现实的空间时,可以引导幼儿观察远处的东西看上去是模糊不清的;近处的东西看上去是清晰的。而对于画面的空间安排,则可以通过欣赏作品来了解。在观察画面上的空间时,可以分析画面上各形象之间的相互关系,即主要形象与次要形象的大小比较,主要形象安排在什么位置上,情节是怎样表现的,背景是如何设置的,各形象的颜色与背景色是怎样的关系,等等。通过这样的观察,可以提高幼儿对空间关系的认识,同时发展他们的空间知觉能力。需要说明的是:在幼儿画中,时常有"透明画"或"展开式"等幼儿所特有的表现,教师应允许它们存在。

2. 通过各种形式突出主题

要突出主题,就必须首先在画面上设置一个构图中心,即能给欣赏者以深刻视觉印象的焦点。为此,可以通过把主体物画大或把主体物放在中心位置上,其他物体则紧紧围绕主体物布局的方法来突出主题。其中,主体物要重点刻画,细致描绘,明显而突出,其他形象则予以概括处理,使形象之间主次分明又不脱节,成为紧密联系的整体。也可以通过画面色彩的设置来突出主题。一种是在画面上大面积的主色调中,设立小面积的对比色彩,通过强烈的色彩对比和鲜明的色彩效果来突出主题。例如,在浅颜色的背景上画出深色的物体,在深颜色的背景上画出浅色的物体;在冷色调背景上画出暖色调的物体,在暖色调的背景上画出冷色调的物体。但用对比色作画时,要注意对比色之间的深浅程度、面积大小不能完全一样。另一种是用色彩来表现人物的情感,通过引起欣赏者与创作者的情感共鸣来突出主题。例如,用红色、橙色来表现热闹,用黑色、紫色来表现悲哀,使得整体画面有主调。

3. 用多样化的练习来学习画情节画

学习画情节画,可以通过下面一些多样化的练习来指导儿童进行。

添画:可以有意识地根据形式美的原理为幼儿设计多样化的构图画面,画出其中一部分景物,或贴上一些形象;再让幼儿围绕主题在适当的位置上添画出另外一些景物或形象,从而使主题突出,画面美观。这种方法比较适合小年龄班的幼儿。

故事画:给幼儿讲述一些有趣的、有鲜明形象和简单情节的故事,让幼儿根据自己对故事内容的记忆进行描绘。故事画可以是单幅画的形式,也可以是连环画的形式。

日记画:让幼儿根据自己一天中所经历的最感兴趣的事情,用绘画的形式进行描绘。

情境探索画:设置一定的情境,引导幼儿进行探索,并在探索的基础上进行绘画表现。

二、意愿画教学活动的实施

意愿画是指由幼儿自己独立地确定绘画的具体内容、形式和表现方法,教师作为支持者协助他们完成的绘画。由于意愿画需要幼儿对自己在生活中的所见所闻和头脑中想象的东西进行独立的加工和改造,因而其主要功能在于发展幼儿的想象力和创造力。由于意愿画是由幼儿自己独立创作的,意愿画教学对教师的指导要求会更高一些。

1. 给幼儿创设一个宽松的创作环境

幼儿自发的美术创作是他们集体无意识和个人无意识相互结合的一股创造动力推动的结果。也就是说,幼儿的无意识在创作中起着情感激发作用。因此,要为幼儿创设一个宽松的创作环境,让他们大胆地、不受拘束地描绘心中想画的东西,而不是交代过细,用各种条条框框去限制他们。

2. 帮助幼儿进行创作构思和表现

对于意愿画的创作,一些幼儿会觉得无从下手,这就需要教师帮助他们进行绘画的构思。可以通过"提问题—谈话"的方式来启发他们思考。在这一过程中,首先要确定绘画创作的主题,即想画什么。例如,幼儿在假期结束回到幼儿园后画的第一幅意愿画,可以启发他们思考:自己在假期里做了些什么?什么事是最有趣的?在什么地方做的?当时的情景怎样?和什么人一起做的?他们有些什么样的装束?当时每个人在干什么?做完这件事后自己感觉怎么样?当儿童确定好绘画的主题后,要引导他们思考如何表现这一主题,即怎样画的问题,一般可从造型、设色、构图等方面启发幼儿进行思考。需要注意的是,不能以教师的思考来代替儿童的思考,否则就失去了意愿画的本来意义。同时,还要注意"提问题—谈话"等启发活动应该在幼儿动手创作之前进行。在他们开始描绘之后,不要随意地和幼儿进行谈话,更不能用自己的描绘来代替幼儿的创作。在幼儿遇到困难时,应及时地提供思路或技术上的帮助。

三、装饰画教学活动的实施

装饰画主要是指幼儿运用各种花纹、色彩在各种不同的纸形上按照形式美的规律进行装饰。由于装饰画的描绘需要遵守一定的形式美的规则,因而对于幼儿对形式美的敏感性和创造能力的发展,对于手的动作的准确性发展,以及耐心、细致、整洁、有序的好习惯的养成有很大的作用。教师在指导装饰画的过程中要注意以下几点。

1. 帮助儿童理解装饰的原理

装饰画是一种规律性较强的绘画形式。理解装饰的原理,包括对称与均衡、对比与调和、节奏与韵律、连续与反复等图案装饰的法则,以及图案花纹的变化、图案构成的组织形式和图案色彩的配置等图案装饰要素的变化规律,等等,有助于幼儿对于装饰画的实际操作。对于这些内容的学习,可以通过欣赏的途径来帮助幼儿理解,比如可以观察欣赏自然界中自然物所生成的装饰美,如人所具有的对称性、红花绿叶所具有的对比性、水波纹所具有的节奏与韵律等;也可以在日常生活中观察人造物品的装饰美,如衣服、围巾、手帕、床单、糖纸、地毯、花伞、脸盆、花瓶、碟子、地砖等的装饰图案;还可以欣赏专门的图案装饰画,等等。

在这些图案原理的学习中,首先,应注意所选取的内容具有典型的装饰美。每次学习的内容应集中在一个方面,以期给幼儿留下一个深刻的印象。其次,应注意幼儿的年龄特征和他们的实际水平,用浅显易懂的语言来引导他们学习一些知识与原理,切忌生搬硬套深奥的专业性装饰术语。例如,对于图案花纹的变化规律之一——夸张法的学习,不必告诉幼儿"夸张法是指一种对物象的外形特点、神态、习性等进行适度的夸大、强调,使其形象特征更能显示出形式美的手法",而只需用实际的事例分析,如外形处理上圆的更圆、方的更方,刺激他们的操作欲望。再次,为幼儿提供合适的绘画工具。绘画可选择的工具和材料很丰富,有油画棒、蜡笔、彩色水笔、彩色铅笔、毛笔、彩色粉笔、水粉笔、排笔、印章、水墨、油墨等。当然,这并不意味着把许许多多绘画工具和材料堆砌在一次绘画活动中,使幼儿眼花缭乱而无法选择,而是要求教师为幼儿提供有助于主题表达的工具和材料,增加他们对绘画活动的兴趣。例如,让幼儿学习调配颜色,给他们提供水粉笔较为合适,如果是彩色水笔则效果不好。

2. 注意装饰画学习的循序渐进性

由于装饰画的规律性较强,因而教师应注意学习的循序渐进性。这种循序渐进性不仅表现在学习方法上,而且表现在学习内容上。在学习方法上,首先可以进行欣赏,多看多接触,形成对图案装饰美的感受力,同时在头脑中形成大量的表象,初步认识图案装饰美的规律。其次,可以进行盖印章、贴树叶、折叠染纸等游戏活动。用这种方法让幼儿体验图案装饰的法则,也即体验对称与均衡、对比与调和、节奏与韵律、连续与反复的运用。在这些活动的基础上,再让幼儿进行图案装饰画的创作。

在学习内容上,图案花纹的学习可以从简单的点开始,然后过渡到线和简易的几何图形(如长方形、正方形、圆形、三角形、菱形等)的学习,再学习自然界的花草、树木、虫鱼和具有民族特色的花纹(如螺旋纹、羊角纹、云头纹、回纹等)。图案纹样的组织形式可以是单独的,也可以是连续的。连续纹样中,可以先学习二方连续,即以一个单位纹样为基础,向任何两个相反的方向连续排列的形式。二方连续只涉及两个方向，相对容易掌握。在此基础上，再学习四方连续，即以一个单位纹样为基础，同时向上、下、左、右四个方向重复的排列形式。在纹样组织的基础上，学习整个画面的构图。幼儿所学习的图案画面构图，可以为格律体构图，这种构图形式要求花纹排列的位置、距离、色彩等都是对称的；也可以不规则地构图。无论哪种构图，都应注意纹样的疏密配置和构图中心的突出，使画面看上去美观。

在图案色彩的学习上，可以先通过欣赏学习什么是对比色（指不含有共同色相的诸色）、什么是同种色（指色相相同而明度不同的诸色）、什么是类似色（指含有共同色相的诸色）；然后，学习图案色彩的配置方法，即同种色的配置、类似色的配置、对比色的配置。例如，初次进行图案色彩配置时，可给幼儿提供两种鲜艳的对比色，通过醒目的画面对比来引起他们对色彩配置的兴趣，逐渐地再学习同种色与类似色的配置；当幼儿掌握了图案色彩配置的基本规律后，可以提供多种颜色，让幼儿自由地选择配色。在幼儿独立地配置色彩时，要注意两个方面：一是背景色与对象色在明度上要有层次；二是要有主调，包括色相上的暖色调和冷色调、明度上的明色调与暗色调、彩度上的艳色调与灰色调。这两方面内容的掌握，主要通过幼儿自身的感受和练习来获得。

3. 避免重技法轻创造的做法

图案装饰画的规律性较强。教师在教学过程中往往容易把注意力放在装饰规律和技法的传授上，而忽略对幼儿创造力的培养。这种做法是欠妥的，违背了幼儿美术教育的根本宗旨。所以，对于装饰规律和技法的讲解应该简明扼要，允许幼儿在掌握装饰规律和基本技法的前提下，发挥主动性和创造性，逐渐形成图案装饰的迁移能力，使其装饰能力得到提高。

以上是三种常见的绘画教学活动的实施要点。除此以外，幼儿园美术教学活动还需注意以下两方面：一是为幼儿提供具有表现力的绘画工具和材料，引导他们学习使用方法。对于多样化的绘画工具和材料的使用方法，教师可以用示范法，但要注意启发性，即让幼儿在自己思考的基础上掌握使用方法，并且注意示范的只能是重点与难点，而不是技能掌握的全过程。二是提供游戏化的练习。绘画活动是幼儿手、眼、脑并用，主动地进行自我建构的实践活动。无论是手部肌肉的发育、手的动作的灵活，还是视觉记忆与视觉思维的发展，都需要一个逐渐进步的过程。游戏化的练习由于其游戏性，可以让幼儿在愉快、积极情绪中不知不觉地达到这一目标。因此，教师要多为幼儿安排这类练习。其中，应注意绘画命题的兴趣性、操作过程的兴趣性以及绘画成果的可游戏性，即做做玩玩。实践证明，在游戏化的练习活动中，幼儿的美术能力能得到很大的提高。

第四节　集体手工教学活动

幼儿的手工教学活动是儿童发挥想象力与创造力，直接用双手或简单操作工具，对具有可塑性的各种形态（点状、线状、面状、块状）的物质材料进行加工、改造，制作出占有一定空间、可视且可触摸的多种艺术形象的一种教学活动。它对于幼儿手眼协调能力的培养，想象力与创造力的培养，耐心细致、勇于实践等个性品质的培养具有重要意义。根据幼儿制作的特点和教师指导的特点，手工教学活动可分为平面手工活动（主要有粘贴、剪贴、撕贴、染纸等形式）和立体手工活动（主要有泥塑、折纸、厚纸制作和废旧块状材料的立体造型等形式）。幼儿手工活动有其自身的特点，要经历产生意图到构思与设计，再到制作与修饰这样一个流程。每一个阶段的特点各不相同，教师应根据这些特点有针对性地进行指导。

一、产生意图阶段的指导

幼儿进行手工活动的第一个阶段是产生意图。意图是指制作一件手工作品的动机。意图的出现既是创作的前提，又是创作的开端。幼儿手工制作的意图分为自发型和诱导型。早期幼儿的手工制作意图多为自发型，他们的手工制作就是玩耍。例如：幼儿拿到一张纸，把它撕成纸条，撕成碎片。他们原先并没有想到要用纸做个什么东西，只是出于好奇而撕纸。撕纸的行为使纸本身改变了形状，从中还可以听到撕纸发出的声音，这使幼儿产生了莫大的兴趣。这就是幼儿最初的手工制作的意图。至于接下来在游戏中把纸条当作"面条"，把纸屑当成"雪"，那是他们联想命名的结果，并非最初的制作意图。因而可以说，这个阶段，幼儿只是对手工制作的过程本身感兴趣，并没有预先的目标。

随着教学的深入，幼儿在手工制作中加深了对手工工具和材料的了解，学习了手工制作的各种技法，他们的手工制作逐步地由模仿走向独创，其手工制作的意图逐渐明朗，从无目的转向有目的。于是，幼儿在从事手工活动前，能事先想好做什么，然后再动手制作，表现出一定的意图。意图决定着一切行为的方向和途径。此阶段，应注意帮助幼儿逐步地将意图明朗化。

（一）为幼儿创设与材料充分接触的环境与机会

如前所述，幼儿的意图大多是在与材料接触的过程中逐渐产生的，因而要为他们创设与材料充分接触的环境与机会。让幼儿在撕、揉、卷、折、叠、剪、贴等活动中了解纸的软硬程度及其可折叠、可分解等特性；在拍打、压、滚、掼、团、搓、捏等活动中，了解泥的可塑性。在粘贴树叶的活动中，可以让幼儿和家长一起收集各种形状和颜色的树叶，并一起欣赏树叶变化多端的形状、天然的叶脉肌理及其丰富的色彩。在染纸活动中，可以让幼儿分别用宣纸和卡纸等不同性质的纸以及粉质颜料和水性颜料来染色，通过尝试懂得染纸需用吸水性强的宣纸和渗水性强的水性颜料。这样，在与材料充分接触的过程中，让幼儿对手工制作产生兴趣。

（二）在欣赏手工作品过程中逐渐明确制作的意图

在幼儿早期，手工活动就是游戏活动，他们在玩耍手工材料的过程中得到满足。幼儿对手工制作的明确意图是在教师的引导下逐渐产生的，因而在手工游戏中，教师要将幼儿的活动朝有目的的方向引导。例如：在幼儿无目的的制作过程中，可以启发他们联想"你在做什么东西"、"你想做个什么东西"等。在引导幼儿进行手工作品的欣赏过程中，可以把剪纸作品与撕纸作品放在一起来欣赏，让幼儿感知用手撕出来的形象，其轮廓线毛茸茸的，具有自然、浑厚、雅致的美感；而剪刀剪出的形象，其轮廓线光滑，具有投影化和刀剪味的特点。同时,让幼儿尝试着撕一撕、剪一剪。教师可以向他们提问:"你想不想也来撕一个?""你打算剪什么?"从而激发幼儿的创作兴趣,使他们产生明确的手工制作的意图。

(三) 帮助幼儿体验手工制作的乐趣

在手工活动中,幼儿有时虽然有一定的创作意图,但由于其手部肌肉发育不成熟、手的动作不灵活、手眼不协调等原因,这些意图不能完全实现,从而给他们带来一定的失败感。因而,教师应在技术上给予一定的支持,使幼儿产生成功的体验,激发他们的兴趣。例如,在染纸活动中,当幼儿把折叠的湿纸打开遇到困难时,教师要教会他们打开湿纸的方法,让他们看到自己的作品。再如,在黏贴活动中,考虑到幼儿的动作灵活性及手眼的协调性较差,教师在设计画面形象或引导幼儿自己设计画面形象时,要注意其轮廓线简单,不宜有太多的细小凹凸,且形象的数量要少些,以利于幼儿的手进行操作,从而让他们体验到粘贴成功的乐趣。又如,在剪纸顺序上,目测剪和沿轮廓剪要注意先从大的轮廓开始,再剪小的细节,最后逐渐修剪成形。而折叠剪则要按照从里向外、从小到大、从细到粗、从局部到整体的顺序来剪,最后再整修。剪纸时应以左手配合右手的动作转动纸片,防止边剪边拉,使形象周围不整齐。

二、构思和设计阶段的指导

幼儿进行手工活动的第二个阶段是构思和设计。构思就是立意、构想。它是指在头脑中通过想象,对手工作品的造型、结构、色彩、性能等各构成因素及其相互关系,以及与手工作品相关的各种外部制约条件进行计划与思考的过程。这是一种实现创作意图、开辟创作道路而又支配创作过程的形象思维活动,也是手工创作的核心环节。具体来说,构思分为三个环节:一是选择形象,捕捉形象,即制作者在头脑中搜寻、选择已有表象,把它们作为创造新形象的基础;二是对这些已选择好的表象进行造型、构成、色彩诸方面的加工、改造与重组,在头脑中呈现出初步完整的新形象;三是通过比较,筛选出最佳方案。

由于材料是构思、设计得以物化的基础,不同的物质材料具有不同的工艺性能和审美特征,也就分别适用于不同的造型要求,因而构思还要考虑选用什么材料,以及如何使用这些材料。"因意选材"与"因材施艺"是与材料相关的艺术构思的两大原则。"因意选材"既反映出材料的选择与使用受制于意图与构思,也反映出意图与构思的准确而充分的表达必须以相应的材料作为依托,二者是相互依存的关系。例如,要进行染纸操作,其材料必须选用吸水性强的纸张和水性染料等。"因材施艺"属于逆向思维方式,即由一个非具象的形体痕迹联想到某一具体事物,并创造出形象来。这种现象表现为"迁想状物"(即根据眼前的物体形状联想出某物的形状)、"借迹造型"、"借形造像"等形式。这种思维方式在民间传统工艺品的创作构思中占有重要的地位。例如,根雕就是"迁想状物"、"借形造像"的典范。根据竹根的根须联想成人的胡须,稍事加工,一个大胡子老人便诞生了。因此,材料特点的充分利用与发挥,能最大限度地体现创作意图,并升华设计构想,从而创造出高超的艺术品来。

由于幼儿的思维是直觉的半逻辑的思维,因而他们对手工制作的构思与成人有着显著的区别。一般说来,幼儿早期很少出现"胸有成竹"的状况,大多是在行动中"迁想状物"。例如,在泥工活动中,幼儿将泥团在手中团、搓、捏、压,随着泥团的变长,他们脑中会浮现出"油画棒"的形象;随着泥团的变圆,他们又联想到"球"、"元宵"等形象。随着年龄的增长,教育的深入,幼儿行为的目的性增强,他们对手工制作的构思逐渐由外化转为内化,能够事先在头脑中对所要制作的东西进行思考与计划。

在材料特点的利用与发挥上,幼儿虽然不能与成人相比,但这种"迁想状物"、"借迹造型"、"借形造像"的构思方式在其手工制作中占有重要的地位。他们在手工活动中所进行的联想有时甚至超过成人,例如,他们会把一条弯曲的黄瓜想象成一只绿孔雀,把一段玉米棒芯想象成一只胖猪的身体。教师应当充分利用这一特点来发展他们的想象力与创造力。

设计是指把脑中的构思具体化为可视的工作方案的过程。设计一般通过完成设计图来体现。成人的设计通常是先画草图,即把头脑中构思好的主题、造型、色彩、构图等简单地描绘到纸上,并在画草图的过程中对原有的构思进行修改,甚至完全推翻另起炉灶。有些手工作品常常经过否定——重构——再否定——再重构,直至完善的过程。然后,根据确定了的草图画出效果图(成品的形象图)和三视图(对设计的东西作平视、侧视和俯视的图)或展开图(立体物拆散、摊平的结构图)。这三视图和展开图就是手工制作的工作图。

手工制作的设计也有例外,即设计并不表现为设计图,而是采取"打腹稿"的方法。当然,"腹稿"不是一成不变的。例如,某些民间艺人的设计就从来不画草图,而是根据腹稿一边构思,一边制作,一边修改,融构思、设计和制作于一体。

幼儿受其思维方式的制约,其手工制作中基本上不存在独立设计这一步骤,而是与民间艺人有相同之处,即构思与设计融为一体,甚至构思、设计与制作三者合而为一。在这一阶段中,教师的指导可从以下方面入手。

(一) 积累多种手工活动所需要的表象

构思是以表象为基础的,教师要注意帮助幼儿积累丰富的表象。中国古代画论中曾有"搜尽奇峰打草稿"的说法,用来说明表象对于创作的重要性。手工制作中所需要的表象积累,应注意表象的空间存在形式。如果可能的话可以让幼儿用眼睛看一看,用手摸一摸,以加强对表象形体的记忆。如对一只动物的形象分析,可启发幼儿思考其整体形态像什么,还可利用儿歌、谜语等来帮助幼儿对表象形体记忆。例如,在分析大象的形象时,可念儿歌:"大象大象鼻子长,身子长得肥又胖,腿像四根粗柱子,耳像芭蕉扇子样,长长的牙齿向上翘,细细的尾巴两边晃。"除了实在的物体表象的积累,还应注意引导幼儿利用创造性想象积累新奇的表象以供制作。

(二) 在熟悉多种手工活动材料的基础上进行联想

如前所述,材料是影响幼儿手工制作的重要因素。因而,教师自身应熟悉各种材料的特性,例如:纸材便于多种技术加工,但易变形,适合以合理的结构显示其柔软、轻盈的视觉效果;泥的可塑性强而湿度大,造型就不宜过分纤细,要发挥其粗朴、淳厚的艺术特点。教师应当知道,泥工活动中所使用的粘泥、橡皮泥和面团各有特性。粘泥经济方便,但需去除杂质,和泥时加水要适量,也可加少量的盐和油,和好的泥揿熟后需封存在塑料口袋里备用;橡皮泥干净,使用方便,市场有售,是幼儿泥工的常用材料,但橡皮泥冬季易发硬,夏季易发黏,因而适宜在春秋两季使用；面团制作简便、干净，但夏季容易发馊，且将面团作为材料在经济上负担较重。此外，考虑到幼儿操作上的方便，在制定教学计划时，不宜将泥工活动安排在寒冷和炎热的季节进行。

教师要把最适合幼儿的、最具有表现力的材料提供给他们，让幼儿把材料与自己的经验联系起来，根据自己的意图选择材料，同时根据材料的特性充分发挥自己的想象力，构思出多种制作方案。例如请幼儿思考，若要制作一条金鱼，可以用哪些材料来做。又如拿一段电线，请幼儿想象，它可以制作出一些什么形象。再如，"贴树叶"活动中，如果是"因意选材"，则先要构思自己所要制作的大致内容、设计画面的布局，然后根据这一设计选择适当的形状和颜色的树叶来拼贴；选择好树叶后，用这些树叶在底纸上进行摆放、布置，并对所选树叶进行少量的修剪。如果是"因材施艺"，则要将树叶作正反、上下看，仔细观察各种树叶的形状、色彩等，找出它们各自的特点。看一看，想一想，它们像什么？可以制作成什么形象？例如卵圆形叶像动物的身体，圆形叶像猫、虎、熊猫、人的头或猫、熊猫等的耳朵，掌状的枫叶可做金鱼的尾巴，瘦长的枣核状树叶可做小船、蜻蜓的翅膀、兔子的耳朵等。又如，在废旧材料和果蔬造型活动中，可以就各种块状蔬菜启发儿童的想象来制作：将瓜头有条纹的黄瓜切下一段做蛙身，再削瓜皮做腿，用透明纽扣做眼睛，一只栩栩如生的青蛙就出现在眼前了；一头尖、一头圆的萝卜可以削去半片做老鼠身、尾，再加耳、眼、胡子，便做成了老鼠；蚕豆加上高粱秸篾片做脚，即可做成螃蟹；剥去蚕豆胚芽部分的皮，露出的胚芽像人的侧面脸型；慈姑可以做成大象的鼻子和小猫的尾巴，等等。

（三）通过欣赏工艺佳作来学习造型、色彩、构成等艺术手法

幼儿对于造型、色彩、构成等艺术手法的学习，可以通过欣赏的形式来获得。其方式有三种：一是多欣赏"因意选材"类手工作品，例如用不同材料制作而成的同一形象的手工作品；二是多欣赏"因材施艺"类手工作品，例如同一种材料制作出不同形象的手工作品；三是多种材料制作出多种形象的手工作品，例如在引导幼儿欣赏树叶等自然材料粘贴作品中，让幼儿发现有的作品用铅笔的刨花做裙子、西瓜籽的壳做老鹰的羽毛等。要注意观察作者怎样利用自然物本身的形状、颜色等特性，少做修剪与改变，以保持自然物的自然之美。再如引导幼儿关注这些作品画面形象的材料颜色与底纸的颜色之间的搭配：有的材料的颜色与底纸的颜色是对比色的，看上去很鲜明；有的则是同种色搭配的，看上去很和谐。此外，要引导幼儿注意画面的布局：主要的、大的形象摆放在画面突出的、显著的位置上，次要的、小的形象则摆放在次要的位置上，起衬托作用。在染纸作品的欣赏中，有的染纸作品在色调上以一种色为主，且这种色的面积大，然后再配上少量小面积的对比色；有的作品在色度上有深浅变化，如主色调是深色的，其余颜色为浅色；有的作品在色块的排列位置上有疏密变化，形成节奏感。总之，要通过欣赏开阔幼儿的眼界。

三、制作与装饰阶段的指导

幼儿进行手工活动的第三个阶段是制作与装饰。制作是借助人的加工技巧对材料进行加工，改变材料的形态，从而实现设计方案的施工过程。制作的方法大致有三种：一是利用

原材料直接加工成型;二是把原材料裁切成零部件,再对零部件进行加工,然后组装成型;三是通过中介环节(例如制作模具)来间接成型。

在制作过程中,制作技艺至关重要。虽然它并不等于艺术才能,但仍然是艺术才能结构中的构成要素之一。由于材料的性质与形态、创作的意图、审美观点的不同,手工制作的技法也多种多样。点状材料的制作多为加法成型。例如:运用串联、粘接、拼贴、镶嵌、排列、垒积、焊接等技法,可将点状材料组合成线形作品,也可组合成面形作品和具有三度空间的立体作品。线状材料的制作,常用盘绕、编织、排列、拼接、垒积、插接、焊接等技法,也属于加法。这些技法既可组合成线形作品,也可组合成面形作品和立体形作品。面状材料的制作,既有加法,也有减法。常用的技法有剪、刻、切折、折叠、卷曲、插接、层面排列、粘贴、缝、锯、削、刨、钉、铆、凿、压印等。通过上述技法可以创造线形、面形和立体形作品。块状材料制作的技法主要有锯、削、刮、剪、组合、拼接、串联、焊接等,既有加法、减法,也有变形不变量法。

幼儿的制作与成人的制作的最大区别在于:幼儿的操作受其生理发育的影响,不如成人那样灵活与精确。学前阶段,幼儿的肌肉发育正经历着从手臂大肌肉动作向手腕小肌肉动作再向手指精细肌肉动作发展的过程,这是一个逐渐成熟的过程。与此同时,幼儿的手眼也正逐步从不协调向协调发展。因而,他们在手工制作中的动作不协调、不精确、不灵活,在操作过程中所采用的技法也较为简单,手工作品显得粗糙、不整齐、不平滑。

装饰是手工创作的最后一个阶段,它是指对手工制品进行恰如其分的涂绘、修饰。装饰的目的或出于锦上添花,增强审美性;或出于对作品保护的实用功能。这些要求是进行装饰的依据。幼儿的装饰,常用添加的方法。其装饰的目的,一是为了作品的完整,例如他们在塑好的动物或人物泥工作品上添加细小的豆子来作为眼睛;二是为了美观,他们常常按照自己的审美趣味在手工作品上添加一些纹样,这些纹样常常丰富多彩。

在这一阶段,教师的指导应当从以下几方面入手。

(一) 学习多种工具和材料的基本使用方法

对手工工具和材料使用方法的掌握,是手工制作的关键所在。否则,构思再好,也难以变为现实。因此,首先要注意根据幼儿身心发展的年龄特征,有选择地引导幼儿学习各种工具和材料的基本使用方法,而不是不顾幼儿身心发展的年龄特征,一股脑儿把手工制作的技能技巧灌输给幼儿。例如:要求3岁幼儿学习剪"S"形曲线,显然是太难了;同样,要求6岁幼儿学习剪直线则显得太容易。此外,在选择具体的操作材料时,要注意季节性和节日性,例如树叶贴画应在夏秋季节进行,泥工活动则不宜在天寒地冻之时进行,做贺卡可放在节日之前进行。

其次,在学习过程中,要让幼儿弄清其原理和步骤,以帮助他们掌握技能并将技能迁移到其他手工制作活动中去。为此,教师可让幼儿先进行思考,发现问题所在,然后讲解制作技法的原理和步骤(着重讲解重点与难点)。例如:在泥工活动中,教师可让幼儿先思考如何才能将泥团搓长,并让幼儿尝试"搓"的动作,然后示范"搓"这一动作,引导幼儿找出自己与教师的操作的差别,发现问题所在。在此基础上,教师再对"搓"进行示范,并注意示范的速度,让幼儿观察示范动作,最后让幼儿通过练习掌握"搓"这一技能。同时,进行泥工活动要掌握泥塑的基本规律:一是从基本几何形体出发,可以塑造出哪些立体形象,例如球体可以想象成元宵、皮球等；从球体出发，在球体上插上一根细木棒就成了樱桃、葡萄等；如果用拇指和食指将球体的上下捏凹，再插上细枝，便成了苹果；如果将几个大的球体和小的球体用牙签插接，则可以塑造出一只熊猫。二是从基本技法出发，可以塑造出哪些立体形象，例如捏可以塑造出碗、碟、勺、鸭嘴，等等。

再如，在折纸活动中，应当要求幼儿注意折纸中"对齐"、"抹平"这两个基本规则。如果不对齐、不抹平，折出来的物体形象就容易歪歪扭扭、松松垮垮。在这一基础上，要求幼儿学习看各种折纸图示符号。当幼儿看懂了折纸的图示符号后，他们就能将它迁移到各种折纸活动中。这样，折纸难的问题就迎刃而解了。又如撕纸活动，指导幼儿学习撕纸的基本方法：用两手分别捏住要撕开部分的两侧，大拇指在纸的上面，其余四指在纸的下面，撕时两手向相反方向用力，每次撕口不要太长，以便控制所撕形象，这样就可以撕出所需要的形象。

对于手工技能，教师还可以通过放手让幼儿尝试错误的方法来学习。例如学习染色的方法：染色一般分为渍染和点染两类。渍染是指将折好的纸插到颜料里，让颜料自动地渗透到纸里去的方法。在指导幼儿进行渍染时，让幼儿动手尝试来把握染色时间的长短，从中理解颜料的渗透性和纸的吸水性。点染是指在渍染无法进行的部分用毛笔蘸颜料染的方法。在引导幼儿进行点染时，同样要让幼儿通过自己尝试来处理如何才能把纸染透的问题，从而掌握点染这一技法。

（二）多提供练习的机会，锻炼幼儿手的动作的灵活性

技能技巧的形成，需要有一定的练习才能达到。这种练习包括分步练习与整体练习。可以先进行分步练习，再进行整体练习。分步练习可以帮助幼儿确切地掌握每一种动作方式的要领；整体练习则可以帮助幼儿掌握系列动作之间的联系与协调。例如，剪纸活动中，幼儿需要分别练习剪短直线、剪长直线、剪曲线、剪各种形状，还要分别练习目测剪、沿轮廓剪和折叠剪。在此基础上，他们才能随心所欲地运用所掌握的技能技巧来实现自己的构思。

与此同时，教师还应注意幼儿练习时间的合理分配。按照动作形成的规律，练习时间应遵循先密后疏的原则，即开始进行分步练习的时候，练习时间可以短一些，但练习的次数可以多一些，练习间隔的时间可以短一些；当幼儿掌握了各基本步骤后，进行整体练习的时间可以相对长一些，练习次数可以稍少一些，练习间隔的时间也可以稍长一些。此外，教师应注意练习时间与练习次数的相对性。例如，整体练习时间的长短应以幼儿不感到疲乏为度，练习间隔时间的长短应以幼儿不忘记动作要领为准。

（三）指导幼儿将临摹、仿制与独创结合起来

在制作阶段的指导中，教师可以引导幼儿把临摹、仿制与独创结合起来。临摹是指完全按照原作制作。它可以帮助幼儿精确地掌握手工制作所用的工具与材料的基本使用方法和手工制作的基本技法，但过多的临摹会扼杀幼儿的创造力。仿制是在原作的基础上稍加改变，它介于临摹和独创之间，既有临摹的痕迹，又有独创的成分。独创是指与原作完全不同，创作全新的形象的过程。它是幼儿创造力的表现，但对幼儿来说有一定的难度。对于幼儿来说，他们的手工制作形式应以仿制为主，兼顾临摹和独创。因此，教师在指导中要鼓励幼

儿在掌握基本技法的基础上努力创新，制作出与众不同的形象。将临摹、仿制与独创结合起来，会使幼儿的创造力逐渐得到发展。

例如，在厚纸手工制作活动中，在学习基本形体的基础上，根据"因材施艺"的原则，让幼儿用所学过的技法进行联想造型。可以用"减法"，对基本形体本身进行剪、挖、切等加工；也可以用"加法"，在基本形体的上面进行贴、粘接、镶嵌、插接、盘绕、组合等加工。例如，在圆柱体造型活动中，在圆柱体上面贴上弯曲的纸条就成为小桶；在圆柱体的旁边贴上弯曲的纸条，便成茶杯；将圆柱体直立，在下部贴上门窗制作成有趣的动物之家；将直立的圆柱体的上方剪开成条，卷弯成树枝状，再用彩色纸剪成树叶贴在上面，就成了各种花树或果树；而用长短不同的圆柱体则可制作成动物的头和身体，再用小棒插入做脖子，贴上尾巴、耳朵、眼睛、鼻子、胡须等就制作出了各种动物。再如，幼儿学会了正方体、长方体的构成方法以后，教师可引导他们制作出各种电器、家具、房子、交通工具、机器人，等等。

（四）引导幼儿将手工制作与绘画、游戏活动结合起来

将手工与绘画结合起来，可以起到相互促进的作用。具体地说，其一，手工制作中添加绘画，是培养幼儿兴趣、发展其手工制作与装饰能力的有效手段。例如，当幼儿用纸盒制作立体作品时，教师可引导幼儿用彩色笔在作品上画上美丽的花纹，为作品修饰增色。其二，手工制作能帮助幼儿深入地理解形象的结构特征、空间关系，使幼儿在平面的绘画中更富有表现力，这一点已被实验所证明。其三，直接将手工作品与绘画活动相结合。例如，当幼儿折纸完毕后，教师引导他们将其贴在底纸上，再添画上其他与之相关的形象，组成一幅有浮雕感的画面，增强作品的表现力。

手工制作还可以与游戏活动结合起来。一是可以在游戏活动中进行手工操作，例如剪刀的使用练习可以在角色游戏娃娃家中进行；二是可以用游戏的形式来开展手工活动，例如为布置教室剪各种窗花；三是可以将手工活动的成果当作游戏的材料，例如为各种演出活动制作道具、门票、海报、请柬，等等。

（五）养成幼儿良好的手工活动的行为习惯

手工活动具有培养幼儿良好的行为习惯、发展动手能力的价值。因此，在手工活动中既要关注幼儿审美能力和创造能力的发展，也要关注一般教育学意义上幼儿各种行为习惯、意志品质方面的发展。例如，在粘沙活动中，多余的、没有粘在胶水上的细沙可以集中在纸中间，将纸略卷再倒回装细沙的容器里；粘贴剂不到处乱抹，而要抹在指定的抹布上；剪下的碎纸屑要放在指定的容器里，保持桌面、画面、地面和衣服的整洁，等等。

第五节　集体美术欣赏教学活动

集体美术欣赏教学活动的实施与指导，需要以其心理发展为出发点。所以，教师的指导

应根据幼儿的美术欣赏心理来进行。

一、审美注意形成阶段的指导

美术欣赏的第一个阶段是审美注意形成的阶段。所谓审美注意,是指审美态度碰到具体对象的时候,把注意力集中和停留在对象的形式或结构上面。在学前阶段,受其心理发展水平的限制,幼儿还不能完全自发地把注意力集中在对象的形式和结构上面,他们常常有一种"求实"的心理,即注意欣赏对象的内容而忽略其形式。但是,"他已经懂得了,卡通片、故事或歌曲只不过是'假的'而已,他已经有了某种解释普遍符号系统的潜力"[①],在审美教育中,教师有必要也有可能引导幼儿把注意力集中到审美对象的形式和结构上来,培养其审美注意的自觉性和稳定性。

所以,在这一阶段,当幼儿面对一幅画或一件工艺品时,教师可以顺应幼儿发展的特点,让他们尽可能进行直接的描述,也就是陈述作品外在的、可立即指称的视觉对象,而不涉及作品的含义及其价值的认定。如果作品是写实的,则要指出作品包含哪些形象,如作品中所包含的人物、动物、景物、物品等。如果作品是抽象的,则要指出主要的形状、色彩及其运动的趋向。为此,教师可以用提问的方式来进行,可以这样问幼儿:"你在画上看到了什么?"下面以梵高的作品《星夜》为例,教师可以这样提问:

小朋友,你在画中看到了什么?
从画面上,你能看出画家画的是一天当中的什么时候吗?
除了这些,你还看到了什么?

在描述阶段,教师应给幼儿一定的时间进行独立的欣赏,不要操之过急,讲得太多。要尽可能让他们畅所欲言,尽量不打断其陈述,充分发挥他们的观察力、艺术想象力和语言表达能力。只有当幼儿需要帮助时,教师才用启发、提问题的方式进行启迪。

二、审美感受阶段的指导

美术欣赏感受不同于一般的生理快感,它是一种积极的心理活动过程,是感知、想象、理解、情感等多种因素的交错融合。这一阶段是美术欣赏的关键阶段。受其心理发展水平的影响,在幼儿的审美感受阶段,审美感知、想象和情感的作用更突出,而审美理解表现为浅显的理解。

当幼儿进入这一阶段后,其主要的活动就是对作品进行形式分析。所谓形式分析,是指分析上述指称对象之间的关系,也就是分析作品中各部分之间组合的情形,例如造型、色彩、构图等形式语言和对称、均衡、节奏、韵律、变化、统一等构成原理的应用。视觉形式语言在美术中具有独特的意义,从传统的具象写实艺术到纯粹的抽象艺术,无论其外观形式有多大

---

① [美]加登纳著,兰金仁译:《艺术与人的发展》,光明日报出版社1988年版,第212页。

区别,它们所使用的却无一例外是上述基本元素。这些元素在二维平面和三维空间中以各种不同的方式组合,形成各种不同的"心理力"样式,唤起人们内心千差万别的情绪和感受。形式分析是加深审美体验、提高审美理解能力,并最终提高幼儿欣赏能力的必经之路。同时,对形式欣赏本身的兴趣,也应该是幼儿美术欣赏的目标之一。因此,形式分析的指导是幼儿欣赏教育的关键环节。

为此,教师要对艺术的形式有一定的理解与欣赏能力。除了提高自己的美术欣赏能力、丰富自己的美术欣赏知识以外,还要选择相应的美术欣赏的材料,给予幼儿足够的时间,让他们反复多次地进行感知、体验;同时,用通俗易懂的语言进行浅显而简明的描述,让他们通过感性的体验理解这些基本艺术语言与形式美原理的内涵。当然,幼儿对美术欣赏的基本艺术语言与形式美的原理认识,还可以经由美术创作来获得。例如,学习线条的变化,可先让儿童体验不同动态的线条(直线、曲线、螺旋线、断续线、连续线、重叠线),再让他们观察梵高的作品《星夜》中所用的线条是怎样运动的。再如,学习几何形状的安排,可先让幼儿用彩色纸剪贴出各种几何形状,再让他们欣赏抽象派大师蒙德里安的后期作品。这种由自己操作而获得的欣赏经验,非常有助于幼儿对艺术语言与形式美的原理的理解。

这里,我们以梵高的《星夜》为例来说明如何引导幼儿进行作品的形式分析。首先,教师自己要了解《星夜》的形式特征:从线条上看,整个作品是由一种流畅但断续的线条构成的,笔触在宽度、长度及弧曲的状态上是一致的。树木、房屋、山丘、新月等最"坚实"的形式,往往以红色的线条概括地描出其轮廓。整个画面偏好曲线的形式、圆的形状和弯曲的边线。从色彩上看,画面上有蓝、黄、绿等色相,以及起强调作用的红色,彩度最高的是新月的黄橙色。从空间上看,有面与面的重叠,以及从一边延伸到另一边的横向带状。较小的房屋形式显得很远。看到近处的树的顶端,让我们感觉自己是站在高处向下俯瞰山谷,并横越天空。从明暗上看,画面上大部分是暗调子的蓝色,最明亮的是新月的黄橙色。沿地平线画出的线条是另一明色调的部位,与较暗的笔触自星星迸裂出来的光混融起来,最暗的部分是前景上的树。民房小小的矩形窗户的一点黄色,为画面增添了些许温暖的色感。从动态上看,树有火焰般的形式,依一条纵向轴线向上颤动。云朵相扣的形状以水平的动势滚过天空,低垂下来跟斜扫的地平线相会合,好比船只在海浪上摇荡。最安定的形式是耸立的教堂及其旁边的建筑物,调子较明亮,由较笔直的线条构成。

我们了解这幅画的形式特征后,可按照上述程序向幼儿提问。这种程序起着一种线索作用,旨在引导幼儿思考。例如,对《星夜》可以提出如下问题:

> 请看一看,画面上有哪几种线条?
> 这些线条是什么样的?看上去感觉怎么样?
> 画面上有些什么东西?它们看上去怎么样?画家画这幅画时用了哪几种颜色?
> 这些颜色在画面上是怎么安排的?
> 月亮的颜色使人感觉怎么样?
> 画面其他地方的颜色看上去怎么样?你感觉怎么样?
> 画面的前面画了些什么?后面画了些什么?它们看上去是一样大小吗?

你感觉自己是站在什么地方看这幅画的？
看完整幅画，你感觉怎么样？你想干什么？

在引导幼儿进行思考以后，还要进行总结，以帮助幼儿理清思路，加深体验。同时，这也是学习观察、比较等形式分析的方法。

当幼儿对作品的形式有了感受以后，也就顺理成章地进入作品意义的解释阶段了。所谓解释，是指探讨一件美术作品所蕴含的意义。幼儿还只是一个"印象的批评者"，需要在教育引导下才能进行"分析的批评"和"综合的批评"。引导幼儿探讨美术作品所蕴含的意义，必须在整体与部分的辩证运动中进行，即在幼儿最先形成的整体直觉印象的基础上，引导他们先理解美术作品各部分的意义，再根据各部分进行整体意义的解释，从而形成儿童自己一个或多个合理的解释。这种对整体的理解，反过来加强了幼儿对作品各个部分的理解。

我们仍然以《星夜》为例来说明。《星夜》的主题是一处风景，特别是画题所指称的星夜。描写翻腾前进的自然的生命力，绕着冲天的树和教堂塔尖而旋转。在《星夜》蓝色的夜幕上，星月灿烂，彩云翻滚，树在微风中摇曳，卷曲向上，村寨虽已安然沉睡，但大自然仍在永恒地运动着。《星夜》展现了些许的沉静和平与孤寂不安相融的矛盾运动，使我们在形式样态中感受到画作所蕴含的非凡能量。

教师在引导幼儿对作品各部分的形式进行感知、体验以后，可以用以下方法来引导他们体验、理解作品的意义。教师请幼儿闭上眼睛，把自己假想为画中的人物，然后跟着教师所说的话想象："夜深了……周围漆黑一片……没有一丝声音……我躺在床上，透过窗户看到明亮的月亮在闪闪发光，云彩在翻滚……我的心也跟着跳动起来，……我要飞到月亮上去……"通过这样的描述，幼儿会对作品所蕴含的意义有所理解。

三、审美判断产生阶段的指导

美术欣赏的最后阶段是主体审美心理的变化，这些变化包括直接的审美判断与审美欲望（爱好）的产生，以及间接的审美趣味和鉴赏力的提高。审美判断是指欣赏者在审美感受的基础上，运用一定的审美标准，对美的事物或现象的一种意向性的认识、评价与判断。幼儿的审美判断或称美的批评主要是一种感性的印象式的批评，而被判断为美的对象就成了幼儿审美欲望产生的源泉。审美趣味和鉴赏力的提高，是美术欣赏的间接效应，是多次有指导的美术欣赏的结果。也可以说，是美术欣赏教育的结果。

在这一阶段，幼儿要做的就是对作品作出自己的判断和评价。幼儿由于受其心理发展、艺术知识与经验、生活经验等条件的限制，还缺乏自主而适当的评价能力。因此，对幼儿评价阶段的指导，重点宜放在对作品的审美判断，以及揭示作品对于人类美术活动的意义上，以帮助幼儿从多样化的作品表达方式中吸取审美经验，提高其审美判断能力和审美趣味。例如对《星夜》的评价，可以向幼儿提问：

你觉得这幅画美吗？
你喜欢这幅画吗？

你看后感觉如何？

你想把这幅画挂在教室里或自己家的房间里吗？

然后，教师进行总结："画家在画这幅画的时候是认真地动了脑筋的哟！等一会儿，我们画画时也要像画家那样多想一想，用什么方法可以把我们的画画得更美一些。"

以上所论述的是美术欣赏过程各阶段的实施与指导。教师在实施过程中应当做到：第一，在美术欣赏教学中，教师、幼儿与艺术作品三者之间的相互交流、对话，各方的关系应该是平等的。这是对话能够进行的条件，也是幼儿乐于对话的前提。教师不能以自己的权威压制幼儿，也不应该以画家权威压制幼儿。要创设这样的对话氛围：每个人都可以用自己的方式表达，每个人都尊重别人的表达。第二，对话中既有口头语言的问与答，更有面对作品通过审美体验和领悟而进行的非语言的身体动作、表情等多通道的沟通。因此，应给幼儿利用多通道充分体验的时间，让他们的感知、想象、情感、思维、灵感、无意识等多种心理因素，在相互渗透、补充、综合、交叉中起作用。第三，作为引导幼儿与美术作品对话的中介，教师首先要学会与美术文本进行对话，做好儿童与美术文本之间的"审美期待"中介。教师不但自己要学会提问题，还要教会幼儿提问题。第四，在欣赏过真正能够激发幼儿审美热情的视觉艺术作品后，幼儿通常会产生使用他们所"仰慕"的某种因素创作自己作品的冲动。这时，鼓励幼儿通过尝试主动建构美术创作经验，是幼儿继续和该作品对话的大好契机。教师要抓住这样的大好契机，满足幼儿的尝试愿望，鼓励幼儿像"大师"那样去进行创作。

 本章提示

本章阐述的是幼儿集体美术教学的问题。因为艺术创作所使用的工具和材料不同，与前几章所阐述的音乐教学问题之间存在许多差异。我们需要关注的问题，不是不同种类艺术教学之间的差别，而是他们的共同之处，即如何通过目标整合与实践方法的贯通，最终实现对幼儿学习兴趣的激发、人生态度的启发和生命质量的提高。

 问题与讨论

1. 班级讨论：与同学分享你最喜欢的一件视觉艺术作品。请着重谈谈你对其中艺术趣味的看法。

2. 选择你认为可以与幼儿分享的一件视觉艺术作品，并独立设计一个美术欣赏教学活动。

3. 分小组观摩幼儿园的美术集体教学活动，并在幼儿园教师的指导下集体设计、实施该方案。最后，集体讨论并撰写书面总结，提交班级分享。

下篇
综合的艺术教育

第八章 领域渗透的相关理论问题

 学习目标

1. 了解教育学的整体发展观如何落实于领域互渗教学的设计和实施之中。
2. 了解心理学的相关理论如何应用于领域互渗的具体设计和实施之中。

艺术教育是幼儿全面发展教育的一个重要的组成部分。《幼儿园教育指导纲要(试行)》(以下简称《纲要》)强调要把教育与儿童发展当作一个有机的整体来看待。我们在理解其中每个部分的含义时,必须坚持这一立场,逐步深化对艺术教育内部各领域间相互渗透、艺术教育与外部各领域相互渗透的意义以及机制的认识。

第一节 整体发展观与领域渗透策略

一、儿童发展应该被看成一个有机整体

我们需要把儿童发展看成是一个有机整体。"有机整体"在这里既是强调儿童发展的主动性,又是强调儿童各方面发展相互影响的必然性。所以,我们应该坚信:儿童在蕴含丰富审美刺激的生活、学习环境中,能够主动地选择适合他们发展的信息。儿童能够主动地观察、探索、模仿和表达,也能够主动地在这些艺术实践活动中展现其个性和共性。教师在创造艺术教育的环境、组织艺术教育的活动和进行艺术教育工作的评价时,应当尽可能地观察儿童、了解儿童、理解儿童,避免主观、片面地去"设定"儿童的发展需要。例如:在各种年龄儿童的艺术活动中,儿童都是既有通过探索获得知识的需要,也有通过练习获得技能的需要;既有通过模仿他人与他人共鸣的需要,又有通过创造展现个性的需要。而且这些需要的满足,对儿童发展的影响绝对是整体性的。教师对这个问题的理解,不能人为地将学习知识技能与发展创造性对立起来,将展现个性与发展社会性对立起来,而应该努力支持儿童的可持续发展的全部正当、积极的需要,并努力帮助儿童加强各种发展之间正向的支持性联系。目前,在幼儿园艺术教育实践中,存在"仅仅重视表现艺术活动的结果,而忽视幼儿在活动中

的情感体验和态度"的现象。与此同时,"过分强调技能技巧和标准化要求","把幼儿创造性的表现活动降格为机械的训练",使幼儿在"被动地服从和模仿中,丧失自信心和对艺术活动的热情,丧失创造力"。因此,《纲要》强调对这些消极现象加以避免。

二、儿童的艺术生活应该被看成一个有机整体

我们需要把儿童的生活和艺术生活看成是一个有机整体。"有机整体"在这里既强调儿童在生活和艺术生活经验中自我发展的主动性,又强调儿童的生活和艺术生活经验本身整体地作用于儿童、整体地影响儿童的必然性。我们应该坚信:儿童能够自觉地将一般性的生活经验与艺术性的生活经验相互沟通、相互融合,使它们在相互支持、相互强化的过程中逐步上升为具有普遍自我指导意义的经验。《纲要》不仅强调了要"引导幼儿接触周围环境和生活中美好的人、事、物",而且强调要"提供自由表现的机会,鼓励幼儿用不同艺术形式大胆地表达自己的情感、理解和想象";不仅强调要指导幼儿利用艺术活动及其产品来"美化"自己的生活和"开展其他活动",而且强调"各领域的内容要有机联系,相互渗透","通过多种活动帮助幼儿加深对作品的体验和理解"。

目前,幼教工作者们虽然对运用"综合"、"整合"、"渗透"等手段来加强"各领域内容间有机联系"的教育教学策略有了一定的研究,但由于我们是在分学科的教育、学习情境中成长起来的,学科独立的知识技能结构和价值体系的影响还是根深蒂固的。因此,在《纲要》精神的指导下,我们应该努力地研究儿童,研究他们怎样自由地将各种我们曾以为毫不相关的经验自然地融合起来,上升为更有价值的新经验;与此同时,重新建构幼儿园的课程内容体系和我们自己的知识技能体系以及教育价值体系。

三、幼儿园的教育和艺术教育应该被看成一个有机整体

我们还需要把幼儿园的教育和艺术教育工作看成是一个有机整体。"有机整体"在这里,既强调教师应该主动地努力研究,以便更好地发挥教育以及艺术教育对儿童发展所产生的整体性积极影响;又强调教育影响整体有机作用规律的必然性,提醒教师要主动努力研究,以便更有效地避免和削减消极教育影响对儿童成长的危害。《纲要》中的这些阐述,不仅强调教师应该相信儿童"需要"和"能够"主动地、整体地生活和学习,而且也强调教师必须遵照幼儿学习、成长的客观规律,为他们提供相应的"健康、丰富的生活和活动环境",以使幼儿能够"获得有益于身心发展的经验"。在现实的艺术教育中,比较明显的消极影响主要是因为教师对艺术的追求压倒对儿童发展的追求。为了达到艺术效果的某种完美的境界,幼儿园往往无视全体幼儿学习艺术、亲近艺术的权利,无视幼儿自己的审美标准,以及无视幼儿对艺术的学习兴趣。为此,《纲要》具体地指出:幼儿园的艺术教育要"面向全体幼儿,要针对他们不同的特点和需要,让每个幼儿都得到美的熏陶和培养","严禁以任何名义进行有损幼儿健康的比赛、表演或训练等"。

除此以外,还有一些消极影响是目前我们还没有来得及思考和规避的:由于社会生活是开放的、儿童成长过程也是开放的,因此社会生活和社会艺术生活中的丑恶现象,教师对艺

术和艺术教育不甚正确的态度倾向和行为倾向等，都不可能不对儿童产生负面影响。因此，《纲要》同时指出：教师的"言行举止应成为幼儿学习的良好榜样"；对"幼儿感兴趣的事物、游戏和偶发事件中所隐含的教育价值，把握时机，积极引导"（负面的事件中也存在正面的教育价值，关键的问题是：教师能否认清价值的性质，能否把握时机和能否进行正面的积极引导）；对于儿童的"发展欠缺"，要"与家庭密切配合，共同促进幼儿健康成长"。

幼儿艺术教育，在微观上的确有着与众不同的教育目标，但它在宏观上有着与整个幼儿教育完全一致的共同目标——促进幼儿终身的可持续发展。所以，我们在学习、理解和实施《纲要》时，应该强调把幼儿教育和幼儿发展当作一个"有机整体"来看待，在努力研究各个微观的儿童艺术教育目标时，与总的儿童发展和儿童教育目标联系起来。只有这样，我们在进行具体的艺术教育活动、追求微观的艺术教育目标时，才能最大限度地达到儿童可持续发展的终极教育目标。

四、艺术教育领域内外不同领域的独立与交融

有人提出：应该从总的观念和具体操作上把音乐和美术相互融合起来，把艺术融合到所有其他学科活动中，把学科活动融合到幼儿园的一日活动中。其实，即便是成人的社会实践活动，也不是完全融合的。目前实事求是的做法是：应该尽可能从儿童的真实生活出发，支持、鼓励、引导和帮助儿童，提升他们生活中艺术活动的质量，并利用艺术活动来提高他们的整体生活质量。

要做到这一点，必须深入研究不同生活活动、不同学习活动、不同艺术活动、不同音乐活动中儿童所面临的学习问题。首先，所有的学习活动都是"社会性活动"。社会性活动会遭遇共同生活问题的挑战。不断面对这些挑战，经历应战的过程，必然会使共同生活的能力不断提高。其次，所有的学习活动都是"建构性活动"，建构性活动会产生利用、改造和超越个人原有经验的挑战。不断面对这些挑战，经历应战的过程，必然会使独立解决问题和自我教育的能力不断提高。这两个方面的"领域间相互渗透"，本来就是天然地存在于所有教育生活过程中的。再次，从学科的特性来说，如语言、数学、艺术、体育这些领域的知识技能自然就是为人类认识价值、追求价值服务的。这些蕴含在健康、社会、科学领域中的价值，总体上说是为了实现个人、社会与自然环境共同的可持续发展。这个方面的"领域间相互渗透"，是人类认识并追求幸福生活境界的必然结果，因而也应该天然地存在于所有教育生活过程中。最后，各个不同的认识和认识表达工具之间，作为所谓的"符号系统"，在表达同一事物的同一性质时，符号样式的表面不同之下，对该特定性质的基本共同性的认识是一定存在的。这个方面的"领域间相互渗透"，是人类认识规律的必然结果，应该天然地存在于所有教育生活过程中。所以，只要教师领会到这些原理，并遵循规律去做，幼儿自然也就能够"融会贯通"。

此外，我们仍旧需要将艺术领域中的音乐教育活动单独拿出来进行分析，而且仍旧需要将音乐教育活动按照教师习惯的角度（为便于衔接教师的原有经验）分成歌唱、韵律活动、打击乐器演奏和音乐欣赏四个方面进行分析。虽然这样难免挂一漏万，但初衷是希望通过举例使上述抽象的论述变得易于理解。

(一) 从音乐活动切入看幼儿全面发展

《纲要》再次强调幼儿园教育的内容应该是全面的、启蒙性的,各领域的内容应该是相互渗透的,教师应该从不同的角度促进幼儿情感、态度、能力、知识、技能等方面的发展。这些原则对于大多数教师来说,现在一点也不陌生了。但是,在实际的教育教学活动过程中,教师感到难以将这些理想的目标真正落到实处,而且在试图将不同领域的内容和目标相互渗透时,结果往往不太理想。为此,我们目前坚持认为:在音乐教学活动设计的过程中,在预设教育目标时,应突出不同活动的学习重点问题;在预设、引导师幼互动的走向时,应强调以审美感为核心。在这一前提下,我们再来考虑领域间的有机互渗和各种能力整体促进的问题。在许多情况下,幼儿临时提出的问题很可能成为"生成性"的引导发展的"良机"。教师应努力提高对幼儿问题背后的教育机会的敏感性。

例如:《五只猴子》的歌词大意是小猴子不听妈妈的劝告,坚持在床上乱蹦乱跳,结果从床上摔下来,受伤住医院了。《懒惰虫》的歌词大意是懒惰虫太懒了,结果浑身到处都痛。这两首歌曲原本是作为幽默歌曲的教学内容被选择出来的,经过教师的发掘,自我安全教育和劳动教育的因素就自然地渗透进来了。

再如:《我是一只大野狼》原本是作为讽刺歌曲的教学内容被选择出来的。经过与幼儿来自科普图书的知识的碰撞,理解狼、善待狼和自我保护、环境保护等教育内容就自然地渗透进来了。《小树叶》原本是将歌曲中有关同情、勇敢和热爱母亲等情感教育的内容作为预设目标的,但在幼儿提出"树叶不可能在第二年春天再回来打扮树妈妈"的问题之后,物质循环和能量不灭等科学教育的内容通过审美幻想(如用感受身体动作和表现物质的分解与转换过程等)的方式整合进来了。

在各种音乐教材中,我们选择一些通常幼儿园教师感到比较困难的艺术歌曲、流行歌曲以及戏曲唱段和舞蹈作品,让幼儿直接接触这些作品或这些作品的改编版,将有助于开拓幼儿的文化眼界,使幼儿积极地应对日益开放的文化环境。

(二) 从美术活动切入看幼儿全面发展

自从法国的"做中学"科学教育体系、意大利的"瑞吉欧"幼儿园课程体系等课程拓展和教学组织观念被引入我国以后,利用幼儿的绘画或者自创视觉符号进行学习并借此发展幼儿的符号思维表达能力,就成为教师经常鼓励幼儿使用的策略,如记录、汇总、统计观察到的事实,表达自己对问题的看法,表现自己对事物的体验或想象,以及对正在进行的活动进行展示、对将要进行的活动进行规划等。这些对视觉表达活动方式和价值的拓展,是一种令人高兴的进步。

在提供创造机会的活动中,幼儿能够在教师的指导下学习创造;在提供合作机会的活动中,幼儿能够在教师的指导下学习合作;在追求令自己满意的表达效果的过程中,幼儿能够在教师的指导下学习自我评价和自我调控;在使用学习场地和各种学习材料的过程中,幼儿能够在教师的指导下学习环境管理和自我管理等。促进幼儿全面发展的考虑,已日益自觉地被教师整合到自己的美术教学设计的实施过程中。

但是，我们不得不承认：在存在强调对知识技能机械训练的美术教育存在的同时，产生了绘画活动丧失其审美功能、沦为其他领域记录工具的新偏差。美术作为一个具有独立存在价值的人类社会实践领域，其中的确包含有自己的"术"，即怎样不断开发出不同的材料和不同的方法，以满足人的创新和自我超越的需求。但是，这种追求同时必须包含"美"，即使用"术"去制造出在形式和内容上令人向往、感动的视觉形象。在这里，"美"和"术"一样都不能少，而且必须形成相互支持的关系。

例如：在某幼儿园开展的"生活中的数学"系列活动中，有一个阶段的学习内容是去菜市场调查商品的品种和价格。在这一过程中，幼儿当然需要学习各种食品的知识，然而学习数学知识，特别是记录和统计应当是学习的重点。最初，幼儿使用各种各样的方式使自己的记录简便、清晰、精确，方便自己统计。经过几轮的尝试和交流，他们逐渐发现：记录得整齐美观不但可以使记录更加清晰、精确和方便统计，而且看起来令人舒适和富有吸引力。于是，教师便因势利导，将这一活动导向菜场"商品广告设计"。至此，视觉符号的数学功能以及数学的生活功能研究自然地过渡到视觉符号的审美功能以及美术的生活功能研究。

再如：某幼儿园在开展"研究性社会主题游戏活动"的过程中，将理发店、糖果糕点店、照相馆、茶馆、服装店的活动按照"主题生成"的教学设计模式来展开，其中自然牵涉大量美术在生活中创意应用的问题。在传统的幼儿园社会角色游戏活动中，教师一般是自己花费许多时间将这些游戏区域布置好，幼儿在这些区域只能按照教师规定的固定方式活动。而在这种教学设计中，幼儿在"开店"之前，需要做许多观察和调查；需要对一个自己最"理想"的店进行设计和布置；在他们的店开张以后，还要不断根据自己的新想法，对不满意的地方进行改善……在这样的动态过程中，美术来自生活、回归生活的教育理念便自然地贯彻到教师的教和幼儿的学中去了。

综上所述，幼儿教师应该花费时间和精力来研究：怎样在突出审美感动的前提下落实幼儿的全面发展。在教育教学实践中，我们要进一步开展研究和总结经验，以便能够挖掘出音乐教学活动对幼儿全面发展的教育价值，并真正落实到幼儿身上。

第二节　心理学理论与领域渗透策略

20 世纪 80 年代中期，我国幼儿园教师通过研究历史、学习国外经验和反思自我，开始了对当时的学科课程的质疑和对综合课程的探索运动。经过十年左右的探索实践，在教学一线的教师越来越深切地感受到：在对幼儿的学习心理规律不太了解的情况下，教师自发的、感性的摸索是比较盲目的。用他们的话来说，那种综合或整合更像"一个大拼盘"，因而不能解决学科经验相互割裂的问题。为了进一步搞清问题的性质，专业研究工作者和幼儿园一线教师组成了各种研究团队，借助心理学研究成果，开始了新一轮的教学实践探究。以下是初步总结出来的一些可以支持领域渗透设计的相关理论。

一、异质同构理论与类比联想策略

1912年起源于德国的格式塔心理学派提出了一种"异质同构"理论,强调经验和行为的整体性。后来,美国心理学家阿恩海姆将该理论应用到对人类审美心理现象的理解和解释中。他认为:世界物质运动与人的生理活动、心理活动本质上都是力的作用。只有认识到"那些推动我们自己情感活动的力,与那些作用整个宇宙的普遍的力,实际上是同一种力……我们才能意识到自身在整个宇宙中的地位,以及这个整体的内在统一"。比如当让一组舞蹈学院的学生用某种动作表现"悲哀"时,所有人的动作几乎都是:"看上去是缓慢的,每一种动作的幅度都很小,每一个舞蹈动作的造型也大多呈曲线形式,呈现出的张力也都比较小,动作方向看上去时时变化,很不确定,身体似乎是在自身重力的支配下活动着,而不是在一种内在的主动力量的支配下活动着。"

如果我们能够在这些舞者的动作中"看见"悲哀,那么也就可以解释:为什么我们同样可以从一片飘零的落叶的运动轨迹,甚至是一条柔软下垂的曲线中"看见"悲哀。阿恩海姆还说:这种运用"力"作为媒介对事物的"表现性"进行审美知觉的能力,在儿童和原始人那里尚占有很大的优势:儿童可以把一座山岭看成是温和可亲的或狰狞可怕的;把一条搭在椅子上的毛巾看成是苦恼的、悲哀的或劳累不堪的。但是,这种特殊的知觉方式,在现代成年人中却日渐消退了。

幼儿园的音乐欣赏活动过去一直仅仅被定义为听音乐的活动,而且是听出音乐创作者、表演者想要表达的意义的活动。这种观念不承认欣赏音乐的幼儿可以有自己对音乐音响形式表现性的认识和体验。后来,音乐欣赏被定义为引导幼儿学习怎样欣赏音乐的教育活动。许多教师逐渐认识到将幼儿不同领域的经验通过音乐欣赏活动相互贯通的可能性。其中,以异质同构理论为基础的多通道整体感知理论,成为许多教师自觉使用的一种教学设计的基础理论。在这一理论的指导下,幼儿园的欣赏教学设计中采用了身体运动参与的方式,即让幼儿有机会通过"设计的"或"即兴的"跟随音乐的身体表演活动,体验所听的音乐究竟引发出自己身体什么样的"同构反应"。随后,跟随音乐的歌唱、演奏以及朗诵、绘画,或在倾听音乐之后根据音乐创编文学作品、美术作品等综合性的设计方法,都被作为为"参与性音乐欣赏教学"而设计的策略所采用。至此,欣赏与表演之间的相互渗透日益被幼儿园教师所接受。当然,学科贯通的设计思路还可以有很多,但下面仅从"联想"的角度来举例。从心理学角度出发,我们可以粗略地将联想再划分为类比联想和接近联想两种。

类比联想是透过事物表面的不同看到事物内在的某种类同性或相似性的思维方式。用类比联想的策略进行学科贯通时,教师需要帮助幼儿找出问题与问题之间某种幼儿能够合理解释的类似性。这种联想对提高教师和幼儿的类比思维逻辑水平,发展教师和幼儿"灵感"思维能力有很高的教育价值。如:当我们给幼儿提供法国作曲家比才的作品《斗牛士进行曲》时,如果教师想要与幼儿共同探讨有关"形式结构"的问题,就可以从音乐作品的曲式结构入手来进行探讨:怎样创作出与音乐作品结构相类似的图形乐谱、文学作品、美术作品、建筑作品、手工艺制作作品,甚至是数学公式、活动程序等设计方案。如果幼儿对人道地对待牛的问题感兴趣,教师可以组织幼儿研究怎样修改斗牛的规则,甚至研究人和地球上所有的事物应该怎样相互适应、怎样和平友好地共处等各种问题。如果幼儿仅仅对斗牛场建筑的结构与功能关系感兴趣，教师可以支持幼儿收集各种资料，然后在整理资料的过程中与幼儿共同探讨建筑结构与功能以及其他事物的结构与功能的关系……总之，这种联想很有挑战性，同时很有自我锻炼的价值。

接近联想是借助自身经验中两事物或多事物在时间、空间、因果等关系方面的接近性，由一事物而连带想起另一事物的思维方式。用接近联想的策略进行学科贯通，可以从一个音乐作品的形式、内容等任何一个角度出发，只要能够引起对任何其他事物的联想，就可以作为生成新的学习活动的一种考虑。还是以《斗牛士进行曲》为例，儿童可能对牛（含各种不同种类的牛）、斗牛、保护牛、了解牛的生存状态，以及与牛有关的生态保护问题发生兴趣；也可能对斗牛活动的形式、规则、牛和斗牛士的生命安全，以及斗牛场的建筑等问题感兴趣；还可能对由此引发的服装、乐器、道具制作，或戏剧舞蹈表演、游戏、绘画、故事感兴趣……在此种思路引导下，教师可以根据自己的知识结构和可能得到的资源，协助幼儿从一个音乐作品中拓展出各种各样他们感兴趣的学习活动，以发展幼儿主动开拓学习领域的意识和能力。虽然这种联想从审美活动出发而并未继续导入审美活动，但仍旧能够引发幼儿学习经验之间的有机联系，不会造成生硬的"拼盘式"的学习。

最后需要强调：上述都是以举例说明的方式来阐述艺术教育的"整体观"、"整合观"。因此，请注意根据前述的核心观念进行思考，而不要以为某种活动仅仅只是发展某一种能力。

二、迁移理论与经验的网状拓展策略

学习心理学领域有一个很响亮的口号，叫做"为迁移而学，为迁移而教"。为什么说这个口号很响亮——即它能够引起人们的关注呢？通俗地说，就是学习者发现所学的东西"有用"以后，便真正理解了学习的意义所在。而教导者的职责所在，不是实际上授予什么——比如给别人"鱼"，而是引导学习者去体验学习的意义和积累如何学习的经验——比如教别人"渔"。

20世纪70年代到90年代，在我国幼儿园的学科课程教学设计中，教师一般会不自觉地使用循序渐进的设计思路。在这种设计思路中，由于学科体系纵向排列的阶梯式本身可能是"环环相扣"的，幼儿在后续学习中往往会自然地使用前期的经验。但由于"使用前期经验来促进新经验的学习"在教师那里不是一种自觉的设计，教师也就不能有意识地引导幼儿"迁移"，大多数幼儿则不能有效地发展"迁移"的意识和能力。

到80年代，越来越多的幼儿园尝试采用打通学科界限的教学设计。教师将经验迁移的关注点从学科的纵向经验转移到学科间的横向经验，这种转移具有一定的意识性，弥补了过去学科间横向经验迁移学习不够充分（不是完全没有）的缺陷。然而，由于认识上的偏差和操作上的"矫枉过正"，学科中的纵向经验的迁移学习又被忽视了。同时，部分教师在综合教学的设计中，往往只做简单经验的表面迁移，如吃水果、唱水果、画水果、数水果、玩纵跳摸高的采水果体育游戏。这种被称为"拼盘式"的设计，一方面没有考虑在特定年龄幼儿的生活经验基础上，创造机会让他们拓展自己关于水果的经验；另一方面没有考虑在特定年龄幼儿的现实艺术或其他学科经验基础上，创造机会让他们拓展关于音乐、美术、数学或体育的经验。这样的综合设计,不但仍旧不能解决经验的纵向迁移问题,经验的横向迁移也只能停留在共用一个简单经验的低水平状态上。同时,由于没有能够产生原有经验的纵向深入、提高和横向拓宽、丰厚,因而不能有效地激发幼儿的学习热情。更加令人遗憾的是,迁移学习所期望的通过迁移学习学会迁移学习——学会利用原有经验进行新学习的更深层次的目标,实际上还是被忽视了。

在"为迁移而学,为迁移而教"理论的指引下,近20年来,教师结合相关的教学心理学理论,努力探索了解决上述问题的各种策略。归纳起来,简单地说,是一种网状拓展的策略——即同时考虑经验整体地向纵横两个方向拓展;复杂地说,是整体经验全方位地自主优化。有的教师还使用了维果斯基的"最近发展区理论"和相关的"支架学习理论",以说明教师必须努力了解、理解幼儿学习的准备状态,并帮助幼儿将原有的经验和潜能发挥到极致,从而进入他们发展的新状态。

比如:中班两个4岁幼儿自发地跟随录音为大家表演舞蹈,教师最初只能够解释说:他们的动作基本合拍(具备了感受和表现节奏的基本能力)。通过集体研讨后,教师对照该领域横向发展的各个"发展角度"和纵向发展的各个"发展层级"的具体描述后发现:至少还可以从乐句感和交流合作性两方面来进行评价和指导。因为幼儿A对每一个乐句的起止表现得非常清晰稳定,而幼儿B在整个舞蹈过程中一直努力用体态和目光与幼儿A交流合作。根据以上新的理解,教师认为起码还可以鼓励幼儿A和B一起尝试按照乐句结构相互交流、合作舞蹈。这样,在教师"支架教学"的帮助下,两个幼儿都超越自己原先的水平,发展到一个新的水平;全班幼儿也通过教师的指导,发现了努力拓展自我的新目标。

再如:某大班在进行纸造型的活动中,虽然教师提供了"经济分割"材料纸的具体方案,但仍有不少幼儿拿起剪刀就剪,使原本可以切割出6个造型部件的材料纸,变得只能提供5个或更少的部件。最初,教师轻易地向这些幼儿提供额外的材料纸。但通过集体研讨后,教师认识到:观察认识材料纸"经济分割"方案的能力、"先谋而后动"的能力、统筹现有资源的能力,是高水平完成这一美工造型活动任务的必要能力,应该在教学设计中予以整体考虑。于是,在重新设计的类似活动中,教师故意不设计预先特别提醒的环节,同时故意设计了问题暴露后的特别补救环节——对所有申请额外的材料纸的幼儿先采取问题澄清的策略,即要求集体研讨"同样的材料纸为什么会不够用";然后采取方法澄清的策略,即讨论"在没有开剪之前,怎样用最简单的方法将所有部件安排在材料纸上"。后来,这个班级的教师逐渐形成了对幼儿学习品质持续关注的教学设计倾向。

又如:某大班在开展故事大王主题的系列活动中,逐步发展出图书阅读系列活动、成语故事系列活动、故事创编系列活动和图画书制作活动。其中在故事创编系列活动中,自然生成了对讲故事标准体系的建设需求。从前遇到这样的问题时,教师通常会按照自己制定好的标准,对各个幼儿的讲述水平进行评价。后来,在"赏识教育"理论的影响下,教师曾一度对所有的幼儿都赞扬说"你真棒"。而这位教师的做法是:先请幼儿提出他们自己认可的评价角度和评价层级,然后在一段时间内,请幼儿按照他们自己提出的标准来努力超越。同时,在这个阶段中,不断鼓励幼儿对他们自己提出的标准进行完善。当幼儿基本上达到自己提出的标准:声音大,不结巴,眼睛看大家,并再也提不出新的标准后,教师邀请附近小学一个善讲故事的小学生和有经验的小学语文教师到班上来表演讲故事,并和幼儿一起讨论:是否可以根据当天的新经验提出更高级的新标准。从那天以后,这个班级的幼儿们开始了新一轮的努力——达到和超越自己定下的新目标。

总之,从任何学科、领域或任何问题、主题开始的学习,都必须使原有经验从纵向深入、提高,从横向拓宽、丰厚。我们所说的"为迁移而学,为迁移而教",实际上是强调"为迁移而学",既是学习者学习的方法,也是学习者学习的目的和学习的快乐源泉;而"为迁移而教"则是学习的引导者或帮助者为学习者能够更好地"为迁移而学"提供支持。

第三节 多元智能理论与学习的"扬长补短"策略

一、多元智能理论

多元智能理论是美国心理学家加德纳提出来的。我们已经知道,该理论的主要观点是:人的智能可以被精细地看成是由八种相对独立的下位智能构成的一个复杂整体。这八种智能分别是:数理逻辑、语言、音乐、空间、身体运动、自我认识、人际关系、自然观察。每个人在特定的阶段所拥有的这些下位智能的发展潜能、顺序、速度和实际发展的程度不同,他的智能的内部结构不同,他学习和处理各种实际问题的方式就不同,在不同实践领域中所表现出来的优势或劣势也不同。教育应该认识到个人的这种独特性,充分尊重个人的这种独特性,并根据个人的这种独特性来为个人学习提供适宜的支持。

二、"扬长补短"策略

加德纳认为,他的这种观点的重要价值在于:为社会平等和教育平等提供了心理学的理论依据,因为既然每个人的聪明是不同的,也就不应该歧视所谓"不聪明"的人群;因为每个人的聪明是不同的,教育也就应该允许并支持个人发展自己的优势领域。有一个时期,教育界一些人曾经误解了加德纳的观点,提出要用"扬长弃短"来代替"扬长补短"的教育原则,然而,经过实践、反思和再讨论,人们重新认识了"扬长补短"教育原则的教育价值和教育操作可能性。

例如一位小学生在语文学习领域一直存在困难,由于得不到及时有效的帮助,到小学五年级时几乎陷入"绝境"。五年级新来的语文教师发现该学生擅长舞蹈,就鼓励他利用身体动作游戏的方式来记忆生字和词语。经过师生一年多来的共同努力,该学生恢复了自尊、自信,初步解决了对语文学习的恐惧之后,其语文学习也进入了正常状态。这是一个利用多元智能"扬长补短"教育原则矫正学习障碍的典型例子。

近几年,很多教师开始使用多元智能"扬长补短"教育原则来设计学科教学方案。例如:在一个音乐教学活动中,某个教学环节会侧重发展某一种或几种智能,而另一个教学环节又会侧重发展另一种或几种智能,以便使不同个体的不同优势都有机会得到发挥,而不同个体的不同劣势也都有机会得到锻炼;同时,个人的劣势也有机会通过自己的优势领域帮助而得到缩小。具体请看下面的实例分析。

范例 8-1

动物狂欢节组曲·终曲(大班音乐欣赏活动)

(音乐:(法)圣·桑《动物狂欢节组曲·终曲》)

1. 与幼儿交流理发店技师为顾客按摩的"手法"。教师鼓励擅长动作表达的幼儿先用动作表达,再引导他们使用动词来描述动作;教师鼓励擅长语言表达的幼儿先用语言表达,再鼓励他们使用动作来解释动词。对于同时使用动作和动词的幼儿,教师模仿幼儿的表达方式,对他们予以接纳和肯定。

2. 教师和配班教师跟随《动物狂欢节组曲·终曲》的音乐合作表演按摩律动。全体幼儿使用自然观察智能、音乐智能、空间智能,甚至数理逻辑智能来处理观察到的各种信息。

3. 教师组织引导幼儿讨论动作的种类、先后次序、高低、快慢、强弱变化,帮助幼儿理解记忆动作组合的全部结构。幼儿主要使用数理逻辑智能来进行学习。

4. 教师和幼儿一起连贯地跟随音乐表演按摩技师的动作组合。幼儿主要使用自然观察智能、音乐智能、空间智能和身体运动智能来进行学习。

5. 教师用询问的方式引导幼儿评价自己是否可以离开教师独立表演。幼儿主要使用语言智能和自我认识智能。对于不知道怎样认识和评价自己情况的幼儿,教师要给予特别的引导。

6. 教师再次带领幼儿表演,并请幼儿注意自己在动作变化处的语言提示。幼儿主要使用自然观察智能、音乐智能、空间智能和身体运动智能来进行学习。

7. 教师请幼儿两两结伴合作表演,并在这之前回忆讨论理发店技师和顾客之间应该如何交往。幼儿主要使用自然观察智能、音乐智能、空间智能、身体运动智能、语言和人际关系智能来进行学习。

从这个例子中,我们可以看到,每一个集体教育活动都是多智能挑战的,或者说是多领域锻炼的。此外,有关研究发现:舞蹈和音乐的某些种类,其本身就具有高度的数理逻辑性。如果使用逻辑性比较强的观察分析方法,对于那些逻辑分析能力强、艺术直觉能力弱的幼儿来说,能够帮助他们利用逻辑之长来补直觉之短。同时,适当利用逻辑分析的方法,能够引导艺术直觉能力强、逻辑分析能力弱的幼儿,利用直觉之长来补逻辑之短。如舞蹈是空间性很强的领域,对于空间能力比较强、运动直觉能力比较弱的幼儿,教师可以帮助他们利用自己的空间知觉优势来提升舞蹈动作学习的能力。

第四节　思维的精加工与自我知识管理策略

一、思维的精加工

心理学曾经认为,语言是思维的外壳,没有语言的媒介作用,思维便不能进行。现在,心理学对语言的认识有了很大的拓展,认为不同领域的思维方式可以是不同的,所使用的"语言"也可以是不同的。"腰肢一转",说的是虞姬在剑舞中使用的体态语言;"万种风情",说的是该舞蹈语言的使用水平达到了相当的高度,能够让欣赏者从中体会到更加丰富细腻的情感。蒙娜丽莎的神秘笑容,几百年来让全世界不同种族不同文化背景的人们神魂颠倒,显示了画家无与伦比的绘画语言使用的才能。

所以,我们需要在这里澄清:人是必须要思考的。只有通过思考,才能将个人天生具备的思考潜能发挥出来。但是,在不同的领域里,使用的思考方式不同,思考的语言(媒介)不同,传达意义的形式不同,领会别人传达的意义的途径也不同,如听觉艺术主要是依靠听的,视觉艺术主要是依靠看的,综合艺术则必须同时使用多种感知觉通道。

在单一的领域中进行艺术思考,幼儿主要依靠人的原始"直觉",他们的思维能力还没有发展到能够精细地对艺术品所传达的信息进行加工的水平。但"精细"是一种相对概念,只要有精细思考的愿望和行动,他们的思考自然就会越来越精细。成年艺术家,特别是艺术"大师",他们的作品或他们对别人作品的认识、体验,往往从表面上看非常类似幼儿,但无论如何,他们的直觉与幼儿的直觉是根本不同的。他们的认识和表达是聚集一生的精细思考后沉淀的精华。

在两个或更多领域之间进行艺术思考,幼儿仍旧主要依靠原始"直觉",迁移自己熟悉的经验来加工自己不熟悉的经验。他们不会书写文字时就画图;他们高兴的时候,就全身一起快速运动,表现出成人认定是舞蹈的行为。他们不知道怎样使用一个动词来描述某事物时,就做动作;不知道怎样使用一个名词、副词、形容词来描述某事物时,就说像什么什么一样,表现出成人认定是比喻或文学修饰的行为……幼儿的这些表现,是他们的思维发展处在初级阶段的表现。而对于成年艺术家,特别是艺术"大师"们来说,这些便是他们沉淀一生的精华涌现的结果。

所以,我们需要在这里澄清:人是需要跨领域思考的,而跨领域思考的重要环节就是"语言转换"。幼儿园的艺术教学需要给幼儿提供使用多种不同领域的语言来表达同一事物的机会,在幼儿天然的直觉基础上通过语言转换的实践来逐步将其语言转换的潜能发挥出来。

二、自我知识管理

现在,大家都说要成为学习的主人,即幼儿要成为自己学习的主人,教师也要成为自己学习的主人。这是有意义的观念进步。成为自己学习的主人,是成为自己命运的主人的下位的理想。

前面谈到将自己已经知道的东西"说出来",其实是自己对自己说。把自己想说的说出来让别人明白,是一个思维加工过程。已经初步知道的知识,越多地经过精细加工,就越能够被长期贮存,被整合到更大的知识结构中,被灵活应用和被提升到更高级的知识层级。我们知道,知识不用就会贬值,越用会越增值,而且"使用"本身就是一种精细加工的过程。没有或较少经过精细加工的知识,被使用的可能性相当低,不被使用也就没有机会精细加工。因此,要管理好自己的知识,很重要的途径就是"精细加工",特别是在实际使用的过程中精细加工。关于"使用",我们在前面已经说过:"迁移"已经具备的知识来进行新知识的学习,也是一种"使用"。

要管理好自己的知识,还有一个重要的途径就是"分享"。"茶壶里的饺子倒不出来",是不可能产生分享的。因此,人际分享私有知识以扩展知识价值的原始动机,也可以看成是"茶壶里的饺子"一定要设法倒出来的一种动力。在这里,每个参与分享的人都做了努力。有许多各不相同的"饺子"被倒出来以后,私有的知识就变成了公有的知识,各参与分享的人都增加了扩展私有知识的机会。而且频繁输出的过程是精细加工,频繁输入的过程也是精细加工。精细加工的机会越多,人的知识结构就被建设得越复杂越高级,人表达自己思维成果的能力也就日益提高到新的水平上。当然,更重要的是,积极的生产性的思维过程和结果都能够给人带来各种各样的快乐,让人不断地从中体验到自身生命展开的意义。

 本章提示

从上述理论的介绍和分析中,可以清楚地看到:知识经验之间有机联系的可能性是天然存在的。教学活动设计实施过程中,领域经验的相互渗透、相互支持、相互迁移的思路是多种多样的。需要注意的是:领域之间相互渗透的出发点,不是为了渗透而渗透,而是为了充分应用原有经验进行更有效、更快乐的新学习和新发展。

 问题与讨论

1. 请与同学分享你最喜欢的一种综合艺术形式或一件综合艺术作品。请着重谈谈其中综合的趣味。
2. 综合艺术和综合艺术教育是一种新的事物吗?请说明你的理由。
3. 为什么幼儿园至今主要还是向幼儿提供相互分开的音乐和美术教育活动?教师设计和指导综合艺术教学活动或更广泛的领域间渗透的教学活动的困难可能是什么?
4. 请与同学交流你如何利用本章的信息丰富自己的学习策略。

第九章 分领域切入的集体艺术教学活动

 学习目标

1. 了解幼儿园综合艺术教学活动的基本观念。
2. 了解幼儿园综合艺术教学活动设计与实施的一般思路。
3. 尝试并初步体验幼儿园综合艺术教学活动实施的过程。

近十年来,在幼儿园教师大胆尝试的基础上,综合性的幼儿园课程设计理念和技巧有了很大的改进。改进的结果并不是形成某种固定的模式,而是呈现出"百花齐放、百家争鸣"的局面。本章提供的仅仅是一般性的思路和范例。我们希望,学习者不要被固定的模式束缚了自己潜在的创意可能性。

第一节 综合艺术教学活动设计概述

幼儿园课程中的综合艺术教学从观念上看似乎是一类全新的教学活动,实际上,在传统的幼儿园教学活动中,还是可以找到在艺术教学领域内不同学科之间相互渗透的具体做法的。比如:"视觉形象",长期以来,无论从观念上还是从行动上,都被作为"利用直观形象——帮助幼儿理解和提高幼儿参与积极性"的重要手段;"做动作",长期以来,无论从观念上还是从行动上,都被作为"满足幼儿好动天性,'动静交替'——避免幼儿疲劳"的重要手段;使用语言说出自己的认识和体验,也一直被当作是"发展幼儿的语言表达能力"和"发展幼儿的想象能力"的重要手段。今天,我们仍旧认为,这些已经看到的价值确实都是存在的,并且是值得追求和能够追求得到的。不过,现在我们对这个问题的认识更深入了。在第八章谈到的不同领域自然联系的异质同构理论、学以致用的迁移学习理论,以及思维精加工的自我知识管理理论都告诉我们:不同领域或学科的学习实际上原本就是自然贯通的。只要教得得法、学得得法,个人知识完全可以进入"融会贯通"的状态。从20世纪80年代后期以来,我国幼儿教育工作者在这方面所总结出来的综合艺术教学设计思路大约有以下几种。

一、以所要认识的艺术学科概念为焦点的设计

如果是时间比较短的一次性教学活动,教师和幼儿只能关注到比较少的学习焦点。在这种情况下,可以采用"以某一艺术学科的某一概念为焦点的设计"。

> **范例 9-1**
>
> **小鸟飞(小班韵律活动)**
>
> 这是一个关于音乐舞蹈的综合活动设计方案,其活动目标如下:
>
> 目标1:熟悉乐曲的旋律和ABA的结构,听辨鸟飞(A段——轻柔、连贯)、鸟吃食(B段——轻巧、跳跃)的音乐。学习走小碎步,知道走时应将前脚掌踮起轻轻移动,并能用鸟飞、鸟吃食的动作表现出两段音乐的不同(从这段陈述中,我们可以清楚地看出,此项目标中含有三个不同的知识技能具体目标:第一,听出A段和B段的不同;第二,初步学会踮起前脚掌轻轻地走小碎步;第三,在听辨和体验两段音乐不同性质的基础上,用相应的动作表现出它们的不同)。
>
> 目标2:在教师的启发引导下,探索"手臂"在不同方位上的摆动,以表现鸟飞,并体验创造的乐趣(从这段陈述中,我们不难看出,该目标着重关注的是:通过教师引导的探索性学习,激发幼儿的创造兴趣,并使幼儿初步懂得,通过方位变化,可创造出不同的手臂舞姿)。
>
> 目标3:初步学习找空地方做动作,做鸟飞动作时尽量不让别人碰到自己,自己也不碰到别人(在这段陈述中,要求幼儿获得的是在空间运动中与他人保持和谐人际关系的初步观念与技能。这样,我们期望幼儿在音乐活动中获得三大方面的发展就逐一落实到具体的教育与学习行为中去了)。

请特别关注目标1。在这里,教师要引导幼儿关注:音乐(听觉语言)包含了两个"情绪性质不同的段落":A段——轻柔、连贯;B段——轻巧、跳跃。同时,教师还要借助具体事物的形象(视觉语言)——小鸟轻柔地飞翔,小鸟愉快地啄食,引起幼儿对音乐的情绪和结构做出"类比性"的思维精加工。具体地说,横向:将听觉和视觉的经验贯通起来;纵向:将自己原有相关经验和现场教师提供的新经验贯通起来,最终"翻译"成自己的手臂"动作语言",并表达出来。

二、以所要反映的具体事物为焦点的设计

在一个时间比较长的多次性教学活动中,教师和幼儿有可能关注到比较多的艺术学科概念焦点。在这种情况下,有时可以采用"以所要反映的具体事物为焦点的设计"。

> **范例 9-2**
>
> 泥老虎布老虎（大班综合艺术活动）
>
> 这是一个关于工艺美术的综合活动设计方案，其活动流程如下：
> 1. 参观动物园，写生老虎。
> 2. 收集各种老虎的工艺品，在班级活动室布置"老虎工艺品展览"。
> 3. 欣赏《狮王进行曲》或《老虎磨牙》，模仿表演老虎的各种姿态和活动。
> 4. 欣赏各种老虎工艺品。除了体会老虎的神态（眼睛、嘴巴、牙齿、胡须的表情趣味）和姿态以外，重点讨论材料造型的可能性和造型特点的问题。
> 5. 欣赏教师提供的泥老虎和布老虎，重点讨论中国民间装饰特点。
> 6. 学习制作和装饰泥老虎，尽量使用中国民间的图案和色彩风格。
> 7. 在教师的引导下，迁移制作装饰泥老虎的经验，尝试使用各种材料制作和装饰布老虎。

在这个流程的描述中，我们可以看出，设计的实例是从艺术表现具体对象——老虎开始的。所以在开始的时候，教师设计了一系列可以让幼儿发挥更大自主性的写生、采集、布置、讨论、表演，以及制品欣赏活动。其重点是帮助幼儿积累有关真正的老虎和他人表现老虎的艺术作品的经验。从环节 2 开始，教师引导幼儿逐步开始关注立体造型艺术手段。从环节 4 开始，教师引导幼儿将关注点聚焦于造型材料及其特点。到环节 5，教师才开始引导幼儿自然地将关注点聚焦于中国民间装饰的图案和色彩风格。

三、以所要反映的情绪情感或抽象概念为焦点的设计

在一个时间比较长的多次性教学活动中，教师和幼儿有可能关注到比较多的学习焦点。在这种情况下，可以采用"以所要反映的情绪情感或抽象概念为焦点的设计"。

> **范例 9-3**
>
> 线索推导（大班综合艺术活动）
>
> 这是一个关于"思维策略"的系列活动设计。线索推导是关于这个策略的概念词，幼儿需要多次在不同情境中尝试使用这一策略，才可能形成有关这一策略的具体概念，然后再逐步联系概念词的使用，最终形成比较稳固且可以使用的抽象概念。在这里，我们可以看到：教师和幼儿的关注焦点早就超出了艺术教育的范围。虽然系列活动仍然使用了具体事物"青蛙"，但"青蛙"在这个系列中的作用只是幼儿熟悉的形象媒介而已。
> 1. 语言——青蛙——谜语——根据谜面推出谜底。

2. 音乐——青蛙的悄悄话——歌曲——根据体态表情推出悄悄话的大致内涵。
3. 美术——青蛙——"随机型"想象画——根据教师或幼儿提供的各种随机型想象创作一幅《青蛙图》。
4. 体育——蛙跳——听信号变化做行进跳动作——根据教师或幼儿随机提供的信号变换跳跃速度、力度、路线或身体姿态等。
5. 数学——青蛙唱歌——相邻数推导——根据教师或幼儿发出的青蛙叫声，推出比之多一二或比之少一二的青蛙叫声。
6. 科学——青蛙的彩衣——保护色——根据教师或幼儿提供的彩绘环境来添画青蛙的彩衣（野鸭和树蛾的环境遗传选择）。
7. 社会——小青蛙回家——谈话：在迷路时如何让警察叔叔帮助你回家——如：根据家庭的电话号码可以帮助警察叔叔查到家庭的住址；父母单位的电话号码可以帮助警察叔叔查到父母的工作单位和单位地址；住宅附近的重要标志，如车站或明显的建筑物等。

范例 9-4

公平交换（大班综合艺术活动）

这是一个关于事物间普遍存在的"道德准则"设计系列。其目的是帮助幼儿通过愉快的艺术审美活动和体育游戏活动，自主地体验事物之间的相互依存关系，形成事物之间普遍联系的认识和尊重他者、考虑他者的处事态度。当然，这样的态度绝不是朝夕之间可以形成的，但系列活动的连续强化和深化影响，肯定要比偶然接触的影响要大。

1. 语言——大地和蓝天——诗歌仿编——根据"蓝天把阳光送给大地，大地就送给蓝天鲜花"的句式和内容进行仿编。
2. 音乐——好朋友——创编歌表演——根据"你帮我来梳梳头，我帮你来扣纽扣"的句式进行仿编。
3. 美术——我给好朋友的妈妈美发——自然材料造型——创造性地选取各种材料黏贴制作三八节贺卡，并赠送给好朋友的妈妈。
4. 体育——我们邀请一个人——一一对应地拔河或推手——通过平等竞争的方式互换小团体成员。
5. 数学——等量交换——根据体积、面积、长度、重量等不同指标进行以物易物的游戏。
6. 科学——树型仙人掌和它的朋友们——仙人掌为动物提供食物，动物为仙人掌播种。
7. 社会——面包树——故事表演——帮助面包树干活的小朋友得到了香喷喷的面包，只顾自己玩耍的小朋友最后只好饿肚子。

四、以幼儿自主学习能力发展为焦点的设计

自从我国引进"项目研究"课程设计观念以来,"预成"和"生成"这对概念词逐渐成为幼教工作者经常使用的词语。其实,通俗地说,可以把"项目研究"活动当作成人"边探索边前进"的一种工作,同时也是学习的实践活动方式。这种方式被用来处理人们不知道或不完全知道"怎样的"或"怎样做"的问题。换句话说,就是"摸着石头过河"。

在幼儿的课程以及教学设计中,"预成"的设计通常是指由教师完全把握方向和全部过程的设计。而"生成"则是相对"预成",指教师在与幼儿的互动过程中,与幼儿共同把握课程或教学活动方向及进程的设计。这种设计理念与前述各种设计理念的不同之处在于:将幼儿自主学习、自主发展的态度和能力直接作为教学设计的第一焦点。在活动的设计过程中,尽可能提供机会,让幼儿感到自己能够和教师平等地拥有掌握设计方向和过程的权利。

在第十章提供的"建构性戏剧"中的范例,以及本章即将提供的范例9-5中,我们专门介绍了这种设计的具体思路。除这两个范例以外,教师还可以通过"工作室"以及日常活动、节日、庆典活动等,向幼儿提供更多的参与"工作"和自主学习的机会。

目前,大部分幼儿园提供的音乐、美术游戏区角活动是一种接近"工作室"学习性质的活动。在那里,幼儿可以利用教师提供的材料,自主决定活动的目标和活动的内容、方式。这种活动,目前实际上有些"放任自流"。因此,可以改进的空间是:教师最好多给予一点专业的引领和提升,让年龄大一些的幼儿不断生成更高级的活动目标。

我国一些城市的幼儿园建立了美术工作室。在那里,教师为幼儿提供了非常丰富的材料以及美术创意工作的榜样:幼儿可以"像专家那样工作",探索自己的新技巧,制作自己的新作品;可以"很自由、很自主",教师并不"放任"幼儿,幼儿也不会"放任"自己。那么,我们的音乐、舞蹈、戏剧教学是不是也可以像美术工作室的教师一样来指导幼儿工作呢?应该说,幼儿可以参与早操创编,可以参与班级音乐、美术环境的创设,也可以参与幼儿园节日、庆典活动的策划、组织,在其中开拓自己学习艺术的广阔的空间。总而言之,凡是幼儿可能参与提出意见和行动的,教师都要引导和帮助他们自己想、自己说、自己做。这样,艺术学习就可能真正地融入幼儿的艺术享受的过程中,实现"为生活而艺术"和"在艺术中生活"的艺术教育理想。

范例9-5

秋季运动会(大班综合艺术活动)

一、活动由来

由于刚刚开过全国城市运动会,感受了运动会气氛的孩子们提出:自己班上也要开一个运动会。于是,教师便和幼儿、幼儿家长一起展开了一系列活动。

二、活动过程

第1阶段:运动会计划书设计活动

(1) 提出要有计划书;
(2) 独立设计计划书(回家后在家长的帮助下设计,请家长注意尽可能以幼儿的意见为主);
(3) 交流,提出评价设计书的标准;
(4) 再次回家在家长帮助下设计;
(5) 展览设计好的计划书。

第2阶段:运动会会标设计评选活动
(1) 提出要有会标;
(2) 收集欣赏各种运动会会标;
(3) 独立设计会标(回家在家长帮助下设计);
(4) 交流,提出评价设计会标的标准;
(5) 竞选,提出需要竞选演讲(各人准备演讲稿并练习);
(6) 再次按新要求竞选(邀请家长和中班小班弟弟妹妹参与投票)。

第3阶段:运动会报名和确定比赛项目活动
第4阶段:运动会音乐选择活动(入场音乐,团体操音乐,比赛背景音乐,发奖音乐)
第5阶段:运动会团体操创编以及排练活动
第6阶段:运动会服务工作确定和志愿者工作认定活动(邀请家长参与)
第7阶段:运动会开始

第二节 从音乐切入的集体艺术教学活动

前面的章节中对音乐教学的范例介绍得比较详细了,本节将着重介绍一些与其他领域相互渗透的案例。

范例 9-6

蚂拐舞(大班民族舞创编活动)

一、活动由来

9月份某大班的主题活动是"民族村"。通过一段时间的学习,孩子们初步地了解了壮、回、苗、傣、瑶等少数民族的风俗人情。在"民族村"、"美丽的铜鼓"、"民族服饰"

等有关"民族"的主题中,教师发现孩子们对民族的传统文化非常感兴趣,经常听到孩子们说"我是壮族的"、"我在民歌节见过铜鼓",等等。于是,教师便制作了一面有青蛙浮雕的铜鼓,并设计了这个舞蹈活动。

二、活动目标

1. 在下肢马步跳跃(蛙跳)的基础上,练习上下肢协调地随乐合拍舞蹈。
2. 学习在观察静态形象的基础上创编模仿青蛙的上肢舞蹈动作。
3. 初步了解广西壮族的民族传统文化,感受对家乡广西音乐舞蹈文化的亲切感和自豪感。

三、活动准备

1. 初步掌握合拍地轻盈地做"蛙跳"基本动作。
2. 一面铜鼓(没有铜鼓时可以用装饰过的大锣代替),以及一面自制有青蛙浮雕的铜鼓模型。
3. 铜鼓教学挂图以及花山壁画的教学挂图。
4. 歌曲《蚂拐歌》音频。

四、活动过程

1. 幼儿听《蚂拐歌》音乐,自由做"蛙跳"进入活动室。
2. 以铜鼓鼓面上的青蛙浮雕为主线,引起幼儿学习广西壮族的民族特色舞蹈——"蚂拐舞"的兴趣。

(1) 请幼儿观看活动室内的铜鼓图片和花山壁画图片。
(2) 让幼儿围成半圆坐在地面的大铜鼓边上,谈谈自己观察到了什么。
(3) 出示有蛙纹的铜鼓模型,引起幼儿的好奇心。让幼儿根据已有经验说说为什么铜鼓上会有青蛙。

3. 让幼儿模仿青蛙在铜鼓上的造型。

(1) 出示铜鼓,请个别幼儿试着敲击铜鼓,感受铜鼓的声音。
(2) 请幼儿在地面的大铜鼓中间即兴模仿青蛙跳和青蛙打鼓的动作,个别幼儿继续轮流尝试有节奏地跟随"蚂拐舞"音乐——《蚂拐歌》,并敲击铜鼓为即兴舞蹈的幼儿伴奏。
(3) 鼓励幼儿通过加入上肢动作的过渡性变化和加入下肢的跳跃,使静止的视觉形象转变成舞蹈动作。

4. 幼儿边听《蚂拐歌》,边独立尝试创作上肢模仿青蛙的舞蹈动作。

5. 教师组织幼儿志愿者一一与大家分享他们各自创编的舞蹈动作。重点反馈如何将观察到的静态形象转化为舞蹈的运动过程和舞蹈造型的各种不同的创意。

6. 指导幼儿通过练习将新创编的上肢动作和下肢的马步跳跃结合在一起,合拍地舞蹈。作为一种分享,教师请幼儿欣赏自己表演的《蚂拐歌》。

7. 让幼儿在铜鼓上休息,放松一下。同时,教师和幼儿一起轻松自然地谈论教师的舞蹈和幼儿的舞蹈中有哪些相同与不同的动作,以及自己所喜欢的动作。

8. 播放《蚂拐歌》，自然结束活动。如有幼儿愿意继续舞蹈，教师可以用模仿其动作的方式或用欣赏的目光给予鼓励。

五、延伸活动

1. 请有条件的家长带孩子到社区参与各种民族音乐舞蹈活动，然后鼓励和指导孩子采用类似"花山壁画"的表现形式，将自己喜欢的、准备和班集体分享的动作绘成自己能够看懂的图片（舞谱入门准备）。

2. 在未来的活动中，教师进一步组织幼儿分小组集体创编新的《蚂拐舞》；学习使用自创的舞谱记录和介绍舞蹈动作，参照舞谱练习舞蹈动作；学习创编结构感更清晰的舞蹈；学习建立和分享更细致的舞蹈评论标准等。

范例9-7

盘子、扇子、伞（大班舞蹈道具系列活动）

1. 在教师的引导下开展以"生活中的乐器"为主题的探索活动。
2. 将相关"探究"、"调研"、"收集"在活动中进行汇展交流。
3. 在教师参与提供材料和总结幼儿提供的材料的基础上，选择盘子、扇子、伞等舞蹈道具进行专门性的探索。
4. 欣赏教师的现场表演或相关民间舞蹈的影像资料。
5. 在教师引导下学习创编有道具的民间舞蹈。
6. 在游戏活动区"小舞台"享受新学习的舞蹈方式。
7. 在教师的帮助下分小组创作"有道具的舞蹈"。
8. 班级分享或到其他班级"演出"。
9. 节日演出。

范例9-8

高山流水（大班创造性韵律活动）

1. 伴随古曲《高山流水》欣赏和尝试"打太极拳"。
2. 伴随古曲《高山流水》欣赏和尝试"画国画"。
3. 伴随古曲《高山流水》尝试合作玩体育游戏——将同伴的身体当作悬崖和山洞，翻爬，或钻爬。

活动时需要特别注意的事项：
(1) 注意安全，不推搡别人。
(2) 注意合作，不用嘴巴或动作强行指挥别人。
(3) 注意音乐，不讲话，倾听音乐，尽量按照音乐的性质运动。
(4) 注意流水的形象，努力想象和表现各种经验中的流水形象。

范例 9-9

月亮蛋糕（中班歌唱活动）

1. 听教师用歌唱的方式讲述故事：月亮蛋糕高高地挂在天上，小老鼠想吃，但是吃不到。
2. 讨论：小老鼠怎样才能吃到月亮蛋糕。
3. 命题画"聪明的小老鼠"——表现小老鼠想出的，能够让自己吃到月亮蛋糕的好办法（幼儿作画期间，教师反复轻轻地演唱歌曲《月亮蛋糕》）。
4. 学唱歌曲和学习创造性地表演歌曲。

范例 9-10

动物狂欢节组曲·终曲（大班音乐欣赏活动）

1. 欣赏喜剧大师卓别林表演的律动片段《理发师》。（电影配乐：〔德〕勃拉姆斯《匈牙利舞曲第五号》）
2. 谈论幼儿参观理发店的各种相关经验。
3. 欣赏两位教授表演的律动"按摩"。（律动配乐：〔法〕圣·桑《动物狂欢节组曲·终曲》）
4. 学习表演律动"按摩"。
5. 谈论音乐在生活中的应用。
6. 欣赏动画片《红鹤和溜溜球》。（电影配乐：〔法〕圣·桑《动物狂欢节组曲·终曲》）
7. 绘本欣赏活动"我的幸运一天"。（原书著者：〔日〕庆子·凯萨兹著）
8. 故事表演活动"我的幸运一天"，将律动"按摩"应用到表演中，按照故事中的情境自由表演按摩动作。
9. 家长开放日，请家长和幼儿一起做"狐狸给小猪按摩"的律动游戏。

范例 9-11

大西瓜（大班歌唱活动）

1. 学习玩"插入式"对拍手律动游戏（一人在强拍上拍手，在弱拍上两手分开；另一人在弱拍上拍手，同时将自己的双手插入对方两手中间的空档，反复进行），使用无意注意逐渐熟悉游戏的伴奏歌曲《大西瓜》。
2. 学唱歌曲《大西瓜》。特别注意体验：头上长西瓜的"乐趣"。
3. 创编更复杂的对拍游戏。
4. 幻想头上长西瓜可能会发生什么事情？好事情？坏事情？奇妙的事情？创作命题画《头上长西瓜》。交流创意以及各种关于利弊的看法，引起情感体验。
5. 绘本阅读：《子儿吐吐》。

范例 9-12

京剧（大班生成式综合主题活动）

第 1 次活动　讨论：我知道哪些关于京剧的事情？还希望知道哪些关于京剧的事情？我怎样才能知道我想知道的这些事情？（幼儿的主题调研）

第 2 次活动　欣赏《一定要把深情厚谊送往四面八方》，了解京剧声腔的特点。讨论：收集不到京剧的信息怎么办？

第 3 次活动　欣赏《说唱脸谱》，了解京剧声腔的丰富性。操作：画出自己解决有关京剧疑问的方法网络图。

第 4 次活动　参观剧院。准备要提问的问题——组织好提问的语言以及准备好向谁提问；参观舞台和后台；观看演出。幼儿提出：对小丑说的"快板"有兴趣。

第 5 次活动　学习京剧念白中的数板《什么花儿香》和相关表演动作。幼儿提出：为什么是画脸谱而不是戴面具？

第 6 次活动　与化妆师互动：观看化妆师绘制脸谱，自由地向化妆师提出自己感兴趣的问题。

第 7 次活动　与演员互动，观看演员怎样表演各种人物走路的不同样子。游戏：自己尝试用地方方言来念数板《什么花儿香》，并尝试做尽可能滑稽的表演动作。在教师和演员的引导下，体验其中的诙谐幽默情绪。幼儿提出：对亮相有兴趣。

第 8 次活动　研究视频中演员的表演，在教师提供的锣鼓伴奏声中尝试表演"亮相"。幼儿提出：对许多人排队走路（走圆场）感兴趣。

第 9 次活动　跟着"四击头"锣鼓，尝试排队走"圆场"，学习念和演奏"四击头"节奏，感受京剧锣鼓的丰富和特别魅力。

第 10 次活动　与专业的"花脸"演员互动,学习"花脸"的简单表演;自由地向花脸演员提出自己感兴趣的问题。男孩对京剧表演中的历史人物产生兴趣,女孩希望与女性演员互动,了解女性角色。

第 11 次活动　脸谱绘画。

第 12 次活动　谈论各人在活动中获得的体验,以及获得的各种京剧知识,分类统计这些知识,学习绘制统计表格。在教师的帮助下,在活动室中布置成果展览:包含活动过程照片、问题与回答、统计表格、自制脸谱与服装道具,回顾分享 12 次活动的丰硕成果。

第 13 次活动　家园共享:家长来园和教师、幼儿一起进行关于京剧的表演和游戏。

请注意,尽管这个活动能够有效地发挥幼儿学习的主体能动性,但目前一般幼儿园教师还不太能够把握这样的活动。我们希望,最终会有越来越多的教师可以这样设计和组织幼儿园的教学活动。

第三节　从美术切入的集体艺术教学活动

本节介绍从美术切入的集体艺术教学活动,其中包含从美术活动开始并偏重向幼儿介绍美术知识的教学活动方案,或着重利用美术的媒介帮助幼儿拓展、深化各种相关经验的案例。

范例 9-13

沙画

1. 欣赏教师通过实物投影仪投到投影屏幕上的现场沙画过程。(伴随音乐《奇迹》)
2. 讨论那影像是怎样被创造出来的。
3. 欣赏教师在投影屏幕上播放的专业画家现场沙画过程。(伴随音乐《奇迹》)
4. 每个幼儿在自己的小沙盘上尝试创作。(伴随音乐《奇迹》)
5. 交流。
6. 幼儿结伴在教师提供的大沙盘上尝试合作创作。(伴随音乐《奇迹》)
7. 交流小结。

范例 9-14

洞穴壁画（室内活动，教师自选合适音乐营造气氛）

1. 欣赏教师通过实物投影仪投到投影屏幕上的洞穴壁画的局部（如一头野牛）。
2. 听教师讲关于壁画的故事，然后谈论野牛的强壮和凶猛，以及其他幼儿关心的问题。
3. 欣赏更多教师提供的洞穴壁画中野牛的形象，使用特定的色彩模仿绘画野牛，尽量突出野牛的强壮和凶猛。
4. 将桌子翻过来，将自己的作品固定到桌肚木板上。将桌子翻回原状，再将多张桌子一一连接，最后请教师帮助将覆盖物盖在桌子"长龙"上，使桌肚子下形成黑暗"山洞"。
5. 每人持一个手电筒，从"洞口"钻进"山洞"，欣赏"小原始人"绘制的洞穴壁画。
6. 可以将电视机包装箱一类的箱板搭建成迷宫，然后在迷宫的墙壁上作画。
7. 可以将塑料薄膜悬挂成透明迷宫（最好能够在阳光灿烂的户外），然后在迷宫的墙壁上作画。
8. 可以将本活动的经验与上一节范例 6 中大班民族舞创编活动《蚂拐舞》的经验衔接起来继续发展。

范例 9-15

老鼠嫁女（民俗综合活动）

一、设计思路

中国民间婚嫁中蕴含着丰富的民俗文化，幼儿在日常生活中常常模仿、创造性地再现婚庆内容，体现了他们对美的向往和追求。因此，我们以《老鼠嫁女》这一蕴含中国民俗的作品欣赏为切入口，以欣赏、制作和游戏的方式开展和丰富主题活动，让幼儿感受审美愉悦，满足他们的审美心理需要，积累有益的审美经验，增强审美活动中创造的意识并提高创造的能力。

二、活动目标

1. 通过参观、欣赏等活动，感受剪纸作品色彩的丰富和民间剪纸艺术的美。
2. 了解剪纸艺术中所蕴含的民俗文化，激发幼儿对中国民俗文化的喜爱之情。
3. 探索不同剪纸作品的制作方法，用观察、思考、尝试、交流、提问、调整等方法学习新的知识。
4. 在剪纸活动中，耐心、细致地进行操作活动，享受活动所带来的快乐。
5. 与同伴共享操作材料，会用协商、合作的方法解决操作中发生的问题。

三、网络图

图9-1 "老鼠嫁女"相关活动

四、主题列举

主题名称	区域活动	日常生活	游戏	家园
美术欣赏 老鼠娶亲	展示图片资料、美术作品,引导幼儿欣赏。	交流《老鼠嫁女》的故事、老鼠的有关知识。	听音乐对画面内容进行表演。	收集有关老鼠嫁女的资料
文学欣赏 老鼠姑娘找新郎	开展故事交流会或利用木偶、简单道具、音频供幼儿表演。	讲述有关老鼠的其他故事。制作手指木偶、简单道具。	表演故事中的对话。	开展故事交流会:幼儿与家长一起讲述故事《老鼠嫁女》或合作表演故事内容。
游戏八只老鼠抬花轿	制作头饰和游戏用具。	交流老鼠和猫的故事。	音乐游戏八只老鼠抬花轿。	与家长一起演。
剪纸组画 老鼠嫁女	提供剪刀、各色彩纸让幼儿进行剪纸练习。提供多种颜色和一些海绵球让幼儿进行印染练习。	引导幼儿欣赏活动区域展示的有关故事《老鼠嫁女》的剪纸作品,积累创作经验。	画展:幼儿轮流讲述本组创作的内容。	鼓励幼儿尝试用剪刀剪出各种动物的形象。
参观民俗博物馆	尝试制作游戏材料:老鼠头饰、服装、家具、礼品盒等。	交流花轿的色彩、造型、寓意。讨论新房里有什么?是什么样的?新郎、新娘穿什么样的衣服?	听音乐、根据自己的经验自发进行表演。	收集可以制作道具的材料。

续表

主题名称	区域活动	日常生活	游戏	家园
制作花轿	再制作一顶花轿。	观察外形,探索唢呐的制作方法,尝试制作唢呐。	体育活动可玩抬轿子游戏。表演游戏可玩抬花轿。	观察外形,探索唢呐的制作方法,尝试制作唢呐。
布置新房	看图剪"喜"字,剪各种窗花、花边。	欣赏各种剪纸作品。	根据自己的意愿尝试布置新房。	学习剪双"喜"。
礼品包装	制作包装纸。练习制作纸盒。			收集各种形状的纸盒并拆成模版。
迎亲	丰富包装盒和包装纸的制作方法和制作材料。小影院播放动画片《老鼠嫁女》。	欣赏各种婚庆音乐。	听音乐自发进行游戏模仿。	与父母交流有关婚庆方面的经验,丰富游戏内容。

范例 9-16

布艺欣赏与制作案例及其评析

一、主题

布是幼儿手工活动中常用的材料。幼儿通过对各种布艺作品的欣赏与设计制作,达到提高他们对布艺作品的欣赏能力,培养他们对服装的审美能力,激发他们美化生活的愿望,以及对祖国优秀的服装文化的崇敬之情和对多元文化的尊重的目的。与此同时,发展儿童初步的创新意识和创造能力。

二、教育目标

1. 欣赏蓝印花布的花纹与色彩搭配,学习设计花布,注意花纹与色彩的搭配。
2. 欣赏各类服装的款式、色彩与装饰图案,了解其主要的艺术特色。
3. 在欣赏的基础上,通过仿制和创造相结合的方法,根据自己的意愿设计服装。
4. 感受布艺活动的乐趣,喜爱参加布艺制作活动,并愿意用自己的作品美化生活。
5. 促进幼儿手部肌肉的发育和提高手的动作的灵活性。

三、作品、材料与教具准备

1. 蓝印花布作品:中心花纹图案布,百子图布等。
2. 少数民族服装:藏族、蒙古族、彝族、傣族、苗族等。
3. 古代服装作品:春秋、唐朝、明清时期等。
4. 现代服装作品:晚礼服、日常装、休闲装、婚纱等。

5. 介绍各种服装的幻灯片或视频；白布、颜料、各种纸张、笔。

四、具体活动方案

活动一　蓝印花布欣赏与设计

活动目标：

1. 感受蓝印花布的青白对比的色彩美。
2. 通过幼儿自己动手操作，感受图案设计的趣味性及独特的形式美。

活动准备：

1. 中心印有花纹图案的蓝印花布一块（中心是三条围着荷花游的金鱼，四周用荷花、点、线等装饰的图案）、百子图蓝印花布一块。
2. 实物投影仪、蓝色纸、白色粉笔。
3. 可收集用蓝印花布制作的各式服装、围裙、拎包，等等。
4. 如果可能的话，教师也可穿上由蓝印花布做的衣服。

活动过程：

1. 用实物投影仪出示中心花纹图案蓝印花布，引导幼儿欣赏。

教师：你看到了什么？（在审美欣赏的描述阶段，教师应首先给儿童一定的时间进行独立的欣赏，不要操之过急，或讲得太多，要尽可能让他们畅所欲言，尽量不打断其陈述。充分发挥他们的观察力、艺术想象力和语言表达能力。只有当儿童需要帮助时，教师才可以用启发的方式、提问题的形式给予他们线索启迪，引导他们观察、想象并进一步地陈述清楚）

幼儿：我看到了鱼。

幼儿：我看到了花和树叶。

幼儿：我看到了波浪线，还看到中间是花心（幼儿纷纷指称自己所见的画面物象）。

教师：你们在画面上还看到哪些图案呢？（在幼儿已经感知到作品图案的基础上，引导幼儿进一步展开、穷尽自己的视觉所见）

幼儿：我看到上面有鱼、树枝、荷花。

幼儿：四周围着四个小点点。

幼儿：这是一个中心花纹的图案。（幼儿已能将在剪纸活动中所学到的美术知识迁移到此处，这说明他们已经真正理解了什么叫作中心花纹的图案）

教师：刚才小朋友看到的都是形状。除了这些，还看到什么？（教师的总结和提问意在为幼儿提供思考的线索，让幼儿能够进一步地从更多的方面穷尽自己的视觉感知）

幼儿：这块花布的颜色只有两种。

教师：那请你告诉大家，你看到了哪两种颜色？（顺应幼儿的思路，引导幼儿进一步展开自己在颜色方面的所见）

幼儿:我看到了蓝色和白色。
教师:你看到蓝白两种颜色有什么感觉?(教师又顺应幼儿的思路,引导他们在审美层面上来谈论自己的感受)
幼儿:我觉得深颜色配浅颜色很好看。
幼儿:我看到了蓝色和白色的对比。(幼儿能说出"对比"一词,说明他已经感觉到了蓝色和白色的深与浅)
教师:你看到了蓝色和白色的对比有什么感觉?(教师进一步地追问,引导幼儿将自己的自发感受在理性层面上表达出来)
幼儿:我觉得看起来眼花。(幼儿将自己对花纹的真实的视觉感受表达出来了)
教师:为什么眼花?(此处教师并没有单纯地否定幼儿的感受,而是引导幼儿思考产生这种视觉感受的原因)
幼儿:因为花纹多。
幼儿:花纹很丰富。
教师:花纹多有时就会有眼花的感觉。不过我们可以把眼睛眯起来看这块蓝印花布,这样可能就不眼花了。
幼儿眯起眼睛欣赏。
教师:你们看到的颜色是多还是少?
幼儿:我看到的颜色少,只有蓝色和白色。
教师:你看到蓝色心里有什么样的感觉?(引导幼儿从局部的蓝色进行联想,感受蓝印花布的纯净与清爽)
幼儿:我看到蓝颜色就联想到一片大海。
幼儿:我看到蓝颜色就想到了天空。
幼儿:我看到了蓝颜色就想到了云朵。
幼儿:我看到了蓝颜色就想到了游泳。
幼儿:我想到了水,它使我们有安静清爽的感觉。(幼儿纷纷表达自己个性化的感受与联想,而这正是艺术欣赏所需要的)
教师:那白色给我们什么感觉?(同样地,教师引导幼儿从局部的白颜色进行联想)
幼儿:干净。
幼儿:洁白。(幼儿感受到蓝印花布的纯净与清爽)
教师:画面上哪个地方的白色多?哪个地方的蓝色多?
幼儿:中间蓝色多,周围白色多。
教师:请你们眯起眼睛看一看,能不能看出虚与实?(引导幼儿从蓝印花布的整体风格上感受色彩所造成的虚实)

幼儿：中间蓝色多是实，周围白色多是虚。（幼儿又一次将以前对虚实的感受迁移到眼前的艺术作品上来）

教师：白色是底色，看上去虚；蓝色是花纹，颜色深，看上去实。（教师对幼儿的观点做出强调说明，而并不一定总是重复"你说得很好"。因为这样的话语随时会阻碍对话的深入）

教师：为什么要这样画？（引导幼儿从理性层面思考审美感受，有助于幼儿审美能力的培养）

幼儿：这样主要的部分就突出了，形成了虚实对比。

教师：你们看到这块由蓝色和白色组成的蓝印花布画面有什么感觉？（引导幼儿从整体上感受蓝印花布的风格特征）

幼儿：我感到很清爽。

幼儿：我感到很朴实。（由以上幼儿的回答可以看出，幼儿学习、感受艺术的潜能巨大，只要教师顺应儿童发展的需要去进行，这种潜在层面的审美需求是可以转化为现实层面的审美能力的）

教师：你喜欢蓝印花布吗？为什么？（引导幼儿进行反思层面上的审美判断，这对幼儿审美趣味的提高大有好处）

幼儿：喜欢，因为好看。

幼儿：喜欢，因为蓝印花布让人感到很清净。

幼儿：喜欢，因为颜色好看。

幼儿：我不喜欢。因为蓝颜色太多了，我喜欢白颜色多的。

幼儿：我喜欢。虽然颜色用得少，但画面很丰富，很漂亮。

幼儿：我觉得好看。因为画面上实的地方有虚，虚的地方有实。

幼儿：我喜欢。它的图案有的大，有的小。

幼儿：我也喜欢，因为有很多图案代表荣华富贵。（幼儿从整体上、从颜色上、从图案上、从画面虚实对比上以及从画面内容上表达自己对作品的真实感受与进行审美判断的理由）

教师：（出示《百子图》，让幼儿欣赏）这是用制作蓝印花布的方法创作的一幅画，你在画面上看到了什么？（教师通过具体范例欣赏加强幼儿对蓝印花布的感受）

幼儿：我看到了人。

幼儿：我看到了亭子。

幼儿：我看到了风筝。

教师：这幅画叫《百子图》，画面上画了一百个孩子。看一看，这些孩子在干什么？

幼儿：在锻炼身体。

教师：这些孩子的动作都不相同。（由于幼儿的回答非常笼统，因此，此处教师的回应是一条启发幼儿思考作品中人物姿态的线索，它有助于幼儿进一步深入地欣赏）

幼儿：有的在玩陀螺，有的在斗蟋蟀。
幼儿：在放风筝，踢毽子，做游戏。
幼儿：这些孩子的动作是千姿百态的。（以上三个幼儿对于作品形象的动态的回答呼应着教师的启发，可见教师回答式的"问题"，真正起到了线索启迪的作用）
教师：这些孩子给大家什么感觉？长得怎么样？（引导幼儿从审美感受的角度谈论自己想法）
幼儿：他们的身体长得很壮。
幼儿：他们的身体长得很结实，很健康。
幼儿：他们的动作很灵活。
教师：你们知道作者为什么要制作这幅作品？想表达什么意思？（引导幼儿感受作品的意义）
幼儿：他希望所有的孩子都像图上的孩子一样快乐。
幼儿：他希望所有的孩子都像图上的孩子一样幸福。
幼儿：这些孩子很勇敢，他希望我们也很勇敢。（幼儿已能从画面形象中理解作品的内涵。把自己也融入其中，把自己的内在情感投射到外在审美对象上，形成一种物我不分的境况，觉得自己就是对象，对象就是自己，在似现实又超现实的境界中生活、体验、分享，实现神与象游，物我为一，获得审美享受）
教师：你喜欢这幅《百子图》吗？为什么？（引导幼儿在理性层面上进行审美判断）
幼儿：我喜欢，因为这幅画让我感动。（幼儿从自己的感受上来进行审美判断）
幼儿：这些孩子很幸福。
幼儿：我喜欢，因为画面上的东西很多，很丰富。
幼儿：我不太喜欢，我觉得蓝颜色太多，但我喜欢这幅画的内容。（该幼儿分别从形式和内容两方面谈自己的审美判断）
幼儿：我感觉很好看。
教师：《百子图》是一幅蓝印花布作品，也是中国传统的吉祥图案之一。图中一百个小孩在做各种游戏：有的弹琴奏乐、有的放风筝、有的画画、有的坐飞梯、有的舞龙灯、有的放鞭炮，还有的玩陀螺，千姿百态，气氛活跃。
教师：你们知道人们为什么要印制蓝印花布吗？
幼儿：为了好看。
幼儿：为了让大家感到幸福，过上好日子，穿上好衣服。
教师：你还见过哪些用蓝印花布做的东西？（蓝印花布作为一种手工艺品，既有审美的价值，也有实用的价值。此处教师的问题是让幼儿把艺术与生活有机地联系起来，力求理解艺术与生活的关系，也起到让幼儿关注生活中的美的作用）
幼儿：做衣服，我看到季老师穿的裤子是用蓝印花布做的。
幼儿：可以做装饰。我看到我们班上挂了好多用蓝印花布做的装饰画。

幼儿:当围巾。

幼儿:做窗帘。

幼儿:做围裙。

教师:对了,我这里就有很多用蓝印花布制作的东西,你们可以看一看。

出示准备好的各种蓝印花布做的服装、围裙、拎包等物品,供幼儿欣赏。

2. 引导幼儿仿制蓝印花布。

教师:下面请大家试着在蓝纸上用白笔仿制一幅蓝印花布作品。

3. 幼儿操作结束后,将其作品集体拼贴在一起成为一幅大的装饰画,结束活动。

活动建议:

有条件可带领幼儿参观蓝印花布的制作过程,也可学习自己制作蓝印花布。

活动二 民族服装欣赏

活动目标:

1. 欣赏各民族服装的款式、色彩、图案和质地,感受各民族人民对美好生活的向往。

2. 了解我国各民族优秀的服装文化,懂得尊重各民族的多元文化习俗。

活动准备:

1. 汉、藏、蒙、彝、傣、苗等民族服装,包含民族服装的图片。

2. 幼儿穿的少数民族服装若干套、各民族音乐的音频。

活动过程:

出示各民族服装,请幼儿摸一摸,看一看。

教师:你看到了什么?(以前通常的做法是,教师拿出衣服说:"这是××族的衣服,它是用丝绸做的,摸上去滑爽。"这样的教法是封闭性的,它让幼儿没有思考的空间。而在这里,教师并不急于将自己对作品的看法亮出来,而是提出开放式的问题,让幼儿畅所欲言)

幼儿:我看到那件衣服摸上去滑溜溜的。(幼儿的语言虽然不甚准确,但通过手的触觉活动,他们已能从服装的质地上来进行审美感知)

幼儿:我看见那件衣服是短袖的,有点像是真丝的。

幼儿:我看到红色的衣服上面有花,是牡丹花。

幼儿:我还看到衣服上有桃花。

幼儿:我觉得有的衣服是用蚕宝宝吐的丝做成的布料做的。

幼儿:这件衣服是蒙古族的。

教师:这些衣服是什么样的?(当幼儿说出少数民族服装时,教师顺其自然地、不失时机地"跟进"一句问题,帮助幼儿从服装的款式的角度拓展自己的思路)

幼儿:这件是短袖,像是T恤。

幼儿:衣襟是斜着开的。

幼儿：我觉得衣服袖子很长。
幼儿：我觉得衣服上面是短裙子。（幼儿从服装的款式结构上谈论）
教师：这些衣服的颜色是怎样搭配的？（教师引导幼儿从色彩这一形式要素上来感知服装的审美特点）
幼儿：有的衣服的颜色用得多，有的衣服的颜色用得少。
教师：哪套衣服的颜色用得多？哪套衣服的颜色用得少？这样配色给你什么样的感觉？（这些开放性的问题能让幼儿具体深入地谈论下去）
幼儿：藏族的衣服的颜色用得多，回族的衣服的颜色用得少。藏族的衣服给我的感觉是很热闹，很漂亮，回族的很清爽，很淡雅。（幼儿从色彩种类的多与少上感受到不同民族服装的风格特征）
教师：这些民族的人们为什么要这样搭配？（引导幼儿从理性层面探究各民族服装色彩搭配的原因）
幼儿：我想可能是因为藏族的人们喜欢跳舞，所以他们的衣服都很花，用的颜色很多。
幼儿：回族的人们可能不喜欢跳舞，他们就穿得淡一些，颜色用得少一些。（幼儿根据自己对各民族的感性经验来寻找理由）
教师：这些衣服上有些什么样的花纹？为什么要用这些花纹？（教师引导幼儿从图案花纹这一形式要素上来感知服装的审美特点）
幼儿：有的衣服上有牡丹花，有的衣服上有叶子，有的衣服上有花边，有的衣服上有龙和凤。
幼儿：这些花纹很好看，很漂亮。
幼儿：牡丹花是国花，大家都喜欢。
教师：你看了这些花纹有什么感觉呢？（引导幼儿谈论对花纹的形式的审美感受）
幼儿：牡丹花是代表富贵的，代表幸福的。
幼儿：凤是代表人们幸福快乐的，凤会飞，会带她到好地方去。（幼儿谈论自己对这些装饰图案的理解）
教师：你发现这些花纹主要在衣服的什么位置？为什么要放在这些位置上？（引导幼儿谈论花纹的位置与规律）
幼儿：这些花纹主要在衣服的胸前，也有的在领子上和袖口上。
幼儿：我发现有的衣服到处都有花纹。
幼儿：放在胸前很突出，衣服就很好看。（幼儿已经能认识到花纹装饰的规律，并能谈论自己对此构图的感受）
教师：你摸在上面有什么感觉？（引导幼儿通过触摸感知服装的质地）
幼儿：藏族的衣服很厚，回族的衣服很薄。
幼儿：藏族的衣服袖口和帽子上都有一条毛茸茸的边，感觉很暖和。

教师：摸过以后你能说出这些衣服分别是用什么面料做成的吗？他们为什么要用这种面料做衣服？

幼儿：藏族的衣服可能是用厚的棉布做的，回族的衣服可能是用真丝做的。（幼儿通过触摸觉感知不同民族服装质地的特点）

幼儿：我觉得是因为藏族人生活的地方比较冷，他们就喜欢颜色多一些，衣服厚一点，他们就会觉得暖和。回族的人住的地方热，白色的衣服薄薄的，就觉得凉快。（幼儿从不同的角度理解不同民族服装的设计特点）

教师：各个民族的人们根据自己所居住的地点的气候条件设计自己的服装，并仔细考虑了衣服的款式和颜色，所以，现在我们看到的这些衣服都很漂亮。大家觉得这些民族的人们怎么样？

幼儿：我觉得他们很聪明。

幼儿：我觉得他们很会动脑筋。

幼儿：以后我也要当一个服装设计师，设计好多漂亮的衣服。（教师作总结性的发言，激发起幼儿对各民族人民的勤劳与智慧的崇敬之情和对服装设计的兴趣）

教师：在这些漂亮的衣服里，你最喜欢哪一套？为什么？（引导幼儿进行审美判断，并从理性层面进行反思）

幼儿：我最喜欢维吾尔族人穿的衣服，他们的衣服颜色很多，很鲜艳，裙子长长的，大大的，跳起舞转圆圈时特别好看。

幼儿：我喜欢藏族的衣服，我觉得他们的衣服冬天穿起来很暖和。

幼儿：我喜欢这件有牡丹花和凤凰的棉袄，红红的，喜气洋洋的，过年的时候穿。

教师：老师今天给大家带来了小朋友可以穿的民族服装，你们每个人可以选择一套衣服穿上，然后跟着音乐进行服装表演或跳舞。再互相说一说"我穿的是什么民族的衣服，它美在哪里"。（将美术欣赏与音乐表演结合在同一个活动中，遵循教学的动静交替的原则，同时多学科的融合也体现了生态美育的理念）

幼儿各自高兴地选择自己喜欢的民族服装，并竞相告诉同伴自己喜欢什么样的衣服以及为什么喜欢这套衣服。（让幼儿不仅是语言上的说一说，而且是全身心地参与活动，这充分调动了幼儿的积极性。事实表明，幼儿对于这样的活动方式是喜欢的、愿意参加的）

最后，教师说一说自己的爱好："老师最喜欢这件旗袍，桃红色的真丝缎面料上绣着精美的花卉图案，花的颜色与底色对比强烈。我穿上它一定很美丽。"（教师把自己当作幼儿群体中平等的一员，发表自己的审美判断）

教师也像幼儿一样穿上了这一件旗袍，并学模特儿走起了"猫步"，进行时装表演。全体幼儿鼓掌。（师幼平等地"同台"演出，使得师幼关系更加亲近）

教师和幼儿一起随音乐跳舞或时装表演，结束活动。

活动建议：

本活动与下面的古代服装欣赏和现代服装欣赏为同一系列,活动的基本结构大致相同,由于内容较多,因而分为三个课题。在操作前可先开展一些有关基本装饰纹样的活动。

活动三　古代服装欣赏

活动目标:

1. 欣赏不同朝代服装的款式、色彩、图案、质地的美,感受古代劳动人民对美好生活的向往之情。

2. 激发对我国古代劳动人民所创造的优秀文化的崇敬之情。

活动准备:

1. 不同朝代的服装图片。
2. 有条件的话,带领幼儿参观博物院织绣馆内的古代服装,重点参观清代的龙袍。
3. 不同朝代服装的戏剧录像带、录像机。

活动过程:

教师出示春秋、唐朝、明清时期的服装图片,给幼儿一段时间仔细观察这些服装的款式、色彩、图案、质地等特点(在欣赏开始之初,给出一段时间让幼儿充分地感知、体会这些作品,是一种有效地发挥幼儿自主性的好方法。那种匆匆地说出自己的观点或急于让幼儿描述的做法都是看不到幼儿的潜能、不尊重幼儿的主体地位的表现)。

教师:这些服装看上去怎么样?(教师的问题引导幼儿进入审美状态)

幼儿:有的衣服看起来很鲜艳。

幼儿:有的衣服看上去很暗。

幼儿:有的衣服袖子比手长,手被遮住看不见了。

幼儿:以前人的膀子比较粗,所以他们的衣服的袖子又宽又大又长。(幼儿首先发现的是古代服装与现代服装在结构上的不同之处)

教师:你们知道为什么古代的衣服袖子做得又宽又大又长吗?

幼儿:我在电视里看到古代人会从袖子里拿出东西来,可能长袖子就是口袋。

幼儿:因为那个时候的衣服没有口袋。

幼儿:从袖子里拿出东西来像在变魔术。

幼儿:他们唱戏的时候长袖子甩来甩去很好看(幼儿模仿甩水袖的样子)。(幼儿各自运用自己的想象来猜测原因,这是欣赏过程中值得提倡的)

教师:这些衣服做成了什么样子?领子、袖子是怎样变化的?(教师引导幼儿从服装的款式上进行欣赏)

幼儿:现在人的领子有的是立起来的,有的是倒下来的。

幼儿:有的衣服是有领子的,有的衣服是没有领子的。

教师:衣服上下是分开的还是连起来的?(教师引导幼儿注意观察服装的结构)

幼儿:有的衣服是连起来的,有的衣服是上下分开的。

幼儿：有的衣服都是很亮的颜色，有的衣服都是很暗的颜色。

教师：这些服装都有哪些颜色？这些颜色是怎样搭配的？（当幼儿已经注意到服装的颜色时，教师自然而然地引出关于色彩这一形式要素的话题）

幼儿：有红色、金黄色、绿色、淡绿色。

教师：你喜欢哪几种颜色搭配起来的衣服？（引导幼儿谈论自己对服装颜色的审美趣味）

幼儿：我喜欢粉红色和其他红色搭配起来的衣服，我觉得这样的配色好看。（幼儿已经理解同种色搭配，并将自己的审美趣味定位于此）

幼儿：我喜欢七色彩虹一样的配色。（同样地，幼儿已经理解按照一定的顺序来进行的色彩搭配，同时也将此作为自己的审美趣味）

幼儿：我觉得这件衣服的颜色不怎么好看。

教师：你为什么觉得这样不好看？（教师允许有不同意见存在，这是教师平等对待幼儿的一种表现。但教师可以帮助幼儿深入地探讨自己意见与众不同的原因）

幼儿：因为它的颜色有点暗，要是再亮一点就好了。

幼儿：我喜欢绿色和粉红色搭配在一起。

教师：为什么你喜欢这样的配色？（教师帮助幼儿从理性层面反思自己的审美趣味）

幼儿：因为绿颜色用得多一些，粉红色用得少一些。（幼儿懂得，量的多少，即面积也是配色中一个很重要的因素，并能自觉地加以评述）

教师：这样的配色看上去怎么样？

幼儿：这样的配色看上去很舒服。

教师：这些衣服上画了哪些图案花纹？（引导幼儿描述所见的图案纹样）

幼儿：有许多花纹，最多的是龙和凤。

幼儿：还有的花纹是小草。

幼儿：还有牡丹花。

幼儿：还有像云一样的图案。（幼儿注意到了服装上中国特有的图案纹样）

教师：这种像云一样的图案花纹叫做云头纹，是中国特有一种图案花纹。我们在这里所看见的这些花纹都是我们中国人很喜欢的。（教师顺应儿童的思路，自然而然地介绍中国传统的民族纹样）

教师：看到这些图案，你想到什么呢？（引导幼儿根据眼前的图案进行联想）

幼儿：牡丹花是很美好的意思。

幼儿：牡丹花大大的，是花中之王。

幼儿：我知道，牡丹花是中国的国花，表示富贵。

教师：什么是富贵呢？

幼儿：就是钱多的意思。

幼儿:表示家里很有财富。
幼儿:每个人都想生活幸福美好。(幼儿自发地通过纹样理解牡丹花的寓意)
教师:人们为什么在衣服上绣上牡丹花?
幼儿:表示他们很爱美,心情很好。("富贵"是一个较为抽象的词,当个别幼儿说出时,教师用提问—回答的方式,用幼儿自己的解释让其他幼儿懂得其内涵。这样既锻炼了幼儿的语言能力,又让幼儿加深了对"富贵牡丹"这一寓意的理解)
幼儿:我看到凤凰了。
教师:看到凤凰,你想到什么?(引导幼儿对艺术形象进行联想)
幼儿:是表示女人。
幼儿:因为她们是女人,就要穿代表女人的衣服。
幼儿:凤凰很漂亮,有五彩缤纷的颜色。
幼儿:凤凰飞起来的样子很美,像女人在跳舞。(幼儿同样自发地通过纹样理解凤凰的寓意)
教师:请你摸一摸这些衣服,摸上去有什么感觉?(引导幼儿通过多通道的感觉器官进行审美感知。这是幼儿阶段很重要的一种欣赏方法)
幼儿:摸上去很光滑。
幼儿:摸上去滑溜溜的。
教师:(出示龙袍)你们知道这是谁穿的衣服吗?上面有些什么样的图案?(重点欣赏清代皇帝穿的龙袍,感受龙袍精良的质地、华丽的色彩、具有内涵丰富的图案等特点。以起到"解剖麻雀"的作用)
幼儿:哇!
幼儿:乖乖!
幼儿:真漂亮!
……
有的幼儿在拍手,有的幼儿兴奋地跳起来。(幼儿对于设计精妙、制作精美的龙袍表现出惊讶和赞叹。由于无意识的情感具有潜在的统摄作用,当幼儿沉浸在某种情感状态之中后,一般他们不会有意遮掩自己的强烈感受,而基本上按激发起来的情感对艺术品作出应对,会不自觉地使这种情感弥漫在对艺术品所进行的知觉和想象当中。于是,我们就常常会看到幼儿在对艺术的欣赏过程中有外显性的行为)
幼儿:是皇帝穿的,因为上面有龙,龙是代表男人,皇帝是男人,所以要穿有龙的图案的衣服。(虽然皇帝的时代离孩子们的现在较远,但大众传媒使得幼儿对此并不陌生,因而当教师出示龙袍时,孩子们仍然兴致勃勃。可见,幼儿教育内容的选择并不以它与幼儿生活的真实距离为依据,而是以它与幼儿生活的心理距离为依据的)
幼儿:皇帝喜欢黄色的衣服,皇帝最喜欢钱,所以就穿黄色的衣服。(大笑)
幼儿:他喜欢权力,他最喜欢管别人。

幼儿:这件衣服上有很多龙,还有云。(教师给予宽松的心理环境,让幼儿充分地发表自己对龙袍的感受)

教师:龙除了代表男人以外,还有什么意思?

幼儿:代表力量,很威风。

幼儿:还蛮凶的。(幼儿已能感受到龙的象征意义)

教师:皇帝为什么要把龙绣在自己的衣服上呢?

幼儿:因为皇帝最大,最厉害。

幼儿:皇帝穿上有龙的衣服,人们就知道他是皇帝了。

教师:你看到之后有什么感觉?为什么?(再次让幼儿表达自己的审美感受)

幼儿:我觉得很威武。

教师:你摸在龙袍上有什么感觉?(请幼儿通过多通道的感官感受龙袍这一丝织品的滑爽的质地)

幼儿:摸上去滑溜溜的。

幼儿:绣了龙的地方凸出来了。(幼儿能感受到刺绣的浮雕感)

教师:看到这些从前的衣服,你想到了什么?(引导幼儿感受古代人民对美好生活的向往,用勤劳智慧的双手装扮自己,美化生活)

幼儿:我发现现在的衣服和古代的衣服不一样,以前的人穿上衣服看不到腿。现在的人穿裤子,腿就看到了。(幼儿发现了衣服的款式的不同)

幼儿:男人的衣服上有龙,女人的衣服上有凤凰。(幼儿发现了男女服装的差异)

幼儿:老百姓穿的衣服就没有龙和凤凰,只有花花的图案。(幼儿发现了不同人物服装之间的纹样差异)

幼儿:以前人穿衣服都要自己做,现在的人穿衣服就去买。

幼儿:以前人要想穿花衣服就要自己绣,现在的布都是印好的花布。(幼儿自发地从服装联想到古代和现代在服装消费上的进步)

教师:你最喜欢哪件衣服?为什么?(引导幼儿进行审美判断,并从理性层面进行反思)

幼儿:我喜欢这一件。因为这件衣服有好多颜色,搭配起来很好看,用得最多的是蓝色,有凤凰和牡丹花,这件衣服很高级、很精致。(幼儿从服装的形式美上来阐述自己的审美趣味)

幼儿:我喜欢这一件。因为它都是红色,上面有很多花,中间是大花,旁边是小花。

教师:我最喜欢这件龙袍,金黄色的底色上绣着精致的龙的图案,龙袍是专门给皇帝穿的衣服,皇帝穿上龙袍更显得威武庄重。(幼儿从服装的形式和内容两个方面上来阐述自己的审美趣味)

教师播放古装戏曲片,让幼儿边欣赏其中的服装,边学戏中人物表演。

活动四 现代服装欣赏

活动目标:
1. 欣赏现代服装的不同款式、色彩、图案、质地等特点。
2. 了解丰富多样的现代服装,懂得尊重服装文化的多元性。

活动准备:
1. 各式各样服装实物及服装图片资料(如晚礼服、日常装、休闲装、婚纱等)。
2. 服装表演视频。
3. 请幼儿穿上自己最漂亮的衣服,教师自己也穿上漂亮的衣服。

活动过程:

教师:我们以前看过很多古代人穿的衣服,也看过许多不同民族的人穿的衣服,今天我们来看一看另外一些衣服。看一看,这里有些什么样的衣服?(教师提起古代服装和各民族服装,意在帮助幼儿回顾以前欣赏过的内容,从而在头脑中形成一个有联系的知识系统)

教师为幼儿展示各式现代服装。

幼儿:哇,真漂亮!(幼儿发出自己的感叹,表明幼儿已对眼前多样的服装形成了审美注意)

教师:这些都是什么样的衣服?什么时候穿的?

幼儿:出去时穿的。有太阳时穿的。

幼儿:学生上学时穿的。

幼儿:新娘子穿的。

幼儿:这些是运动时穿的,是运动服,这是泳装。

幼儿:上班时穿的西装。

教师:你怎么看出是西装的?

幼儿:因为它没有花纹。颜色有点灰灰的。跟我爸爸穿的一样。(幼儿基本上掌握了西装的颜色特征)

教师:其他衣服的颜色是怎样搭配的?

幼儿:这一件是黑色和黄色搭配的,很好看。

幼儿:这一件是浅绿色的底色上有深红色的大花。

教师:这样搭配看上去怎么样?(引导幼儿注意自己的审美感受)

幼儿:这样看上去就有对比了,在很远的地方就能看得见。(幼儿谈论对比原理所带来的视觉感受)

幼儿:看得很清楚。

教师:现在看一看,这些服装是什么式样的?(教师引导幼儿从衣服的开襟位置、领子、袖子及口袋等变化进行讨论)

幼儿:上身是黑色的,紧紧地贴在身上,裙子很长很大,是红色的。

教师:这是什么对比?

幼儿:松和紧的对比。

幼儿:还有上面短,下面长,也是对比。(幼儿已经熟练地掌握了对比的内涵,而不仅仅是色彩的对比)

教师出示不同材料做的服装:大家可以摸一摸这些衣服,看看它们是用什么材料做的?

幼儿纷纷触摸不同材料制作的衣服,体会其质地的差异。

幼儿:我知道,新娘子穿的这件衣服是用纱做的。

幼儿:这件旗袍是用真丝做的,摸上去很光滑。

幼儿:这件衣服是用机器织的布做的。(幼儿根据自己在生活中积累的经验感知服装的材料)

教师:这种材料叫化学纤维,平常我们把它叫做化纤。(教师及时告诉幼儿关于材料的知识)

教师:不同的材料做的衣服摸上去感觉怎么样?看上去感觉怎么样?(让幼儿感受不同面料的服装的不同触摸感觉)

幼儿:化纤的衣服摸上去没有真丝的衣服光滑。(幼儿表达自己触摸后的感受)

教师:请你比较一下,现代服装和古代服装有什么不同。人们为什么要把衣服做得这样漂亮?这些服装中你最喜欢哪一件?为什么?

幼儿:我喜欢婚纱,长长的白裙子,拖在地上,非常漂亮。

幼儿:太长了,怎么走路呀?(有幼儿从实用的、生活的角度谈论)

幼儿:没关系,有小天使帮新娘拉着裙子。我阿姨结婚的时候,我就是拉裙子的小天使。

幼儿:这条裙子的裙摆大大的,转起来很好看。

幼儿:这件衣服的袖子很宽大,我很喜欢。(大多数幼儿从服装的款式上谈论自己的审美趣味)

幼儿:这件婚纱很好看,但是后面的背景不好看,像魔鬼。(幼儿已能将形象与背景相联系)

教师:那我们仔细看看,背景到底是什么材料做的?(教师顺应幼儿的思路,引导他们将形象与背景作进一步的比较欣赏)

幼儿:是石头的。特别粗糙。

教师:我们把漂亮光滑的婚纱与粗糙坚硬的石头背景比一比,感觉怎么样?(引导幼儿进行对比)

幼儿:这样看,婚纱就更亮了,更好看了。

幼儿:摸一摸石头,再摸一摸婚纱,就会觉得它更滑。(幼儿已经能够从婚纱和石头的质地的对比中感受二者的区别)

教师：是啊！把漂亮、光滑的婚纱放在由粗糙、坚硬的石头组成的背景中，我们就能更加感受到婚纱的柔软、漂亮和光滑。

教师：今天，我们班的小朋友都穿得很漂亮，我们来欣赏欣赏。大家可以相互说一说。（教师把艺术欣赏与幼儿自身的生活结合起来，让幼儿意识到服装是生活中存在的。只要注意观察，做一个有心人，就可以随时在生活中发现美的东西）

幼儿相互欣赏别人的衣服。（此时教师允许幼儿相互讲述和用动作表达自己的感知）

教师：你最喜欢哪个小朋友穿的衣服？说一说，他的衣服是什么式样的？什么颜色的？上面有些什么花纹？（教师的提问给幼儿的欣赏提供线索，即欣赏要从款式、颜色和花纹几方面去进行）

幼儿：我最喜欢王心欣的衣服，她的衣服的领子和翻过来的袖口是红色的，身上是深蓝色的，上面还有一条一条红颜色的、细细的线条，我觉得这样搭配很好看。

幼儿：我喜欢黄盼的裤子，因为她的裤子就像在台上跳舞的阿姨穿的一样，两边裤脚都是宽宽的，还绣了两朵大大的花，这样显得很漂亮。

幼儿：我喜欢张一帆的夹克衫，因为这件夹克衫短短的，像空军叔叔穿的一样，很威风。

幼儿：我喜欢潘晓渔穿的衣服，她里面穿的是白色的毛衣，外面穿的是一件像背心一样的裙子，我觉得很好看。

幼儿：我喜欢季老师穿的这件旗袍，因为它摸上去很光滑、很漂亮。（幼儿各自从不同的角度谈论自己的审美趣味）

教师：今天小朋友们穿的衣服都很漂亮，各有各的特点。以后我们的生活水平提高了，我们穿的衣服会更漂亮。下面我们来看一看模特阿姨们的时装表演。我们一边看，一边来学一学她们是怎么表演的。

教师播放服装表演视频，幼儿边看视频边跟着表演。（将观看与表演结合起来，能最大程度地调动幼儿参与欣赏活动的积极性，也避免了单一的讲述可能给幼儿带来的注意力不集中的现象）

活动五　小小服装设计师

活动目标：

1. 学习用不同的材料与方式设计服装。
2. 学习用点、线或各种物象和颜色进行装饰。
3. 体验合作学习的乐趣。

活动准备：

1. 在平时的活动中，可以给幼儿多欣赏一些服装设计书籍，提供一些基本纹样训练和色彩训练，例如同种色、对比色、类似色的训练，以给孩子们一些相关的知识与操作体验。

2. 画笔、大张的铅画纸、剪刀、废纸篓、一些大小不同的各种颜色的花纸、线绳等废旧材料、若干本有关服装设计的书籍等。

3. 本次活动以四名幼儿为一组来进行。

活动过程：

1. 导入活动，引起兴趣。

教师：前些天，我们欣赏了好多漂亮的服装，今天我们一起来做一次小小服装设计师，自己动脑筋设计服装。要求四个人组成一个小组。老师给大家提供了两组材料，一组是用铅画纸和笔来设计；另一组是用各种花纸撕贴成衣服。每个小组可以选择一组材料来设计。现在大家可以考虑一下。（以小组形式参与设计活动，让幼儿在设计过程中进行分工与合作，进行合作性学习，对儿童的社会性的发展将起到促进作用。而为幼儿提供两组材料，让幼儿能按照自己小组商量的结果自由地选择，进行自主学习，使其主体性得到充分的发挥）

2. 幼儿组合成合作小组，并选择设计材料。（在设计小组的组成问题上，教师给予充分的自由。同时，教师也给予幼儿以充分的时间与材料接触，让其了解所用材料的性质）

教师：在设计之前，你们可以先欣赏桌上的服装设计书，欣赏时，可以想一想，你们看到的这些衣服是什么式样的？由哪些颜色搭配的？如果是带花纹的衣服，那么设计师用了什么纹样来装饰衣服呢？是在什么部位上装饰的？（教师引导幼儿观察服装的款式、色彩及装饰纹样，等等，其意在于帮助幼儿积累经验，为下一步的仿制与创造打下基础）

每个小组的幼儿共同欣赏服装设计书籍，积极地表达自己的观察所得。（幼儿积累的经验不是由教师灌输的，而是通过幼儿自己的观察得来的，这种经验更容易内化为幼儿自己的东西）

幼儿观察、讨论。

教师总结：这些图案有的是上下对称的，有的则是左右对称的；有的是用比较接近的颜色，有的则是用对比强烈的颜色。服装可以在领子上、袖子上和前襟等部位上进行装饰。图案、色彩可以上下左右对称，也可以不对称，只要小朋友觉得好看就行，所以，一定要大胆想象，用色丰富。

教师：现在同一个小组的人可以在一起共同商量你们小组想设计的服装的款式与颜色。遇到什么问题大家先商量，想出一个解决的办法。实在不能解决的，可以告诉老师，我们一起来想办法解决。

3. 幼儿热烈地讨论本小组即将设计的服装的款式与颜色。（宽松的心理环境是创造力得以发挥的心理前提。教师要注意减少规定，允许幼儿讲话、争论，给予幼儿充分自由的空间和时间）

教师巡视。(在幼儿全身心地投入到自己感兴趣的活动中时,教师应给幼儿的活动提供一段不受干扰的时间,使其自由想象不受阻碍。这样可以给幼儿带来心理上的安全感,消除他们怕受评判的紧张情绪,从而使他们能无所顾忌地自由创造)

教师来到用纸设计制作的一组,看幼儿怎么讨论。(这时,教师的角色就是做幼儿的支持者、合作者和引导者,也就是说,在幼儿需要的时候,及时地提供帮助)

幼儿:我们给这个人设计一个什么样的发型?

幼儿:飘飘的披肩发!

幼儿看着老师:那——,头发用什么做?

幼儿:披肩发要飘起来才好看。(幼儿相互提示:要考虑所设计的发型的质感)

教师:那么,哪种材料可以做头发呢?(此时,教师并没有立刻给幼儿解决问题的方法,而是通过提问的方式启发他们思考)

幼儿:我知道了,可以用塑料绳子做。(幼儿通过自己思考提出解决问题的方法)

教师来到用笔和铅画纸设计制作的一组,幼儿正在讨论在电视里看到的服装表演的内容,也有人学着模特儿表演的样子。没有人注意到老师的来临,更没有人希望教师提供帮助。教师看着孩子们的表演,笑了笑,走开了。(在幼儿没有请求帮助时,教师不介入孩子们的活动中,体现了教师对幼儿的尊重和信任。而这正是艺术教育中培养幼儿的创造性所需要的)

选择笔和铅画纸的幼儿小组开始画讨论好的设计稿,选择废旧材料的幼儿小组开始用各种材料进行制作,并不时地讨论设计方面的问题。(这里可以看出,对于手工活动中的设计与制作,幼儿可能出现先有计划性的设计、后有根据设计再制作的行为,也可能出现设计和制作同时进行的行为。对于这一点,教师应做充分的了解,以便进行有针对性的引导)

教师在教室里走来走去,并不时地回答幼儿的提问,也不时地用反问的方式引导幼儿思考。(教师的支持者、引导者的角色得以体现)

教师来到已画好服装的大致轮廓的小组,孩子们正在为怎样装饰争论不休。

幼儿:我觉得少数民族的衣服好看,是因为他们的衣服上有许多好看的图案。

幼儿:我觉得我们要在衣服的胸前、袖口和领子上都画上图案才好看。

幼儿:我看到有的人的裤子的裤边也有图案,很好看。

幼儿:我还看到有的人的裤子的膝盖上也绣着大大的花,两条腿的花纹的大小还不一样,是不对称的。

幼儿:我看到有的阿姨的衣服在系扣子的地方有牡丹花,扣子的两边是半圆形,系起来扣子就是一朵大大的牡丹花,好看还吉祥。(从上面的讨论来看,幼儿在以前的各种服装欣赏中所获得的经验已经被迁移到本次设计活动中了)

最终,孩子们决定在衣服的胸前、袖口、领子和裤子上都画上好看的图案。

4. 展示幼儿作品,教师引导幼儿从色彩、造型等方面欣赏与评价自己的作品。

教师:每一组请一位小朋友来给大家介绍你小组是怎么设计衣服的。

幼儿:我们设计了一件古代人穿的衣服,衣领是斜开口的,还在衣服上画上了牡丹花,很美。衣服是红色的,我选的是蓝色和白色的花,袖子上镶了黄色的边,很漂亮。他们说穿上就像新娘子,我觉得我像皇后。(众幼儿大笑)

幼儿:我们设计的服装是用手撕的。我们用细细条子的花纸做裙子,用一块红纸做衣服,再用细条子花纸做这个阿姨的头发。她在跳舞。(幼儿将以前所学的撕纸方法用在服装设计上了)

幼儿:我们设计了一条裤子,是黄颜色的,裤脚上和背带上镶了橘黄颜色的边,中间还画了一个小动物。

幼儿:我们在衣服的胸前画了两条龙,还在袖口上装饰了花边,花边是一朵朵云,就像龙袍上的云纹图案一样,我觉得我有点像皇上了。(幼儿迈着方步学古代皇帝走路,众幼儿大笑)

幼儿:我们在衣服上画上了许多小汽车,我们最喜欢汽车了。这件衣服是给赛车手在开赛车的时候穿的,穿上这样的衣服赛车的时候就能得第一名(幼儿做手握方向盘,摇动身体,做开赛车的动作)。(幼儿在设计与制作过程中,已经充满了对所设计的形象及其服装的感受,表现出一种全神贯注的投入。他们完全沉浸在自己所创作的作品所带来的愉悦之中,仿佛自己就是其中的一个角色,能真切地体验到该角色的情感。在儿童那里,这种感受的流露是那样的自然和真实,毫不做作。此时,一切的焦虑、压抑、防御等消极情绪消失了,一切的克制、阻止和约束被抛弃了,儿童体验到了纯粹的满足、纯粹的表现,纯粹的自信和快乐。我国古代文论《诗大序》中说:"情动于中,而形于言,言之不足,故嗟叹之,嗟叹之不足,故咏歌之,咏歌之不足,不知手之舞之,足之蹈之也。"虽为说诗,但我们完全可以用它来描述儿童处于审美体验之中时的状态。也就是说,此时的儿童是"更自发的、更表现的、更自然的、更无控制和自由流露的",这就是一种审美愉悦)

教师:今天,小朋友们很动脑筋,设计了许多漂亮的衣服,掌握了设计衣服的本领。长大后,只要我们肯动脑筋,就能设计出更漂亮的衣服。

第四节 从文学切入的集体艺术教学活动

鉴于语言文学教学已经有专门的课程和教材,本节主要提供综合性的活动和文学作品。学习者可参考相关的教材,丰富关于文学教学的具体观念和策略。

范例 9-17

活动一

欣赏作品:《洋娃娃的葬礼进行曲》

[俄]柴可夫斯基 曲

[简谱略]

作品分析:

该作品是作者为孩子们创作的一部童话题材的音乐。它生动地表现了孩子们认真严肃地体验大人世界时的场面。乐曲为 d 小调,音区低沉,速度缓慢,充满悲伤和无奈。乐曲为单纯 ABA 结构,A 段相对更沉重、伤感,B 段中隐约出现了几许希望和安慰。虽然在孩子们的生活中,体验如此深沉、悲痛经历的情况是很少见的,但只要正确引导,这种艺术活动中的悲伤体验便有助于丰富和深化幼儿的情感世界。可用下面的故事辅助教学。

故事《小鼹鼠和他的小花们》

在一个冬天的早上,小鼹鼠到花园里去埋葬死去的小花儿。一路上,他哭呀,哭呀,哭得眼睛红红的。他实在太舍不得离开他的小花。妈妈把小花埋在泥土里,轻轻地对小鼹鼠说:"不要哭了,小花儿们是在睡觉呢!明年春天,他们一定会回到我们身边来的。"

就在那个冬天的早上,小鼹鼠离开花园回家去。一路上,他想呀,想呀,想得脑袋疼疼的,因为他实在太舍不得离开他的小花呀。

晚上,天上下起了大雪。小鼹鼠跪在床上,对着窗外飞舞的雪花轻轻地说:春天快点儿来到吧!小花儿快回来吧!

活动目标:

1. 体验、感受伤心的音乐,了解乐曲 ABA 的结构。
2. 用绘画的方式来表现小鼹鼠盼望春天、盼望再见到他的小花儿朋友们的心情。
3. 在合作绘画和结伴舞蹈的活动中,进一步体验和朋友在一起分享快乐就会有更多的快乐。

活动准备：

1. 根据故事绘制图画三幅。
2. 4开白纸若干张，绘画工具若干。
3. 教师自己画好并剪下欢快的小鼹鼠若干。
4. 音频材料（除《洋娃娃的葬礼进行曲》以外，还应有一首快乐的音乐，如《杜鹃圆舞曲》。

活动程序：

1. 配乐故事欣赏。

（1）安静倾听音乐，营造相应的气氛。

（2）教师用简单的富有情感的语言引起幼儿已有的伤心的经验，导入活动情境。

（3）教师播放音乐，同时随音乐出示图片和讲故事。

（4）教师与幼儿一同回忆并复述故事内容，帮助幼儿深化对故事中情绪的体验。

2. 听音乐绘画。

（1）教师让幼儿把自己当作小鼹鼠，请幼儿画下自己所做的美丽的梦：梦见春天来了，小花儿们都回来了。

（2）教师组织幼儿分组绘画。

先把教师发的小鼹鼠贴在图画纸上（教师发的小鼹鼠造型不同，幼儿在图画纸上贴小鼹鼠的位置也可以不同。怎么贴，由小组集体讨论决定），然后再画小花。

绘画要求：花要尽量画得大一些，造型和色彩要尽量丰富一些，鼓励用拟人化的造型方式，鼓励添加太阳、蝴蝶、小鸟、蜜蜂等。

（3）幼儿在作画时，教师播放一首快乐的音乐（音乐不要放得太响，隐约听到就可以了）。

3. 展览和交流欣赏绘画作品。

4. 即兴随乐舞蹈。

教师组织幼儿围成一个小圈，蹲下来，轻轻地对着地面说："春天快点来到吧！小花快点回来吧！"教师引导幼儿向后退一点，将圆圈稍扩大，并说："看，小花已经在泥土里发芽啦，我们再大点声音喊他们！"全体用稍大的声音再说一次："春天快点到吧！小花快点回来吧！"教师播放快乐的音乐并说："春天来了，小花回来了，小鼹鼠和小花们一起跳舞吧！"全体自由结伴，快乐地即兴随音乐舞蹈。

范例 9-18

活动二

欣赏作品：《加沃特舞曲》

[比利时]戈赛克　曲

1=G 2/4

```
5653 | 4542 | 1 i | 1 - | 4542 | 3431 | 25 | 5 - |
5653 | 4542 | 1 i | 1 - | 3 16 | 1 64 | 55 | 5 - |
2435 | 4321 | 72 | 4 - | 3546 | 5432 | 13 | 5 - |
6554 | 4332 | 24 | 6 - | 5371 | 4267 | 1 i | 1 - ||
                                                 Fin.
33 | 44 | 5 i 7 i | 5 - | 11 22 | 3545 | 6543 | 2 - |
6 16 | 66 | 5 15 | 55 | 45 | 35 | 2243 | 2 - |
44321 | 77 | i5 | 1 - | 44321 | 77 | i1 | 3 - |
6 i 765 | 46 | 55654 | 35 | 46543 | 27 | i1 | 1 - ||
                                                 D.C.
```

作品分析：

本曲为ABA结构。整首乐曲轻快，活泼，充满天真、单纯的情调。首段8个乐句全部使用了这一节奏，其每一句末都使用了跳进音程（1、2、3、4、8句为反向大跳，5、6句为分解和经弦式的连续上行小跳），使得曲调显得十分纯朴而天真；B段节奏自由而多变，出现由16分音符组成的音流，使得曲调稍显华丽；频繁出现的八度大跳，使曲调显得富于幽默感。最后乐曲回到纯朴、天真的A段上结束。为了帮助幼儿开展活动，可讲述下面的故事。

故事《小灰老鼠的故事》

在那高高的大桥上面，有一所小小的灰房子。在这所小小的灰房子里面，住着一只小小的灰老鼠。朋友们来了，大家一起唱歌、跳舞、做游戏，小灰老鼠感到非常快活。朋友们走了，小灰老鼠感到很寂寞。小灰老鼠竖起耳朵仔细听，仔细听，希望能有朋友来拜访他。"咚—咚—咚—咚"，桥面上传来了沉重的脚步声。小灰老鼠赶紧把门打开……嗨，原来是大力先生从桥上走过。咚咚咚的声音，是大力先生的脚步声。小灰老鼠竖起耳朵仔细听，仔细听，希望能有朋友来拜访他。"刷—刷—刷—刷"，桥面上传来了轻柔的脚步声。小灰老鼠赶紧把门打开……嗨！原来是皮球小姐从桥上走过。刷刷刷刷的声音，是皮球小姐的脚步声。

小灰老鼠竖起耳朵仔细听,仔细听,希望能有朋友来拜访他。"的多的多的多的多",桥面上传来了轻快的脚步声。小灰老鼠赶紧把门打开……哇,原来是它的朋友小灰老鼠们来啦!"的多的多的多的多的多"的声音,是小灰老鼠们的脚步声。

在那高高的大桥下面,有一所小小的灰房子。在这所小小的灰房子里面,住着一只小小的灰老鼠。朋友们来了,大家一起唱歌、跳舞、做游戏,小灰老鼠感到非常快活。

活动目标:

1. 感受乐曲的结构和情趣,感受故事中动物心情的变化:快乐、寂寞、期望、失望、快乐,学习分辨和表现大力先生、皮球小姐、小灰老鼠们走路的声音。

2. 创造性地用身体动作、绘画等方式表现大力先生、皮球小姐、小灰老鼠们走路的样子;在教师帮助下学习为乐曲创编舞蹈。

3. 通过倾听故事和表演故事,体验对朋友的爱和对朋友的需要,在集体结伴舞蹈中享受和朋友们在一起的幸福感。

4. 通过学习合印画和创编左右对称的舞蹈动作,理解艺术创作中的对称和对称美。

活动准备:

1. 按小组每组准备一张4开白纸、一套彩色水笔或油画棒;为每个幼儿准备一张8开铅画纸、水粉画工具若干。

2. 大鼓、铃鼓、双响筒各一。

3. 音频材料。

活动程序:

1. 音乐欣赏。

(1)教师用木偶或玩具小老鼠跟随音乐操作表演。A段两只老鼠一起跳,B段两只老鼠独自跳,请幼儿边听边看。

(2)教师组织幼儿为乐曲分段编舞,注意引导幼儿使用左右对称的动作。

(3)教师带领幼儿学会跳自编的舞蹈,A段两人结伴跳,B段各自独立跳,注意引导幼儿间的情感交流。

2. 故事欣赏与表演。

(1)教师有感情地讲述故事,幼儿倾听。

(2)教师引导幼儿回忆故事中的动物,以及主要情节和情感发展变化的线索。

(3)教师引导幼儿复述故事。

(4)教师引导幼儿用创造性的身体动作分别表现大力先生、皮球小姐、小灰老鼠们走路的样子,并用声音模仿它们各自走路的声音。

(5)教师用打击乐器模仿三种不同动物走路的声音,要求幼儿听辨并用动作反应。

(6)教师用琴声模仿三种不同动物走路的声音,要求幼儿听辨并用动作反应。

(7) 教师讲故事,全体幼儿根据故事情节变化用动作表演。在小灰老鼠和朋友一起唱歌跳舞处,大家一起表演创编的舞蹈。在不同动物出场时,大家一起跟着琴声(或打击乐器声)表演特定动物走路的样子。

(8) 教师发给每小组纸张和工具,请幼儿用创造性绘画的方式将三种不同动物的脚步声画下来(注意:是画声音,不是画脚印)。教师应耐心引导幼儿体验各种声音的大小、长短、粗糙或光滑等特性,然后全班交流和小结。

3. 学习合印画。

(1) 教师讲解示范合印画的画法和创作过程。将画纸对折,然后打开,用有一定湿度的水粉笔将形象画在对折线一边的纸上,再立即将纸对折,用手轻轻按压一会。再打开,对折线两边的纸上就会出现相同的图案。

(2) 教师请幼儿在纸的左侧靠边处画上高高的大桥、小小的灰房子和小小的灰老鼠,边画边将画好的形象印到右侧靠边处的纸上,最后用水粉或油画棒(水彩笔)在中间空白处画上故事中三种动物的形象或脚印。

(3) 全班交流小结。教师顺便引导幼儿注意,在以上的活动中,故事、音乐、绘画的结构表现手法是一样的:

音乐:A　B　A

故事:小灰老鼠和朋友在一起　小灰老鼠等待朋友们　小灰老鼠和朋友在一起

绘画:大桥、房子、小灰老鼠　大桥上走过的大力先生、皮球小姐、小灰老鼠们　大桥、房子、小灰老鼠。

范例 9—19

活动三

欣赏作品:《闪烁的小星》变奏曲

欧洲童谣

1 = C 4/4

| 1 1 5 5 | 6 6 5 - | 4 4 3 3 | 2 2 1 - |
一　闪　一　闪，　亮　晶　晶，　满　天　都　是　小　星　星

| 5 5 4 4 | 3 3 2 - | 5 5 4 4 | 3 3 2 - |
挂　在　天　空，　放　光　明，　好　像　许　多　小　眼　睛。

| 1 1 5 5 | 6 6 5 - | 4 4 3 3 | 2 2 1 - ‖
一　闪　一　闪　亮　晶　晶，　满　天　都　是　小　星　星。

故事《小黑马的化装服》

新年那天,小鸭要举行一个化装舞会,小黑马想参加小鸭的化装舞会,却没有化装服。它找到了一顶旧草帽和一条印花的红手绢。"我可以化装成一个牛仔。"它说。小黑马把旧草帽戴在头上,把印花的红手绢系在脖子上,然后就高高兴兴地上路了。

在路上,小黑马看见另一个牛仔——一只大灰狼戴着一顶又高又大的帽子,披着一条镶着花边的毛毯。"啊!多棒的一个牛仔啊!"小黑马垂头丧气地转身回家了。"如果大灰狼化装成一个牛仔,我就不能再当牛仔了。"它难过地说,"如果找不到一件奇特的化装服,我就只好穿平常的衣服去了。这还有什么意思呢?这个新年过得真糟糕。"它又找到了一条床单和一根鸡毛掸。"我可以化装成一个鬼。"它说。

小黑马把床单盖在头上,把鸡毛掸捆在尾巴上,然后就高高兴兴地上路了。

在路上,它看见了另一个鬼——一只胖鸵鸟披着一条白床单,床单上剪了两只洞,露出了两只又大又圆的眼睛。"啊!多可怕的一个鬼啊!"小黑马垂头丧气地转身回家了。

"如果胖鸵鸟化装成一个鬼,我就不能再当鬼了。"它难过地说,"如果找不到一件奇特的化装服,我就只好穿平常的衣服去了。这还有什么意思呢?这个新年过得真糟糕。"它又找到了一个破木桶和一条浇花用的橡皮管。"我可以化装成一个宇航员。"它说。小黑马把破木桶扣在头上,把橡皮管缠在身上,然后就高高兴兴地上路了。

在路上,它看见了另一个宇航员——一只小白兔头上罩着一个透明的塑料头盔,四只脚上套着闪闪发光的银靴子。"啊!多神气的一个宇航员啊!"小黑马垂头丧气地转身回家了。

"如果小白兔化装成一个宇航员,我就不能再当宇航员了。"它难过地说,"如果找不到一件奇特的化装服,我就只好穿平常的衣服去了。这还有什么意思呢?这个新年过得真糟糕。"小黑马穿着平常的黑衣服来到小鸭家门口。它看见化装成牛仔的大灰狼、化装成鬼的胖鸵鸟、化装成宇航员的小白兔和化装成画家的小鸭正在一起喝着饮料,吃着糖果和爆米花。

"每个人都有不同的化装服了,可是我,还是原来的小黑马,鼻子上有一条白道!"它越想越难过,把身体靠在小鸭家的白栅栏上,开始哭起来。小鸭听到哭声走出来,看见一匹陌生的小斑马正靠在它家的白栅栏上哭。

"陌生的朋友,你好。"小鸭说。"为什么不进来喝杯饮料,吃些糖果和爆米花,并且和我一起做游戏呢?"

小黑马听了小鸭的话感到非常奇怪,"我是你的老朋友小黑马呀,你不认识我了吗?"

小鸭仔细地打量着小马:"但是,你看起来像一匹真正的斑马!"

"是吗?"小黑马低下头来看看自己的身体。是呀,身体上一道黑、一道白,就像穿了一件水手衫。

小鸭碰了碰小黑马身上的一道白色条纹,笑着说:"这是白油漆,小黑马,你多聪明呀,把我家白栅栏上新刷的油漆印在了你的黑衣服上。"朋友们都跑出来了,它们听见了小鸭的话,一起鼓起掌来,并笑着叫嚷说:"嗨,这才是今晚上最奇特的一件化装服!"

小黑马也笑了,它在心里对自己说:"这根本不是一个糟糕的新年,这是一个非常非常快乐的新年!"

([美]戴比·米乐·古特耶雷兹原著)

作品分析:

《闪烁的小星》这首德国歌曲几乎在全世界家喻户晓。全曲共由六个乐句组成,其中第一、二乐句与第五、六乐句相同,第三乐句与第四乐句相同。重复的旋律,平稳的节奏,朴素无华,充满单纯的童真。正因其纯朴,许多作曲家都喜欢用它来创作变奏曲。其中,莫扎特的钢琴变奏曲(供音乐会用)和铃木的小提琴变奏曲(供儿童学小提琴用)是最有名的。改变一个主题、音型或经过句,结果仍能使人认出它是由原型变化而得来的,这一过程谓之变奏。用变奏方法创作的乐曲,叫做变奏曲。

在一个主题上连续写一系列器乐变奏曲的做法,最早出现于16世纪。所选主题大多为流行歌曲或某个器乐作品中形象鲜明的主题音调。

变奏的艺术不仅仅是用一些特定写作技巧来建设和扩充音乐的结构,更重要的是把音乐主题作为灵感的源泉,从中引申出各种与主题保持某种联系的自由的想象,以创造出让听众感到既熟悉又新鲜、既陌生又亲切的特殊音乐形象,并以此为线索引导听众去展开想象联想,领略变奏艺术的无穷奥妙。

美国现代童话故事《小黑马的化装服》,实际上可以被看作是一篇以小黑马为主题形象的"变化文学"作品。在这里,我们希望通过音乐与文学形式感受活动中相互强化的力量,引导幼儿去体验这种综合艺术的美妙之处。

活动目标:

1. 理解故事中无论小黑马穿了什么样的衣服,他还是原来为大家所熟悉的老朋友——小黑马。能听出无论用什么样的手法来变化音乐,还是《闪烁的小星》的音乐。它是可以被辨认出来的。

2. 在化装舞会的活动中,自我设计,自己化装;在变奏曲创作的活动中,在教师帮助下改变主题音乐的节奏、伴奏方式或随乐动作方式。

3. 大胆地向全班介绍自己设计的化装形象、所用的材料、所替代的事物,大胆地向全班介绍自己所设计的节奏、伴奏方式、动作方式的含义,感受体验与人思想碰撞是令人兴奋的事。

活动准备:

1. 听《小黑马的化装服》的故事。

2. 唱《闪烁的小星》的歌曲。

3. 事先布置幼儿自我设计化装形象和准备化装材料的任务。

活动程序：

1. 倾听配乐故事。

一位教师讲述故事，在三处有▲记号处，另一位教师用一种变奏方式弹琴伴奏。

▲第一处：1　1　1　5　5　5｜6　6　6　5　5　5｜

▲第二处：1111111155555555｜6666666655555555｜

▲第三处：1.1　1.1 5.5　5.5｜6.6　6.6　5.5　5.5｜

2. 请幼儿说出所听到的伴奏音乐是否熟悉，叫什么名字。

3. 让幼儿倾听原曲，让幼儿理解并说出是节奏发生了变化。

4. 教师指导幼儿为乐曲创编不同的节奏、不同的打击乐伴奏方式和随乐动作方式，并以上述三种不同的表演方式连续随音乐表演，第四遍全体幼儿配原曲调演唱歌词。

创编时教师应引导创编的幼儿向全班清楚地表述：用这种表演方式是想表现什么样的小星星，在什么样的环境中做什么样的事情……

5. 组织化装舞会。帮助幼儿根据自己的设计，利用自己的材料和教师提供的材料化装。教师在幼儿跳舞时，根据自己的能力自由变奏《闪烁的小星》的主题为幼儿伴奏，并在音乐间歇时引导幼儿思考如何更好地跟随音乐与舞伴配合。

6. 组织幼儿向全班介绍自己的化装设计。

范例 9—20

活动四

欣赏作品：《圣母颂》

[奥]舒伯特　曲

故事《卖火柴的小女孩》（略）

作品分析：

原曲作于1825年。原为声乐曲，后被改编为各种形式的音乐演出版本。其中以德国小提琴家维尔汉米改编的小提琴曲最为流行。

原歌词选自英国诗人司各特的长篇叙事诗《湖上夫人》。诗中有一段描述了主人公少女爱伦跪在湖畔岩石上祈求圣母饶恕其父之罪的真挚感情。

乐曲曲调柔美婉转，且又蕴含着忧虑和哀愁。从歌词和旋律的特点来看，音乐所表现的并不是圣母，而是在岩石上与圣母遥遥相对的善良纯洁的少女。音乐表情细腻丰富，充满了作者对少女的理解和同情。

乐曲采用反复两遍的分节歌形式。先在低音弦上呈现一遍，速度极其缓慢，音乐极其纯朴，深沉而恳切；然后再用八度、六度和音，用双弦在高八度上重复一次，力度加强，速度加快，伴奏音型加密，使音乐的音响逐步推向高潮，表现了越来越炽烈的期盼之情。

活动目标：

1. 通过欣赏配乐文学作品《卖火柴的小女孩》，体验文学作品所表达的动人情感。
2. 通过欣赏配乐哑剧表演，体验动作与音乐所表达的情感。
3. 通过以背景造型参与哑剧表演的活动，进一步倾听音乐和体验音乐所表达的情感。

活动准备：

1. 倾听《卖火柴的小女孩》，对其内容、情感有一定了解。
2. 教师根据音乐的句子结构，创编一套哑剧动作或舞蹈动作。可准备自己表演，也可请其他教师或某个女孩表演（应事先排练好）。
3. 音频材料。
4. 与《卖火柴的小女孩》故事内容相配的图画五幅：(1)小女孩在下着大雪的街上走；(2)小女孩看见炉火；(3)小女孩看见烤鹅；(4)小女孩看见奶奶；(5)小女孩躺在黎明的雪地上。

活动程序：

1. 教师一边出示图片，一边跟随音乐讲述故事。
2. 教师一边做动作，一边跟随音乐讲述故事。
3. 教师播放音乐，并请幼儿观赏用动作表演的故事。
4. 教师组织幼儿分工扮演雪花、城市里的房屋、火炉、烤鹅、奶奶、太阳；自己（或事先排练过的人）扮演卖火柴的小女孩。跟随音乐表演故事。

音乐进行到该哪个角色与小女孩配合表演时，教师就用动作、眼神暗示，指导该角色进行配合表演。有些角色可能一直不动，如房屋、路灯等；有些角色可能一直要动，如雪花、北风等。教师可暗示这些无生命的背景人物,用动作表现对小女孩的同情和关心。

5. 专门倾听音乐。教师请幼儿安静地取最舒适的姿态坐好,闭上眼睛,一边静静地倾听音乐,一边在心里想卖火柴的小女孩的遭遇(此活动不可反复进行)。

本章提示

本章中主要介绍了从不同领域切入的综合艺术教学活动设计的一般思路。学习者需要研究本章提供的范例,以便增进自己对前述各种理论的理解,并从别人设计的具体思路中得到启发,最终设计出自己的教学活动方案。

问题与讨论

1. 班级讨论:与同学分享你最喜欢的一件关于体育或军事的艺术作品,音乐、舞蹈、摄影、雕塑或电影等都可以。请着重谈谈你对其中跨学科的综合价值和由综合艺术手段造成的特殊趣味的看法。

2. 选择你认为可以与幼儿分享的一件艺术作品,如舞蹈《千手观音》;并独立设计一个综合性教学活动方案,然后提交集体进行分享。

3. 分成小组观摩幼儿园综合性的集体艺术教学活动,并在幼儿园教师的指导下集体讨论并撰写书面观察评论,最后提交班级分享。

第十章　集体戏剧教学活动

学习目标

1. 了解幼儿园集体戏剧教学活动的基本观念。
2. 了解幼儿园集体戏剧教学活动设计与实施的一般思路。
3. 尝试并初步体验幼儿园集体戏剧教学活动实施的过程。

戏剧是集文学、音乐、舞蹈、美术为一体的综合艺术形式。幼儿园的戏剧教学活动天生便是一种综合性的艺术教学活动。但是,在传统的幼儿园戏剧教学设计中,由于教师观念认识上的问题,戏剧活动的综合价值并没有被完美地发挥出来。本章将介绍我国幼儿艺术教育研究者和幼儿园教师最新的理论思考和实践探索。

第一节　幼儿戏剧教育概述

在戏剧中最重要的一种经验学习,就在于学生们对人类行为、自身及其所居住世界的理解的成长。这种成长包含习惯性的情感和思想的改变,这很可能是戏剧的最初目标。

一、戏剧的发生

戏剧"drama"一词,源于希腊文中的"dron",是"完成事情"的意思。有学者认为:戏剧作为一种行动的模仿,应当是远古仪式中的参与者对神的"行动的模仿"。参与仪式或祭奠的人们会扮演土地、水、火、风等自然要素,或是动物、神灵等具体形象,确保作物丰收、狩猎满载、战争胜利或祛病消灾。谈论戏剧的远古起源,乍看似乎与现代幼儿园幼儿的戏剧教育距离甚远。但是,这些神话及仪式反映了生活在原始社会的原始人类的思维方式,而这种思维方式和现代社会幼儿的思维方式非常接近。

现代人类幼儿的思维方式与人类早期的思维方式都具有一种"原始思维"的特殊性,其核心是自我中心,其发展状态是主客体尚未分化。原始人类以自然的特性规定自身,又把人类的特性投射于自然,以为人与自然的深层结构相同。"物我同一",是他们坚定不移的信念。原始思维的这种特性,导致了"万物有灵"和"生命不灭"观念的产生。法国人类学家列维-布留尔认为,这就是原始思维的"互渗性"特征。在原始思维的集体表象中,客体、存在物、现象都具有一种可被感觉到的神秘的力量、能力、性质和作用,并且这种神秘的属性可以通过各种各样的形式,通过接触、传染、转移、远距离作用,以及占据、感应等想象的形式,作用于其他客体、存在物、现象;从而使原来的那些客体、存在物、现象既是它们自身,同时又是其他什么东西。事物就是通过原始人想象的"互渗"关系彼此关联起来的,在其反映形式上,某种集体表象也就与其他的集体表象彼此相互关联①。因为原始思维的"互渗性"原则,便有了在原始思维基础上形成的两个特点:相似律和接触律。

相似律即所谓的同类相生,或者说结果可以影响原因。根据相似律,通过模仿就可以产生巫术施行者所希望达到的任何效果。凡相似的事物都可以成为同一事物。原始人类坚持这样一种信念:巫术是对自然规律的补充,是在自然的因果链中插入人的意志,从而对事物的发展起到调整的作用,将自然的发展引向己欲的方向。弗雷泽称之为"模仿巫术"或"顺势巫术"。根据相似律施行的巫术就是模仿巫术,如原始人希望能捕猎到足够的猛兽,他们就在狩猎出发之前举行仪式,由族人扮演猛兽被捕获的情形,认为这样就能在真正的狩猎活动中满载而归。

接触律即接触过的事物在脱离接触后仍继续发生相互作用,认为曾经接触过的事物就永远相联。因此,只要对曾有过接触的事物中的一方施行影响,就可影响另一方。弗雷泽称之为"交感巫术"。例如,一个妇女的丈夫生病了,她把丈夫的衣物埋到地下,并像丈夫真正死去那样痛哭一回,这样她的丈夫就好像真的死去了,留下的是复生的丈夫。

幼儿的思维与原始人的思维之间存在着异质同构的关系。童年是属于人类集体的,在幼儿的心中蕴藏着神话的原型。幼儿早期的思维是自我中心的,表象是其思维的基本元素,他们是泛灵论的。由此可以说,人类的戏剧与幼儿的戏剧有着相同的心理发生机制。在原始人类那里,我们称之为"原始思维"。在幼儿这里,我们称之为"直觉行动思维"和"具体形象思维"。卡西尔指出:"我们可以轻而易举地再现人类经验的这种初级形式,因为即使在文明人的生活中,它也绝没有丧失它的原初力量。……儿童在其最初的发展阶段似乎对它们更为敏感。"②这一点,我们可以从忘我地扮家家酒的孩子身上,从整日跷着手指说话、做事,认为自己是神话人物的小女孩身上看到。

但是,原始人类是作为有着原始思维的个体生活在原始社会,而我们的幼儿是作为有着"原始思维"的个体生活在一个现代文明思维的社会里。现代生活的冲击和影响使幼儿的思维虽然没有改变其自我中心的特点,但已经明显地与科学思维共存了。在讨论《小树叶历险记》的时候,有小朋友提出疑问:"小鱼怎么会爬山呢?""小鱼怎么会做梦呢?"别的小朋友解释说:"真的不会,但在故事里可以。"在表演恐龙时,小朋友执着地纠正着表演的小朋友:"三角龙是没有爪子的,可是刚才他们演的时候是有爪子的。"他们还会指出剧本不科学的漏洞:

---

① [法]列维-布留尔著,丁由译:《原始思维》,商务印书馆1981年版,第69—91页。
② [德]恩斯特·卡西尔著,甘阳译:《人论》,上海译文出版社1985年版,第102页。

"三角龙只吃植物,不吃肉,所以三角龙不会吃小鱼。"

然而,孩子们对科学的相信并没有减少他们演戏的兴趣。明明知道小鱼和小树叶一起上山是"假的",但碰到恐龙时,他们还是会紧紧地抱在一起。就像皮亚杰女儿明明知道毛巾没有生命,但还是说"毛巾累了"一样,孩子们在审美上愿意相信它是有感情的。

二、戏剧的本质

探讨人类戏剧的本质,是为了探讨儿童戏剧的本质与人类戏剧、成人戏剧本质的关系。人们普遍认为,戏剧是一个综合的美学工程。黑格尔说:"戏剧无论在内容上还是在形式上都要形成最完美的整体,所以应该看作诗乃至一般艺术的最高层。"王国维说:"然后代之戏剧,必汇语言、动作、歌唱,以演故事,尔后戏剧之意义始全。"导演黄佐临认为,话剧包容了如下七种成分:哲理、心理、文学、绘画、演技、舞蹈和音乐。

这些表述都是对戏剧的一般性描述,并没有探讨戏剧的本质。事实上,希腊时期,亚里士多德的《诗学》就开始对戏剧进行研究。他认为,戏剧的本质是"模仿",这被称为模仿说。黑格尔认为:"戏剧的动作在本质上须是引起冲突的。""戏剧要涉及情境、情欲和人物性格的冲突,因而导致动作和反动作,而这些动作和反动作又必然导致斗争和分裂的调解。"[①]"戏剧的本质是冲突",这是著名的冲突说。从词源学意义上来说,"戏剧"代表了一种类似冲突的争斗。《说文》云:"戏,三军之偏也。从戈,虚声。""偏"是古代的战车,二十五乘谓之"偏","戈"在古代是一种武器。

模仿说也好,冲突说也罢,所有对戏剧本质的探讨,都是和人的本质的探讨相联系的,就是说,都是和人的本质相联系的,即戏剧和人生的契合。美国戏剧理论家说:"戏剧的具体模式——冲突、对抗、激变、解决——就是生活本身的模式。每个人生存着,都像演员一样,扮演着角色。"美国学者苏珊·朗格说,艺术是一种生命活动的投影。戏剧就是表现人类自身生命存在的艺术。这就是戏剧的本质。

戏剧是通过动作的模仿来反映人类自身的存在和生活的。马修士在《戏剧发展史》中引用了这样一个例子,表明最原始的戏剧就是用动作来模拟他们生活中发生的事件,并反映他们的情感和愿望。

> 一个阿留申群岛的土人扮演猎人,带着弓,另一个土人扮作鸟,猎人用手势表现遇到那只漂亮的鸟而高兴;但他并不想打死它,扮鸟的表演鸟的动作,正在逃避。等了许久,猎人张弓发弹,鸟儿摇晃着,摔到地上,死了。猎人大乐,跳起舞来;最后又感到烦恼,悔不该打死这样漂亮的小鸟,因而哀悼。突然,死鸟站了起来,变成一个美女,投入猎人的怀抱。

由于原始思维的原因,原始人仪式中的模仿,是模仿"神的行为",或是原始人类的希望,以给神看到。一般认为,演员的表演是从模拟神的巫师转化而来的。英国戏剧理论家凯瑟

---

① [德]黑格尔著,朱光潜译:《美学》第三卷,商务印书馆 1999 年版,第 240 页。

琳·勒维说:"当舞蹈者失去了神的膜拜者的身份,转而模拟一个人物时,他就成了演员,他的动作就不再是自我表现,而成了模仿性的,因而是戏剧性的。"仪式发展为戏剧,参与仪式的人表演的目的由"娱神"转向为"娱人",功能由偏重于"敬神"转化为偏重于"审美、娱乐";当戏剧中的模仿日益增添了一种"故意"的成分,即反映自己对主客观世界一种思考、体验乃至信念的时候,戏剧的功能便增添了"教育"的成分。

原始戏剧的热门话题有三个,即人的生活、神的命运和民族的历史。凡是与人的社会生活有关的一切,如狩猎与耕作、战争与婚姻、仇恨与爱慕、生命与死亡,都在表演之列。这些与部落、氏族的生死存亡息息相关的内容,非同一般地关系着原始人类的命运,因此有格外予以重视的必要,并必须以戏剧的形式再现出来。通过戏剧的再现,这些关乎人类生存的重大问题就被安置在全体族民视野的中心,成为所有人共同注视的东西。对过去,它是重温;对未来,它是演习;对后代,它是教育。所谓教育,不仅是学习劳动技术和生存能力,也不仅仅是学习道德规范、社交利益、掌握部落那被神话了的历史,更重要的,戏剧实际上是人类将自己社会生活中最具有认识价值和反省意义的事件集中起来加以复现,使之成为可以观照的东西,并通过这一观照对自己的生活进行"检讨",从而使自己受到教育。所以,戏剧是人类自我教育的一种方式。

戏剧所反映、关注的是人生和人类所关注的东西,比如生存、死亡、美、丑、力量、软弱、人际关系、人与自然的关系,等等。这些都是普遍的永恒的人类的主题,也因此而成为人类戏剧永恒而普遍的主题。每个孩子自己编、演的故事,是每个孩子对生活体验的当众展示、思考。所以,笔者认为,儿童的戏剧在本质上和人类的戏剧、成人的戏剧是一致的,都是对自己生活的反映和反思。

虽然在孩子们自己的戏剧中表演的是动物或植物,如小老鼠、小树叶、小鱼、小牛、大鲸鱼的故事,但所反映出来的主题总是友谊、美丽、勇气、亲情,或是恐惧、害怕等他们这一年龄时期所特别关注的事物和情绪。比如大宇的故事表现了大树妈妈和小树叶依依不舍、互相思念的母子之情,读起来让人动容。故事是这样的:

> 有一天,小树叶在大树妈妈的身上。突然,一阵大风吹来,把小树叶片片吹到地上。然后,清洁工把小树叶扫到了垃圾桶。小树叶大喊大叫,喊妈妈。大树妈妈哭了,她很伤心。小树叶盼望着大树妈妈明年再生出许多小小的树叶,小树叶盼望大树妈妈暖和地过着冬天。大树妈妈还在原来的地方,盼望小树叶能在一个地方安下家。小树叶在垃圾桶里安下了家。大树妈妈在很远很远的地方想着小树叶,小树叶也在很远很远的地方想着大树妈妈。小树叶在睡觉的时候梦见大树妈妈和人讲话,然后大树妈妈和人走了。大树妈妈睡觉的时候梦见小树叶睡得很香。

同样,张佳惠的故事:有一天刮起了大风,小树叶被刮到了海里。它离开了树妈妈,哭了。吴悦的故事:小树叶又被风吹得高高的,最后吹到了大树妈妈脚下,小树叶怕大树妈妈冷,给大树妈妈取暖。从中可以看出幼儿对妈妈的依恋不自觉地在他们的故事中流露出来。

杜伟玉的故事：正玩着，天空飘来了一片乌云。天下雨啦。小萝卜说："这可怎么办呀？"小树叶说："你听我的，就可以撑着雨伞走啦。"小萝卜说："雨伞在哪儿呢？"小树叶说："你别急。你看，一、二、三！"小树叶刚说完，它就变成了一把雨伞。小萝卜撑着小树叶变成的雨伞，回家啦。赵君睿的故事：这时霸王龙来了，把它们吞入肚子里面。小鱼和小树叶在恐龙的肚子里面打洞，终于跑出恐龙的身体，回到了池塘边。王薰仟的故事：过了一会儿，太阳出来了，小鱼说："真热啊！"小树叶就漂到了小鱼的上边，为它挡住了太阳，小鱼游到哪儿小树叶就漂到哪儿。……小鱼和小树叶都摔昏了过去。当小鱼醒来时，看见一条小船划了过来，船桨马上要打到小树叶了。小鱼赶紧游过去，把小树叶顶到了岸上。吴悦的故事："小牛哥哥，你带我去山顶上玩一玩好吗？"牛哥哥说："好吧！"小牛把小树叶带到了山顶玩一玩就下山了。这时小树叶从小牛身上掉了下来。小牛赶紧把小树叶拿起来，小树叶问："你要干什么？"小牛说："我想帮你把身上的土拍干净。"小树叶说："谢谢你，牛哥哥。"小牛说："不用谢。"这些都反映了孩子们对相互帮助、机智聪明等品质的喜爱。

王薰仟的故事：小溪里真漂亮，有五颜六色的石头，溪边有青青的绿草。说话的小朋友走过来，拣起小树叶，说："多美的小树叶啊！上面有红色、黄色、绿色、黑色、咖啡色，真好看！"她把小树叶带回家，夹在她喜欢的一本书里保存了起来。这个小朋友就是王薰仟。郑若奇的故事：不知怎么，它们游到了水管里，水管里黑洞洞的，好可怕。小树叶和小鱼手拉着手，赶紧游出了水管，游到了小溪里。外面亮堂堂的，太阳公公在天上笑，树上的小鸟也在叽叽喳喳地叫。这些故事反映了他们对美好事物的敏感和向往。

同时，这些动植物所做的事、说的话，也都是他们自己所做过的或是想做的想说的，以及他们对生活的理解。比如，陈若辰的故事：有一天，刮风了，大树妈妈的树干拼命地在摇晃。一片小树叶落下来。突然又刮来一阵风。小树叶飘呀飘，飘到了天空上。飘到了大草原上，像铺了一张地毯。小树叶飘呀飘，飘到了海面上，看见了一只小鱼。小树叶对小鱼说："我们一起去玩好吗？"小鱼问："我们到哪里去玩啊？"小树叶回答："我们一起去散散步，散过步后就去放风筝。"吴悦的故事：不久小树叶钻进泥土里。第二年春天泥土中就生出了许多小宝宝，就是小树。张悦涵的故事：奶牛说："我是奶牛，我能挤出奶给人们喝；我有角，我能把坏人顶走。"小树叶说："你能和我一起玩吗？"牛说："可以。"小树叶说："我们一起玩宝高玩具吧！"牛说："我回家拿。"然后，他们就一起玩起了宝高玩具。放风筝、玩宝高玩具、爬山吃零食，都是孩子们喜欢做的事。刮风，小树叶掉下来，又被风吹飘起来，大草原像铺了地毯，第二年春天泥土中就生出了许多小宝宝，等等，都反映了孩子们对世界的了解。

孩子们的故事中还反映出教师、家长、同伴、媒体对他们的影响。比如：

焦逸明的故事：有一天，刮起了大风，把树叶从树上刮下来了。有一片小树叶又被大风吹上了天。它在天上飘啊飘，然后又落到了一条小河里。小树叶在河里碰到了一条大鱼，大鱼一口就把它吞进肚子里。小树叶好像掉到黑洞里，什么也看不见，真是吓死人了。忽然，小树叶又见到了光明。原来是大鱼又把它从肚子里吐了出来。（我们猜测，这是匹诺曹、小丑鱼的故事对他的影响）

赵君睿的故事：这时霸王龙来了，把它们吞入肚子里面。小鱼和小树叶在恐龙的肚子里

面打洞,终于跑出恐龙的身体,回到了池塘边。(这是《西游记》的影响)

郑若奇的故事:小树叶又飘呀飘,飘到了一片草地上,正好一只小白兔路过,他捡起了小树叶,蹦蹦跳跳回到家,把小树叶夹到一本书里面,作了一个小树叶小标本。有时,他还拿出小树叶,画下小树叶美丽的样子。(前期孩子们进行过画树叶娃娃的活动)

昊昊的故事:有一天,小树叶悄悄离开了大树妈妈的怀抱。飘啊飘,正巧,落在了一只小恐龙的头上。小恐龙叫了起来:"哎呀,谁落在了我的头上啦?"小树叶轻轻地说:"我是小树叶,你可别吃我呀!"小恐龙说:"我是霸王龙,不吃叶子,吃别的恐龙。"小树叶就不害怕了,说:"我们一起去历险吧。"小恐龙说:"好吧!"两人就出发了。大风吹起了小树叶,向前飞,小恐龙在地上追。它追得太累了。小树叶施了魔法把它变成了会飞的恐龙。小树叶跟着小恐龙飞到它住的地方,发现了好多各种各样的恐龙。这时,三角龙排着队走过来。小恐龙说:"小心! 三角龙要踩到你了,快躲开。"小树叶赶紧朝路边翻几下跟头,躲过了三角龙重重的、大大的脚。好险啊!(昊昊的妈妈是隔壁班上的教师。在这段时间,他们班上正在进行恐龙的主题活动。昊昊对恐龙种类、生活习性的了解都反映在他的故事里。)

三、对幼儿戏剧的界定

通过对戏剧本质的讨论,我们可以将戏剧定义为"通过模仿和动作反映生命、反思生活的活动"。这样看来,从婴儿循着大脑中的"小姐姐摔玩具"的表象,在事件发生后的几天,也把小熊摔在地上并高兴地笑开始,他就在进行"戏剧"了。心理学上把这一现象称为延迟模仿。但这小东西难道不是在回想他生命里的重要事件后,模仿小姐姐的行为并用动作表现出来,而且还体味到自己对该事件的观照,最终感到了高兴吗?

且慢,从戏剧的要素来看,这个定义只涉及演员和角色,另一个不可缺少的要素被忽略了,那就是观众。为了准确地认识戏剧的构成,波兰的格鲁托夫斯基等一些现代戏剧革新家在戏剧实验中把戏剧的构成因素逐一剥离,最后只剩下演员和观众,当然,还有演员扮演的角色。如果没有了观众这一条件,那孩子所有的模仿行为都是戏剧了。而事实上,人类学家把"演员和观众的分工"、"观众意识"的产生,视为原始模仿性舞蹈向戏剧转变的开始。神话及仪式转变为戏剧,表演的目的从"娱神"转向"娱人"。这其中的"人"应该包括"自己"和"别人"。只娱自己不娱别人的,还算不上是戏剧。没有观众,就没有戏剧。真正的戏剧是发生在演员和观众之间的。演员和表演只不过是整个过程的一半,另一半是观众和他们的反应。我们说人类有与生俱来的模仿本能,"孩子天生是演员",但幼儿早期的模仿行为只是戏剧发生的一个要素。

因此,笔者把幼儿戏剧的外延界定为:凡是幼儿通过动作的模仿反映生命,反思生活,并开始以给别人看为部分目的的活动,都是幼儿的戏剧。照此标准,幼儿的角色游戏、表演游戏都可算作戏剧活动,只要他存在一点点"为了给别人看而要演好"的意识。

幼儿的心理发展特征决定了他们的"戏剧"一开始必然是娱乐自己的成分大于娱乐别人的成分。甚至一个成人演员,在演出时也是在"角色"、"自我"、"娱人"、"娱己"间进进出出,无法说清楚自己的体验,更何况幼儿呢! 而且,在真正的幼儿戏剧情境中,小演员和小观众们是"互娱"的,这一点将在下文中谈到。但是,随着儿童的发展和戏剧活动的进行,孩子们越来越意识到:表演得好不好,不单单是自己喜欢不喜欢、高兴不高兴的问题,更大程度上是由观众来评判的。

在没有观众意识之前,幼儿游戏时的心理过程如图10-1:

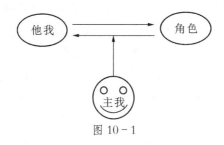

图 10-1

"我"与"角色"之间产生互动,我为了模仿好这个角色而调动自己,模仿"角色"的特质也就成了"我"的一部分。而作为模仿者,还存在着一个"主我",他观看着"我"与"角色"间的互动过程。

在有了观众意识之后,表演时的心理过程变得非常复杂,作为演员的主我将反思更多的关系。如图10-2:

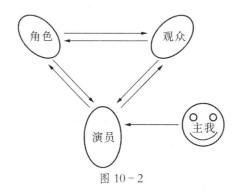

图 10-2

演员表演着角色,他把自己的特质和对角色的理解都融合在表演中,创造了他的角色;角色的特质又反过来塑造演员的表演和演员的特质。演员为观众演出,创造的角色影响了观众对生活和戏剧的理解;反过来,观众的反映影响演员的发挥和调整。而观众根据自己的经验去理解角色,塑造自己的"哈姆雷特";角色的故事引发观众对生活的反思,影响观众对生活的理解。

"演员"作为我们讨论的主要对象,他还存在一个"主我",观察、反思着自己与角色和观众之间的互动。这个过程也在一定程度上验证了"艺术本质确证说",即艺术是人类专门为实现人的确证,或者说,为了体验确证感而创造出来的。在艺术中,通过情感的体验和传达,就实现了人的自我确证和人与人之间的相互确证。

四、教育中的戏剧

如上所述,戏剧是人类自我教育的手段,这是因为戏剧把人类生活集中、鲜明、直观地表现出来,使之被观照,并引发演者和观者的自我反省。这是从戏剧的本质意义上来说的。事实上,在封建社会教育不普及的情况下,中国传统的戏剧客观上就发挥了寓教于乐的社会教育的功能。但戏剧被有意识地引进到教育机构当中,是十世纪的事情。欧洲教会首先将戏剧引入教育当中。教会把耶稣复活神谕改编成戏剧,在复活节礼拜中演出,希望能够通过耶稣复活的戏剧表现,让许多不识字的教徒学习到复活节的故事,并因此可以比较充分地参与弥撒中具有象征意义的活动。

从 20 世纪 30 年代开始,戏剧在美国、英国等许多国家的学校里成为一项广为接受的教育方式。其形式通常有两种:一种是将戏剧视为一门独立的学科,让学生学习戏剧及剧场的艺术;另一种则是将戏剧作为其他学科教育的工具,特别是历史与语言的教学。

其中,一种名为"创作性的戏剧活动",将戏剧活动导入语言教学的方法中,使死板、枯燥、平面的教材变成生动活泼、充满情趣、立体显现的教材。学生在表演活动中体会、领悟、了解、记忆教材的内容,达到最佳的教学效果。在中国传统的幼儿园语言教育活动中,教师也常常采用这种被称为"表演游戏"或"故事表演游戏"的活动,作为文学活动的一种特殊教学活动形式。这种活动通过对话、动作、表情再现文学作品,帮助幼儿理解体验作品的内容。有时还用来帮助幼儿迁移作品经验,完成文学作品提供的间接经验与自己的直接经验相结合的过程。例如表演过程中,教师在旁边领诵故事、串联情节,扮演某个角色的幼儿则在角色台词需要时参与对话独白,其余幼儿可以随教师附诵故事。我们将这种类型的表演活动归为"以语言教育为中心的戏剧"。

另一种是为了节日或庆典而排演的童话剧。一般操作方式是:教师选定表演的故事、演员,利用专门的时间进行排练,指导训练幼儿记住规定的台词、动作、表情,乃至舞台上的走位。由教师或更专业的人员制作服装、道具,设计灯光、背景音乐……这种戏剧形式以戏剧的审美娱乐为目的。我们将这种类型的表演活动称为"以表演娱乐为中心的戏剧"。

近年来,我国的一些中小学校开始把戏剧作为心理疏导的一种途径。通过这些戏剧,不仅帮助教师了解学生的心理,而且较好地解决了孩子们的心理问题。我们将这种类型的表演活动,称为"以心理康复为目的的戏剧"。

日本幼儿戏剧教育者冈田正章质疑了"以语言教育为中心的戏剧"以及"供成人取乐的杂耍"是以成人意志为主的戏剧。他提出:幼儿戏剧性活动应从孩子开始,注重孩子本身的内在需求,关注孩子的自发性活动,丰富孩子的想象力,发展孩子的创造性表现力。同时,还要认识到自由活动对幼儿运动能力以及人格形成的重要性。北京师范大学刘焱教授等人于 2000 年初到 2001 年 6 月进行了以促进幼儿主体性发展为指导思想的"幼儿主体性表演游戏"的研究。她们的活动强调幼儿在游戏活动中的主体地位,表演游戏是幼儿在教师支持下的自主活动,教师不为幼儿的表演游戏预设框架和标准,表演游戏将在教师和幼儿的互动过程中逐步发展与完善。张金梅博士在她所进行的幼儿园戏剧综合活动的研究中,针对中西方儿童戏剧教育"工具论"取向和"本质论"取向分离的现状,试图建构一种"通过"戏剧综合的教育,强调"工具论——全面发展"取向和"本质论——戏剧审美能力发展"取向的价值融合的活动目标特性;强调围绕儿童戏剧经验的建构而不断生成多学科、多层次的综合教育的活动结构特性;强调儿童主动地、创造性地参与的活动过程特性。这种类型的表演活动也可以称为"以全面教育为中心的戏剧"。

第二节 建构性的集体戏剧教学活动

建构性不应该是一种机械的模式,而应该是一种幼儿戏剧教学的基本思路。前述戏剧活动所追求的目标是:发展语言能力的目标;发展审美能力的目标;发展自主创造能力的目标;以及矫正心理疾病、发展健康人格的目标。这些也应当是幼儿戏剧教学追求的目标。关键的问题是:怎样避免目标的"以偏概全"和不同价值的相互对立、相互抵消?

一、"建构性戏剧"的基本立场

前述那种"节日排演"的戏剧活动模式,是典型的"时间短,见效快,又有秩序"的戏剧活动。因为这类活动是最被看重的目标,就是在短时间里要拿出一台"像样的节目"。为了演出的结果,教师不可能给幼儿更多的时间充分发表自己的意见,也不可能给幼儿更多机会尝试自己的想法,而只能是对教师的"全部意见"无条件地贯彻。用建构主义的观点来看,这种过程不能算是一个主动学习的过程。

"故事表演游戏"最常见的形式是教师(或者是会讲故事的小朋友,在"小舞台"游戏区里则可能是使用故事音频)在一边讲故事(名曰旁白),小演员们随着旁白用动作表演故事情节。这类活动最被看重的目标是帮助幼儿完整地记住故事的情节和语言,教师必然会严密监控和督促故事情节和语言的再现结果,而幼儿除了回应教师引导和指导以外,几乎不可能产生自己的问题和需要。因此,虽然通常一两次活动之后,幼儿能"像模像样地表演出来",也可以做到时间短、效果好,但用建构主义的观点来看,这种过程也不能算是一个主动学习的过程。

实际上,完全完美的事物是根本不存在的。如果为了成人赏心悦目的戏剧欣赏效果去迫使幼儿完美,甚至塑造幼儿完美,表面上似乎是赢得了时间,获得了"完美",但说得"危言耸听"一点,这种"完美"让孩子们牺牲了一些非常珍贵的东西——牺牲了他们犯错的机会,牺牲了生发于他们自己经验的表达机会,牺牲了他们主动对自己生活反思的机会,牺牲了互动、对话环境下建构他们自己的知识的机会。而这些机会对他们来说,是那么有意义!

二、"建构性戏剧"的基本原则

"建构性戏剧"的基本方法是:尊重儿童的兴趣和意愿;以儿童现有能力为基础。我们尊重幼儿的意愿和儿童现有能力,幼儿就能按他们的意愿与能力来进行戏剧编演活动。这样,幼儿就能够在这一过程中体验到驾驭感、自由感。戏剧活动对他们来说,就像是一个在快乐游戏中主动学习的过程。

(一)尊重幼儿的兴趣和意愿

整个活动以孩子们的选择和判断为主。我们相信,儿童是有参与能力的。他们的参与能力至少包括：自我概念的觉醒、理解他人观点的能力、交流与合作的能力等。提出儿童有参与的权利，这是因为：第一，儿童不应该被简单地视为一个弱小的群体，因而需要特殊的照顾，他们应当作为一个拥有权利的群体而被所有人尊重。第二，虽然儿童正处在发展中，但他们仍然是独立的个体。他们有自己的感情和对事物的意见，应该得到尊重。第三，儿童在表达自己的需要时是最有发言权的，"儿童是儿童问题的专家"。第四，给予他们适当的支持和尊重，儿童可能做出更合理的、更负责任的决定。

1. 尊重幼儿的剧本决定权

孩子们编的故事在大人看来很简单，但哪怕再"简单"，再"无趣"，它都真实地反映了孩子对生活的关注、对生活的体验。在某幼儿园建构性戏剧活动研究过程中采用了如下的方式——每次活动开始时，教师都会询问幼儿的意见：这次愿意演谁的剧本？在幼儿喊出多个提名之后，教师允许他们以"用脚投票"的方式来决定中选的剧本。以下是该园某班在某阶段选择演出次数最多的三个剧本。

范例 10-1

王薰仟的故事

有一天，小树叶飘到了河里，碰到了小鱼。小鱼说："我们一起出去玩，好吗？"小树叶说："好啊！"他们一起漂到了小溪里。小溪里真漂亮，有五颜六色的石头，溪边有青青的绿草。过了一会儿，太阳出来了，小鱼说："真热啊！"小树叶就漂到了小鱼的上边，为它挡住了太阳。小鱼游到哪儿，小树叶就漂到哪儿。正在这时，刮起了大风，小鱼和小树叶都不能掌握方向了，突然感到自己从很高的地方摔了下去，原来是小溪流到了瀑布的地方。小鱼和小树叶都摔昏了过去。

当小鱼醒来时，看见一条小船划了过来，船桨马上要打到小树叶了。小鱼赶紧游过去，把小树叶顶到了岸上。小树叶醒过来，谢谢了小鱼。小鱼跟小树叶说了声"再见"，就游走了。这时候，有几个小朋友在小溪边玩耍。他们跑来跑去，有个调皮的小朋友差点就要踩到小树叶了，突然，有个小朋友说："小心！别踩！"那个调皮的小朋友就又把脚缩了回去。说话的小朋友走过来，拣起小树叶，说："多美的小树叶啊！上面有红色、黄色、绿色、黑色、咖啡色，真好看！"她把小树叶带回家，夹在她喜欢的一本书里保存了起来。这个小朋友就是王薰仟。

董拿云的故事

有一天大树妈妈长了好多孩子。后来来了一阵风，小树叶落进了河里。小树叶在河里碰到了一条小鱼。小树叶对小鱼说："我们一起去旅行好吗？"小鱼说："好啊！"

小树叶用魔法把小鱼变成了一只小牛，小牛就把小树叶背到了山顶。走啊走，后来霸王龙来了，想吃小牛。它们俩躲到了一个洞里。霸王龙找不到它们，就走了。后来，小树叶和小牛出来了，它们就爬到山顶。到了山顶，天还是亮的，它们就开始吃东西，吃零食，吃完零食就回家睡觉了。

> 第二天，它们又爬到另外一座山顶上，在山顶上盖了一座小房子。它们下了山，走啊走，突然碰见了一只老虎，它们就喊来了猎人。猎人把老虎打死了。它们就高高兴兴地回家了。
>
> **赵君睿的故事**
>
> 有一天，小树叶在池塘里面玩，后来碰见小鱼，对小鱼说："我喜欢你，你能不能跟我去探险啊？"小鱼说："好啊！"小鱼和小树叶一起游到了森林中的小河里，很可怕，遇到很多很危险很刺激的事情。它们看见了大灰狼黑黑的、亮亮的眼睛。当它们游出大森林后，遇到少数民族的朋友在跳舞，它们和他们一起跳了起来。这时，霸王龙来了，把它们吞入肚子里面。小鱼和小树叶在恐龙的肚子里面打洞，终于跑出恐龙的身体，回到了池塘边。小树叶告别了小鱼，回到了大树上。

从感情上说，原始人的感情是悲喜交加的，儿童的情感也是悲喜交加的。人类的表情可以分为笑、痛苦和破涕为笑。这三个故事恰恰表现出"破涕为笑"这样一种混杂的情感。也许是因为我们的题目就叫《小树叶历险记》，这些故事与悲喜剧的原型——追寻的仪式正好吻合。

2. 尊重幼儿的参与决定权

决定剧本后，教师要让幼儿自己来决定：这一次参不参加演出？参加哪个剧团？自己演什么角色？以下是该园某班在某阶段对参与决定权问题的讨论记录：

> 从11月12日一直到12月10日，四次活动只表演了董拿云和王薰仟两位小朋友的剧本。所以到了12月10日，当老师问小朋友想不想进行戏剧表演，有几个小朋友表示不想演了。
>
> 五个表示不想演的小朋友的理由是："天天演，不耐烦，没意思。""太难了，老要选人。""总是有小树叶。"
>
> 而另一些想演的小朋友的理由是："可以当导演。""可以不当自己了，可以变化不同的角色。人不够时，我还可以演两个角色。""我演得很好。""我喜欢当霸王龙。""我喜欢当老虎。""可以跟大家一起玩。我想天天和大家一起玩。"
>
> 在和小朋友商量之后，老师说不想演戏的小朋友可以不演，可以当观众，也可以做别的事。想演的小朋友可以选自己想演的剧本，自己组织剧团分配角色。
>
> 在重新选择剧本的时候，大部分小朋友想演赵君睿的故事。
>
> 在一个上午的活动结束后，老师问："今天高兴吗？"幼儿回答："高兴，原来只演一个，现在有新的了。"
>
> 12月17日，老师一走进教室，一个幼儿就跑过来说："老师，我今天要演戏的。"老师回应说："好啊！但为什么呢？"幼儿答："上次很好玩，但我没演。"

(二) 以幼儿现有能力为基础

以幼儿现有表现能力为基础,是指要充分关注和尊重幼儿在发展剧情过程中的各种想法。幼儿的各种想法,无论教师认为其价值几何,首先都是幼儿"现实能力基础"的一种表现。如果教师只考虑自己想要幼儿怎样,只顾按照自己的标准去评价幼儿,那也就不可能关注幼儿的现实能力,当然也就根本不可能做到以幼儿的现实能力为基础来支持幼儿发展。在建构性的戏剧教学活动过程中,评价是最重要的中间环节。教师必须通过鼓励幼儿自己思考、自己表现、自己评价,让幼儿自由地将他们的现有能力展现出来,并在认真观察这些展现的真实意义的基础上了解幼儿,再在真实了解幼儿的基础上选择支持幼儿"继续建构"的策略。

1. 尊重幼儿的评价权

在建构性戏剧的"排练演出"过程中,幼儿不但可以按自己喜欢的方式模仿和表演,而且还被鼓励自己作出评价。每次排演过程中或表演结束后,教师都应组织"演职人员"和"观众"一起讨论:好在哪里?哪里不好?怎样改进?尽量避免无视孩子们自己的理由和标准,而仅仅按照自己的判断标准来对幼儿的表演给予"好不好"、"像不像"的评价。

"老虎应该是凶凶的,可是刚才的老虎一点也不凶。"

"猎人应该躲起来,不然会被老虎吃掉的!"

"我喜欢吴婉清演的小树叶,她这样慢慢转然后蹲下去,就像小树叶滚啊滚,滚到了小河里。"

"小黄鸡追蝴蝶玩,就应该跑来跑去,不能站在那里不动。"

通过给予幼儿尽可能多的自由表达的机会,教师不但体会到:只有了解幼儿才能"有的放矢"地支持幼儿,还体会到:只有尊重幼儿,给幼儿应有的自由表达的机会,幼儿的学习潜能才能真正充分地展现出来。

2. 尊重幼儿的提问权与讨论权

学习的时机只有在参与者想要获得他人观点的社会互动中才会出现。幼儿作为学习者,是基于自己与世界相互作用的独特经验和赋予这些经验的意义去建构自己的知识的。当幼儿参与意义的建构而不是被动接受由环境直接传送的知识时,学习便发生了。

在一个小剧团表演结束,观众和导演对他们的表现进行了评价之后,老师问:"还有什么问题吗?"

出演大灰狼的张悦涵举起了手:"我不知道狼是怎么叫的。"小朋友们纷纷学起了狼叫。老师请了几位小朋友演示。张悦涵选了自认为最像的一种进行了模仿。

老师表扬了大家,接着又认真地问:"还有什么不会不懂的地方吗?"

阳阳举手说:"我不会学三角龙走路。"赵君睿就拉着阳阳的手一步一步地教着他走。

导演赵君睿又举手说:"我不知道少数民族那边怎么弄?"老师不明白:"不知道少数民族那边怎么弄是什么意思?"经过向幼儿进一步提问,了解到幼儿需要在戏剧的某情境中表现少数民族庆祝晚会的场面,但所有的小朋友包括导演赵君睿,都不知道少数民族是什么。

于是,老师说:"我们前两天不是刚学过《摘葡萄》的舞蹈吗?这是维吾尔族人们跳的舞。维吾尔族就是少数民族的一种。我们国家的少数民族都很会唱歌跳舞。当我们演到少数民族跳舞那段时,小演员们就跳我们会跳的舞好吗?"大家同意了。

老师弹钢琴为大家配音乐跳了一遍《摘葡萄》的舞蹈。

这次活动后的星期一,有几个幼儿带来讲述少数民族的图画书,丁伟嘉还带来了一段少数民族歌舞的视频。许多幼儿开始热情地投入研究:怎样在表演中表现这些行为。

很显然,在这次活动中,小朋友们并没有搞明白"少数民族"是什么。在接下来的星期一,孩子们带来的资料显示了家长作为社会文化的支持者在孩子成长中起的作用。但"少数民族"这个概念的建构,可能还要持续很长时间。孩子们看似迷惑的观点,恰恰表明他们目前的理解程度。真正的学习是在社会互动中,在冲突、混乱和惊慌中进行的,要持续较长的一段时间。

3. 尊重幼儿的反思权

教师需要提供机会并支持孩子们对学到的经验进行反思,这也是建构性戏剧学习的重要原则。这种反思需要在一个团队分享的情境中进行。在团队分享的情境中,幼儿个体用语言说出自己反思内容的过程,将自己的学习收获进一步明晰,进而成为自己发展的新起点,也成为教师帮助其发展的新起点。

在又一次演出结束后,老师问大家今天高兴不高兴,小朋友们都说高兴。老师就请大家讲讲为什么高兴,小朋友七嘴八舌地讲开了。

"我学会了赵君睿的故事。"

"我跳少数民族的舞跳得很好。"

"我学会了一个词'鱼娃娃'。"

"我看到树叶出来时转着飘,我很高兴。"

"我下次想表演时,我就会表演了。"

"我会演三角龙了,我觉得我演得很好。"这是阳阳,开始提出自己不会,后来导演手把手地教会了他。

"我知道了导演有时候也要停下来给演员讲话。"这是郑若奇的总结。他在评论演出时,批评导演讲故事"一会儿停一会儿停的,没有连起来讲"。马上就有小朋友不同意,说:"不对,导演要是一直讲,小鱼和小树叶就没法说话了。"大家经过讨论,得出一致意见:导演在讲故事时,如果到了演员讲话的时候,导演就要停下来,让演员说话。

"我当导演当得好。"这是赵君睿。

"我把朱晓艺的动作都学会了。"朱晓艺在表演"少数民族跳舞"时,跳出了许多好看而且特别的动作,引起了大家模仿的愿望。

"我看小树叶在三角龙肚子里打洞时很高兴。"这是一个小观众。

"我跳舞的时候跳得很好,因为我第一次没有绕(手),第二次我加上了手的动作。"

"第一次我不知道站在哪里,出来时我觉得自己可能堵住出口了。第二次我就站在一边了。"前面曾经讨论过:没轮到上场的演员和表演完毕下场的演员该站在哪里?大家一致同意:可以站在一张桌子后面。于是,每次演员们都站在那张桌子后面。这次因为演员特别多。于是,有人发现了一个新的问题,并在第二次时解决了它。

"我跳舞的时候做了很多动作。"

"我有点会讲赵君睿的故事了。"这是一个以前没听过赵君睿故事的小观众。

这是一次活动后的反思。有的小朋友反思了自己从别的小朋友那里获得的启示,有的小朋友反思了自己在活动过程中的监控和调整,有的小朋友反思了自己先前的错误观念,还有的小朋友学会了别人的反思方法……通过活动后的集体反思,孩子们感到了自己的成长。他们体验到的这些变化,就是对他们有意义的知识。

在这里使用"成长感",而没有使用"成就感",是因为获得成长感比获得成就感能更好地促进幼儿的可持续发展。获得成就感的前提是"成功"地完成一件事,而这成功的标准必须通过横向比较或外人、权威、公众的赞许而得来。而成长感则强调与自己的纵向比较,强调自己的努力和实际的收获。即使一件事没有成功,或是犯了错误,只要反思到了失败或犯错的原因,就是一种成长,就有了"成长感"。

在这里,幼儿不再被要求正襟危坐地"上课",也不再是教师手里的"提线木偶",而是被鼓励编出自己的剧本,选出喜欢的剧本,自己找朋友组成剧团,争取演自己喜欢的角色,投入地表演。幼儿满教室寻找能用上的道具,表达意见,争吵并学着协调、妥协,偶尔也被允许打打闹闹放松一下。每一个人都有事可做,绝大部分孩子都投入自己的事情,大部分孩子都兴致勃勃,就像忙碌的小蜜蜂。这便是建构性戏剧活动创造的最令人欣慰的场景。

三、幼儿戏剧和生活的双向建构

上面我们谈到戏剧是对生活的当众反思,幼儿的戏剧就是对他们生活的反思。戏剧反思了他们的生活,生活规定了幼儿的戏剧。我们一起对戏剧活动进行反思,戏剧又反过来塑造了幼儿对生活的看法。这个时候,就达到了幼儿戏剧和生活的双向建构。幼儿的真实生活和戏剧生活通过戏剧表演进行了对话。在这种双向建构中,我们可以分析出三个方面的表现:幼儿戏剧表演因素的建构;幼儿戏剧活动中因素的建构;幼儿生活的建构。

(一) 幼儿戏剧表演因素的建构

在这里,表演因素指的是表演时的动作、表情、语言、情节、道具的运用等关系到看戏体验的审美内容。这些方面是最直接地被看到、被体验到的。小朋友最直接的评价就是"像不像"。

1. "像不像"观念的建构

戏剧非常重要的特征之一,就是通过动作模仿来反映人类的生命活动。孩子们很早就有"可以做动作让别人一下子就知道你是谁"这样的经验,而孩子们演出之后的讨论和评价,大多数集中在动作的表现上。

(1) 关于怎么表演"死"。

第一次丁伟嘉演的"老虎之死"在观众评价时得到了称赞:"老虎死了以后一动不动,演得好。"在接下来的一段时间里,所有的老虎在死的时候都是扑通倒地,一动不动地躺在地上,其他角色们在旁边庆祝着。

有一天,到了该一动不动的时刻,丁伟嘉演的老虎却翻了个身。一下子,准备一起欢呼的观众们愣住了。猎人赶紧上前补了一枪,老虎还是一个翻身。猎人又补一枪,老虎才慢慢地不动了。

事后评价时,有观众提出来了:"老虎演得不好,死了还要动。"

老师问丁伟嘉:"你刚才为什么要动呢?"

丁伟嘉为自己辩护:"猎人没打准。""哦,有时候老虎不是一下子死掉的,猎人要打好几枪呢。这时候,老虎是要挣扎的。"此时,"一下子死掉"的标准被改变了。

过了不久,张悦涵跑过来告诉老师:"久久演的三角龙死掉以后眼睛和嘴巴还在动。"

教师建议说:"那你去问问他,为什么要动?"

于是,张悦涵跑去问久久:"你都死了,为什么还要动?"

久久回答:"我看到电视上有的人被打死了还要动的,眼睛还睁着的。"

周围好几个幼儿附和:"哦,我也看到过的。"

(2) 关于怎么表演"怎么把小树叶吃到肚子里"。

赵君睿的故事里有三角龙把小树叶吃到肚子里的情节。可是在表演时,小演员感到了为难。

下面有观众说:"拿盒子!"

老师拿来了大纸箱,还有一块以往他们扮演"风"时用的白布。

扮演恐龙的演员想到了一个办法:"躲到我衣服里!"小树叶试了试,可以,但就是有点小。

又试试纸盒子,大家都摇头,观众说不像,演员说不好演。

再试试白布,可以的! 大家都笑成一团。

这时,杜玮钰想起自己有一件大衣,说:"我有一件大衣,等会儿我们用。"

在建构性的戏剧原则指导下,教师鼓励幼儿尝试各种可能性是非常重要的。这是一种支持幼儿主动学习的方法。

2. "真的和假装"观念的建构

审美者与审美对象之间只有保持一定的心理距离,才能产生美感体验。审美心理距离也是戏剧审美活动一个不可或缺的要素。大多数学者都承认,戏剧起源于仪式。有人认为,从观众的角度看,当参与仪式的人尚未从仪式中脱离出来"保持安全的距离",或者说,还在"实际参与"仪式的时候,戏剧还只是仪式,而不是戏剧。只有在参与仪式的人从仪式中脱离出来,不再亲身参与进去的时候,戏剧才开始成为戏剧。荣格在评论尼采的"日神精神"和"酒神精神"时指出,审美的态度使这个问题立刻转化成一幅图画,观众可以安然地对它沉思,品评其美丑,只是在保持安全距离的情况下重新体验它的激情,而没有陷入其中的危险。[①] 也就是说,戏剧产生于一种审美的观照,而不是实际的参与。

审美心理距离也是幼儿戏剧存在的心理基础。但是,幼儿的心理发展特征使得他们更加容易投入到戏剧的情节、情绪中去,参与到戏剧的创造中去。让他们保持冷静,全然以旁观的状态出现,就引不起审美经验,会索然无味。事实上,幼儿从来就是好的参与者。

> 现在要表演的内容为:三角龙把小树叶吞进肚子里。小树叶在恐龙肚子里打转,小牛在外面找了根棍子打三角龙,直到把小树叶救了出来。
>
> 排演时,导演赵君睿指导小鱼的扮演者林雨晨"要假打,不要真打"。林雨晨听到导演叫唤,拿着个棍子,站在那里不知所措了。
>
> "打呀打呀,快把小树叶救出来!"观众们忍不住了,叫了起来。但马上又有人像发现了新大陆似的,学着导演叫道:"不要真打,要假打!"
>
> 雨晨似乎懵了,还是打了下去,打在了恐龙身上。因为是真打,所以怕打伤,这一棍子就特别地软绵绵、轻轻的,"小牛勇救小树叶"的"勇"于是一点都没有表现出来。小观众们不满意了。在演出后评价时,很多人对小牛"真打"提了意见。
>
> 老师让提意见的大宇演演看。大宇拿着棍子装作朝着老师打过去的样子,老师连忙小碎步假装逃跑。大宇"咬着牙"举着棍子追,追到了就举着棍子"狠狠地"朝老师砸过去。但是,还没碰到老师的身体棍子就停住了,一下又一下。老师假装很疼的样子,直叫饶命。小观众们一下子兴奋起来。

观众一开始叫"打呀打呀,快把小树叶救出来"时,是一种移情。观众融入到了故事中,好像切身感受到小树叶的危急情况,却又对小鱼的慢吞吞着急万分,此时此刻审美距离被拉近了。若是谁还能保持冷静,此刻的他就不叫"看戏"了。但当有人意识到真打就不是演戏,学着导演叫"不要真打"时,他就在自觉地调整距离了。毕竟,戏剧是以"假定性"为前提的。当小鱼真打下去时,"真打"与"假定性"矛盾,"软绵绵"与"勇"不符,情感与理智上都没有达到观众的审美要求,难怪观众有意见。在经历了审美的不满足之后,孩子们已经有一些控制审美距离的经验了。所以,当大宇"咬着牙"、"狠狠地"样子引发了孩子们情感的共鸣。另一方面,棍子没碰到身体就停住,也恰到好处地表现了"假打",审美距离适中,所以孩子会兴奋

---

① 胡志毅著:《神话与仪式:戏剧的原型阐释》,学林出版社 2001 年版,第 16—17 页。

起来。实践证明,孩子们的表演活动既是"有距离的",又是"切身的"。

(二) 幼儿戏剧活动中因素的建构

戏剧活动中的因素不同于戏剧表演的因素,是指整个活动流程中剧团的组成、剧团里的协作、演出效果,包括表演效果、观看效果等的改进。从幼儿真实的建构活动中,可以归纳出以下几点。

1. 剧团组织的建构

剧团的组织包括剧团的组成和角色的分配两部分。剧团的成员不是固定的,而是变化的,每一次活动都要重新组织。一开始的时候,教师根据全班的人数,找五至六个会讲故事的小朋友,请他们做"导演",站在中间;请其余的小朋友和自己愿意一起演的导演手拉手,站成一圈,这样组成了五到六个小剧团。后来,教师开始请小朋友们先组成剧团,然后选自己的导演。

老师:"今天你们想演谁的剧本啊?"
"王薰仟的!"
"赵君睿的!"
老师:"那好,想演王薰仟故事的人站到这边来。""看看,可以分成几组?"
"两组!"
"三组!"
老师:"你们先数一数。"(小朋友们开始数人数。)
老师:"11个小朋友,你们认为分成几组比较好?"
"两组。"
老师:"为什么?一组人……"
马上有小朋友接着说:"太多了。"
"三组人……"
"太少了!"
老师:"请你们自己分成两组。我们数一、二、三!"
小朋友们分成了两组,但一组4人,另一组7人。有小朋友提出这样还不行。
老师:"我们再来数一、二、三!"
大宇本来在7人组,他看了看,主动跑到4人组。剩下来的小朋友,是想演赵君睿的故事的。老师请他们自己按照刚才的方法分组。
同样,又有了人多人少的问题,又有小朋友自动地作了调整。
老师:"现在,请你们商量一下,决定自己这一组的导演。"

活动结束时,教师对大家的表现进行了反馈:"今天大家分组时很能干。我们下次分组的时候就知道了,不仅要考虑你想和哪些小朋友一起演,还要看看人数是不是差不多啊。"

通过这次互动，小朋友们第一次明确地发现：原来组成剧团不仅仅是要按照自己的意愿，还要考虑人数的多少。必要时，要调整自己的意愿，服从整个情况的需要。演王薰仟的故事的小朋友在教师的协助下分了组，其他的小朋友在一边进行观察学习，教师马上就给了他们实践的机会。事实证明，他们学得不错。这个环节也体现了建构主义教育原则之一：一种真实的学习环境要求认知的需求与学习者必须为之做好准备的环境中的需求保持一致。最后，教师还提供机会让孩子们对学到的经验进行了反思。

但是，有时候，知识不像上面这个例子一样可以被明确地理解。前面我们谈到，在信息传输过程中，差错、干扰和无序总是存在的。可以说，恰恰是这些差错、干扰和无序促进了人的智慧的复杂化。但是，新的知识观告诉我们，不能把信息看作为知识。知识是建构性的、社会性的、复杂的、情境性的、默会的。事实上，四个人不是不能演戏，就像十一个演员有十一个人的演法一样。我们不急于要求孩子们一下子全部掌握这里面的逻辑，何况他们不可能一下子全部掌握。我们会给他们时间，给他们机会，我们会等待。

小朋友们关于如何进行角色分配的知识建构，也体现了知识的复杂性、情境性和默会的特征。这个班的孩子还在小班时，老师就告诉他们几个人在一起做事时要互相商量的原则，并学习了"请你……好不好啊"这样的句型。

一开始，角色分配采用的是"自报家门"的方法。每一个小朋友根据自己的意愿轮流说"我是小羊"、"我是老狼"、"我是大象"……但总有小朋友报出来的角色已经被前面的人占有了。不过他们倒也谦让，不用教师怎么调停，就"乖乖地"妥协。这个时候，他们是"听话的好孩子"。我们在反思中提出尝试着把他们原有的"商量的经验"迁移到角色分配这个新的情境中来。于是，就请导演负责带领大家进行角色分配的协商。在开始之前，教师讲了商量的句式——"你想当什么呀""你们说好不好呀"。

> 王薰仟当导演的这个剧团一共有 5 个小演员。
> 王："你想当什么呀？"
> "我想当小鱼。"
> 王："你们说好不好呀？"
> "好！"
> ……
> 小晴说她想当萝卜。
> 王："你们说好不好呀？"
> "好！"

事实上，这个故事里没有萝卜这一角色。到这时，他们的这种商量还算不上是真正意愿的社会互动，更像是对教师的句型的机械重复。孩子们对"商量"的理解还停留在"一问一答"的形式上，问是惯例的问，答是惯例的答。"商量"的精髓，孩子们还不知道。

> 突然，有人发现了，故事里没有萝卜！王薰仟有点为难了。她看看站在一边的教师。

教师只是微笑着看着她:"那该怎么办呢?"

她的脸有点红了。停了一会儿,她终于慢慢地说:"那你换个别的好不好?"

大家开始看还有哪些角色没人演。

"还有小船!"

"你演小船吧!"

大家都开始劝小晴,小晴愉快地答应了。

突然出现的急需解决的问题情境,为孩子们对"商量"的理解提供了一个契机。虽然没有明确的言语知识,但是这些孩子有了这种情境下"商量"的初次体验了。活动结束时,教师将这一事件告诉了所有的小朋友,即强化这几个人的经验,放大他们的体验,使别人也从中受益。到后来,幼儿发展到可以协调解决产生的矛盾,如:

"你想当什么呀?"

"我想当小树叶。"

"那好吧,那我就当小鱼吧。"

"我不想演调皮的小朋友!"

"可是那就没有人演了。"

"那我和你换吧,你来演听话的小朋友。"

这些表达自己愿望、又能根据别人的意愿调整自己想法的对话,经常能在角色分配时听到了。到后来,甚至出现了董拿云想扮演恐龙而与别人商量未果、又不想演别的角色而退出表演的事情。而教师总是在后面对这些情况进行反馈,促进大家在相互交流、相互支持的环境中反思,建构自己的经验。

2. 导演作用的建构

刚开始的时候,教师考虑到幼儿对故事不熟悉,再加上他们曾经有过在磁带讲故事的"伴奏"下表演《小羊和狼》的经历,就请三个会讲董拿云故事的小朋友,并找愿意和他们一起演戏的小朋友组成"小剧团"表演。这三个会讲故事的小朋友既要表演角色又要在一边讲故事,我们称他们为"导演"。后来几个星期,表演其他小朋友故事的时候,剧团召集人的一个必要条件就是:他必须会讲他想演的那个故事。到后来,剧团召集人这个角色没有了,大家按自己的兴趣自由地组织剧团,自己推选导演,但大家还是把会不会讲故事作为条件之一。

12月24日,在先选定演赵君睿和王薰仟的故事后,老师请幼儿自由地分成两个剧团,然后说:"请你们商量一下,决定自己这个剧团的导演。"小演员们商量了起来。

在第一小剧团里,董拿云举手表示要当导演。张悦涵小声问他:"你会讲赵君睿的故事吗?"董拿云点点头。

教师问张悦涵:"你不会讲吗?"张答:"不会,但我会讲自己的故事。"

其他小朋友也对教师说他们不会讲赵君睿的故事,这个团的导演就只有董拿云而别无他人了。

在第二小剧团里,既没有人会讲赵君睿的故事,也没有人会讲王薰仟的故事。杨可凡要求当导演,大家就演杨可凡的故事了。

可以看出来,"导演"一开始是一个"故事旁白者"。到后期,虽然教师并没有提示,孩子们还是默认了"导演必须熟悉剧本"这一条件。

在引入"导演"之后的几次活动中,一些组织能力比较强的孩子在当导演以后,俨然一副总指挥的样子。他们充当分配角色时的协调人:

你想当什么呀?
你们说好不好啊?
可是没有萝卜,那你换个别的好不好?
你演小树叶好吗?
你演大树妈妈好不好?
可是老虎已经有人演了,你还是演大树妈妈吧!
……

指挥上场顺序:

哎,该你了!
恐龙快来!
快说话呀!
……

指点一些演员的动作或是台词:

船要这样子划,一下一下的!
你的脚不能踩上去的!
你说"我们一起去爬山好吗?"
……

其实,教师在指导剧团的表演时有时会说:

哎,导演,你们剧团的老虎都跑到那边玩去了,你怎么也不管啊?
导演,你看你们的小船要怎么划才像啊?

随着建构性指导经验的逐步丰富,教师在演出结束后的集体评价前加上了导演评价,也就是让导演说说在排演时哪些小朋友演得好。第一次,有三个导演的评价都集中在表演上:××好,因为他演的瀑布很像;××好,他从瀑布上跳下来时跳得好;××好,他划船划得很像。

一个对表演态度进行了评价:××好,因为他演大树时一动不动,别的人都走来走去的。

还有一个对成员的帮助表示了感谢:××好。我弄错了,他提醒我了。

到第三次,导演们的评价变得惊人的一致:××好,我说什么他就做什么;××好,我让他怎么做他就怎么做。

小演员们在自己评价自己的表现时也出现了:"我听导演的话了……"

到这时,导演的作用被建构成"绝对的指挥者"、"导演的命令必须服从",而其他人按导演说的做就是"好"。

这个时候,教师感到了"错误"的存在,但是这个问题太复杂了,不是一两句话就能解释清楚的。说他们的理解错了,难道导演的话不该听吗？你有你的意见,我想按我的想法做怎么办？对他们的话表示赞许,难道导演就能"一手遮天"吗？其他演员就没有发言权了吗？这时,教师一方面坚持"给幼儿时间",暂时让幼儿保持这种理解;另一方面,教师开始有意无意地询问其他演员的意见,并在评价时给小演员们留出时间,让其交流自己的问题和对别的成员的看法。

又过了一段时间,一个小剧团到舞台上表演,而观众们很不满意。这时,教师就组织大家讨论。

师:我们怎么才能演好呢？
幼:导演要睁大眼睛看！
师:看什么？
幼:看谁演得好、谁演得不好。
师:导演要睁大眼睛看,小演员要怎么办？
幼:小演员要好好演。
幼:小演员也要睁大眼睛看。
师:小演员也要睁大眼睛看？为什么？
幼:要看别的小演员演得好不好。
师:那我们第一遍演完了,怎么办？
幼:还要演第二遍。
师:第二遍怎么能比第一遍演得更好呢？
幼:第一遍完了,导演要把错误指出来,第二遍就演得更好了。
幼:小演员也可以指出错误来。
师:是啊,小演员也可以指出错误来的。你们不是开过小会吗？第一遍演完了,大家可以开个小会啊,导演和小演员都把自己的意见讲出来,第二遍时就照着开会时说的改。我们去试试看,好吗？

赵君睿、吴婉清、杜玮钰、林雨晨一组,拿了一排小椅子放在墙边。没轮到的和演完的小演员就坐在上面看别人演。整个场面严肃认真,有条不紊。演过一遍后,他们坐在小椅子上讨论了起来。

又排演过两次后,潘老师把大家集中起来,请赵君睿剧团讲讲他们是怎么做的,第一次和第二次有什么不同。

幼:第一次林雨晨趴在床上玩。开会时我们讲了,第二次就没有玩了。

幼:第一次我喊开始,他们都在玩。第二次喊开始,他们就开始了。

幼:第一次我演树妈妈的动作不好看。第二次我就换了个样子。

幼:第一次恐龙没有声音,我叫她叫声大一点,第二次她就大一点了。

孩子们的反思说明,小演员们虽然认可导演的协调指挥作用,但意识到自己也有给别人提建议的权利和义务,并尝试着在剧团内交流意见,以及根据大家的意见改进。

对"导演的作用"的整个建构过程用了两个月的时间。教师并没有把自己对导演的认知灌输给孩子,一是认为幼儿有他们自己对导演作用的认识,这些认识必然是与他们现阶段的水平相一致的,而且是在不断变化的、不断建构的,建构出来的认识对他们来说是有意义的知识;二是发现自己对导演作用的认识也在不断地建构之中,没有把握时也不应该对幼儿说自己的知识就一定是正确的。

3. 对"排演"认识的建构

在这个过程中,教师发现了幼儿对排演认识的转变。刚开始,小剧团演过一遍之后,有幼儿跑过来对教师说:"老师,我们演完了。"有的幼儿已经换一个故事演了;有的对同一个故事轮换着角色演。教师就请这些剧团到"舞台上来公演",并请小观众们给他们提意见:谁演得好?谁演得不好?哪里好?哪里不好?再请幼儿就这些问题作修改……然后再请他们去演,并用了"排练"这个词。

到后来,一般剧团连续排练两三遍。有的剧团排练很投入、很认真,有的在两遍之后开始打闹了。于是,教师在"公演"时先请了一组最"认真排练的",然后请了一组最"不认真排练的"。演出的效果对比鲜明。教师乘机给大家讲了刚才排练时两组的表现,并"逗"幼儿说以后上台表演就只请排练时认真的剧团。这以后,孩子们都认识到:要上台演得好,就要多排几遍。

4. "剧场"的建构以及"观演共赏"空间的变化

原先在表演的时候,幼儿并没有意识到、教师也没有提及舞台的位置、演员的站位等问题,只是迁移以往讲故事、表演唱歌的经验。小朋友们提出过演员要面对着大家表演。小观众们总是坐成马蹄形,小演员们就在马蹄形的中间表演。大家都认可了这种形式,谁也没有提出过异议。

12月17日,小朋友们在演戏时,观众的座位还是像上课时一样马蹄形的。但王薰仟一组在表演时,当表演到调皮的小朋友要去踩小树叶,而善良的小朋友加以制止时,坐在马蹄形右边的朱小艺跑上去对王薰仟说:"你怎么用屁股对着我们啊!"王薰仟连忙转了身,脸偏向了右边。演出继续,坐在左边的孙雨舟跑上去推她:"你的屁股对着我们了!"好在接近故事的结尾了,王薰仟很迟疑地演完了自己的角色。

老师首先问:"为什么不能拿屁股对着观众?"

张佳惠:"因为不卫生。"

东东:"因为没有礼貌。"

董拿云:"这样子,别人就看不到你的表演了。"

昊昊:"把屁股对着大家,大家就不喜欢看了。"

老师:"那怎么办呢?有谁有办法?"

张悦涵:"观众可以提醒的。"

"可是刚才观众不是提醒了吗?还是不行啊。"

有些小朋友点头。大宇突然像发现了什么,有点语无伦次,比划着说:"可是,她脸朝这边,那边的小朋友就看不见了;她朝那边,这边就看不见了。"

"哎呀,是真的哎!"老师一边说一边在教室里演示,"我的脸要是朝这边的小朋友,半圆那边的小朋友就看不见我的脸了,我再转过来……""我们这边就看不见了!"有小朋友接着说。

"那该怎么办呢?"没有回应。

老师提醒大家:"哎,那我们在看电影时是怎么坐的?"

"一排一排,横的。"

"而且一排比一排高。"

"中间还有洞洞。"

于是,大家赶快搬着椅子行动,坐成了三横排,并且在前两排正中间留出四人宽的空间。这样子,"舞台"就从教室中间搬到了教室的前面,正对着"观众席"。第一次像在剧场里一样看戏,大家看得更认真了,结束后的评价也更热闹了。

一个星期以后,也就是12月24日。一开始,老师就问大家:"上个星期,我们演戏时和以往有什么不一样?"

"椅子放得跟看电影一样了。"

"如果椅子坐成半圆,就会有小朋友看不见了。"

"舞台变了。原来在中间,现在在前面了。"

"那好,我现在开始弹琴。琴声停了,你们就要像上一次那样坐好。"老师开始弹钢琴。大宇他们几个坐在脸朝舞台一侧的那一排,连忙站起来招呼他们一排的小朋友说:"我们这一排不要动!"

很快,钢琴声停了,小朋友们坐成了三排。可是,这次他们把前两排的空档留在了一侧,而且很小。

马上就有小朋友发现了问题。"可是我们后面看不见了!"最后一排的小朋友叫了起来。

"哎呀,那怎么办?"

"后面的可以站起来。"

"站起来可以看见了,可是总是站着会累啊!"

"电影院里的位置像滑滑梯一样的。"赵君睿用手臂做出上高下低的样子。

"可是我们现在没办法把教室里弄成那样子啊。"

老师说:"那我们看看可以想些别的办法吗?"说着,拿来四张椅子,按小朋友们的摆法,摆成两排两两对齐。老师请另一个老师坐在第一排的一张椅子上,她在这老师身后的那张椅子上坐下来。"哎呀,是看不见。"

老师说着,把头从左、右两边探出来,问小朋友们:"我的椅子该怎么放才能正好看见你们呢?"有个小朋友跑上来,把后面的那张椅子放在前面两张椅子中间有空隙的位置。

老师坐下来:"哎,正好从前面两个人的脑袋中间看见你们了!"

大家都很高兴,又赶紧把位置作了一番调整。

这个过程使人联想到人类戏剧表演舞台的变迁史。孩子们对舞台的调整,似乎复演了人类戏剧舞台形式的变迁。在戏剧出现的初期,表演是在山脚或是广场等开阔地带进行的。观众从三面或四周观看。戏剧于文艺复兴时期进入室内,诞生了第一个"镜框式舞台"。镜框式舞台由一道拱形墙将演出空间分割成舞台和观众厅两部分。它的产生有其历史必然性,观众可以对布景再现的世界产生逼真的幻觉。这种舞台形式在欧洲流行了三百多年。孩子们调整后的舞台和观众席就像进入了"镜框式舞台时期"。不能断言这种转变是必然的,但它的确是随着孩子们的需要而引发出的一种解决方式。而且,第一次"像看电影一样看戏",使得小观众们看得特别认真。笔者以为,这种形式大概给了他们一种仪式感,像在进行一场"看戏的仪式"。那么,观众就要像观众的样子,这又何尝不是一种"表演"、一种艺术的体验。英国学者赫丽生认为,古代的艺术和仪式相辅相成,源出于同一种人性冲动,那就是要通过模仿行为来表达主体情感意愿的强烈要求。在这里,孩子们不仅是真实的,而且也在"模仿"着做观众。

但是,"镜框式舞台"在帮助演员逼真地再现世界的同时,将观众排斥在舞台之外,观众变成了消极的观看者。这一点受到了越来越多的人的抨击。许多人认为,隔绝观众对戏剧的发展是不利的。现在,戏剧概念的核心日益转向"观演共享"的开放空间。有人甚至提出,要回归原始的演出方式。

所谓"观演共享",就是指戏剧演出的时间、空间为观众和演员所共同享有,戏剧演出的艺术过程也是表演和观赏同步进行的过程。观演共享的真正意义在于"共创",共同于剧场空间之中"创造"出一个戏剧空间,并共同"享受"这个艺术创造的过程。英国戏剧理论家彼德·布鲁克在《空的空间》一书中谈到"即时的戏剧",认为在某种意义上,所有的戏剧都是"即时"的。"戏剧艺术的最后一个创作过程是由观众完成的。"演员在台上表演,是为了观众而表演,他们时刻关注着观众的反应。观众的表现,回应的方式都会回流到演员,并改变他们的行为。所以,观众与演员一起创造那时那地的戏剧和情绪。戏剧评论家科尔认为,演员与观众之间存在着神秘而有力的"化学反应"。戏剧艺术欣赏,是以舞台所提供的艺术形象为根据的观众的多种感受、体验和认知的综合。观众是在戏剧艺术欣赏中,通过感受、理解、联想、想象等积极的心理活动,间接地参与艺术形象的创造活动。这一过程被称为是继剧作家、导演、演员之后的"三度创造"。观众的三度创造,不仅是客观的参与,而且是全身心的投入。

近几年,"小剧场"活动在戏剧界方兴未艾。在一个"小"的剧场空间里进行戏剧表演,必然缩短演员和观众之间的空间距离,而表演区和观赏区之间的严格界限也会随之趋于模糊,观演之间相互感应的强度、细腻程度以及直接交流的机会都会成倍增加。这样,观演之间的心理接近了,审美心理距离缩短了。"共享"的特质在"小"的空间里强化、鲜明化、尖锐化了。孩子们的戏剧活动在教室空间这个意义上来说,也是小剧场戏剧。在孩子们舞台调整之后的活动中,我们的确看到了演员和观众共同创造戏剧的例子。

有一首英语童谣:"五只小老鼠,兴高采烈地找面包屑吃(可爱、放松、喧闹)。皮毛发亮的老肥猫,悄悄地来了(强大、凶险、安静、紧张)。突然,它一下子抓住一只小老鼠(高潮),四只小老鼠灰溜溜地回了家(释放,松弛)。(Five little mice came out to play, gathering crumbs along the way. Out came the pussy cat sleek and fat! Four little mice went scampering back)"这首童谣很有我们所讲的戏剧性,充满了张力、对比。

在表演时,孩子们一致推出五个瘦小的男孩、女孩出演老鼠,而老肥猫由班上最高大的洋洋出马,其他人则在观众席上念着这首童谣。

小老鼠们出场了,这边找点吃的,那边找点吃的;老肥猫张着爪子探头探脑地从一边冒了出来。下面的小观众把皮毛发亮的老肥猫,悄悄地来了"(Out came the pussy cat sleek and fat)"这句话念得很慢很慢,老肥猫也把自己的步子调整得很慢。童谣念到第二遍的时候,老肥猫很慢的步子使观众们在念这句时刻意地压低了声音,但到老肥猫扑住小老鼠时,也就是念到"fat"(肥)这个单词时,下面的观众终于忍不住"啊"大叫起来……

到后来,不知是老肥猫在一边扑、一边期待着观众们的尖叫来烘托自己的"厉害",还是观众们期待着老猫的一扑,好让自己紧张的心情在一声尖叫中得到释放,总之,小演员和小观众们在那一刻是心意相通的。教室里,也就是"小剧场"里的热烈气氛在这一刻达到顶点。这一出戏是观演双方共同创造的。其他的例子,如风爷爷吹不下焦逸明这片小树叶时,孩子们忍不住喊着:"加油!加油!"小牛和小树叶找不到藏身的山洞时,小观众们叫着"快点,快点,这边,这边",把气氛烘托得更加紧张;所有的小观众都参与了制造海浪的场景;小老鼠真像掉进了汪洋大海,等等。

我们不是一定要创造空间形式上的"小剧场戏剧",而是期待幼儿会循着人类社会发展的轨迹,因对他们目前的舞台形式感到不满而作出调整。我们想追求的是,不管孩子们以何种方式安排"剧场",观众和演员都能在这个时空里对话、交流,共同创造属于他们每一个人的戏剧,使得表演活动既是"有距离的",又是"切身的"。

(三) 幼儿生活的建构

生活是指相对于教育情境之外的生活。虽然说由"教育就是生活"可以推论出"戏剧活动也是生活",但是"幼儿的真实生活"与"戏剧生活"通过表演对话时,我们会发现,两者是有区别的。

11月3日下午,请孩子们听几段音乐,并让他们讲讲这些音乐在讲什么事,听了这些音乐后有什么感觉。

《山涧之溪》有水在流;小桥流水的地方……
《惊险的声波,激烈的动感》恐龙来了……
《勤劳的金鸡》很高兴;早晨,天亮了,该起床了……
《童话牧场》很安静;有奶牛;是养牛的地方……
《午后雷雨》下雨了……
《傍晚潮汐》很害怕(一些小朋友缩成一团,或是抱在一起),做了个噩梦……
《南方沼泽之夜》很神秘;有很多小虫子在叫;好像在做梦……

在讨论之后,我们请小朋友回家编小树叶历险记的故事。他们大多把自己的情感在故事里,并通过主人公的经历反映出来:

东东说:"猎人应该是勇敢的。刚才的猎人太胆小了,躲在后面。"
雨舟马上反驳说:"猎人就是应该躲在后面不让老虎发现的,他跑在前面就打不死老虎了。"
很多小朋友都附和雨舟的意见。
老师说:"是啊,猎人也要聪明一点呢!他要先埋伏起来,趁老虎不注意再开枪。请焦逸明演一下。"
焦逸明半蹲在桌子后面,用手作手枪,眼睛眯着瞄准,嘴巴里发出"piupiu"的声音。

东东在生活中对猎人的理解是"勇敢的",而对于"躲在后面"的行为,她的理解是"胆小、懦弱"。可是,雨舟的理解却与她不一样:猎人应该是机警的,如果太鲁莽,就不会成功。两个人的观点相冲突。正是通过这个冲突,东东建构了自己对猎人的理解。但教师在这里却没有复杂地思考问题:有时候,有的猎人,如武松,就是很勇敢的,就没有躲。教师的处理方法显示了以往教育思维的惯性力量。

12月17日,在选择表演赵君睿故事的一组演员表演结束后,观众开始对他们进行评价。董拿云提出一个问题:"三角龙是没有爪子的,可是刚才他们表演的时候是有爪子的。"说着,她的手掌绷紧,做了一个又重又慢地向前爬的动作。
孙雨舟指出故事中一个与事实相违的错误:三角龙一口吞下了小树叶和小鱼,可是,"三角龙是吃植物的,它不吃肉"。在恐龙迷们看来,这可是一个原则性的错误。
老师问:"哎呀,那可怎么办呢?"
华丝莹马上想到:三角龙只吃了树叶,没有吃小鱼。"那我们可以想一想,小鱼没有被吃掉,它可以怎么帮助小树叶呢?"

大宇:"小鱼跑啊跑,跑到山下,拿一个棍子把恐龙打昏。"

吴婉清:"拿把剪刀把恐龙的肚子剪开来。"

庞丽阳:"可以小树叶在里面打,小鱼在外面打。"

东东:"也可以把三角龙变成霸王龙,这样霸王龙就可以吃小鱼了。"

在这里,我们可以清楚地看到:幼儿对表演的讨论,一方面反映了他们对生活的理解,另一方面建构了他们对生活的理解。同时,他们又用生活中掌握的知识建构了戏剧故事和戏剧表演。

从上面幼儿戏剧与生活三方面建构的例子中,可以看出,孩子们对某一方面知识的建构持续了很长时间,而且还会继续建构下去。教师针对具体问题情境的社会互动和社会互动情境下的反思支持了孩子们的建构。教师相信,知识是社会性的,是内含在团队或共同体中的;知识是情境性的,是个人和社会之间联系的属性以及互动的产物。所以,教师更注重引导班级戏剧活动形成"实践共同体",通过共同的努力,使其中的每一个幼儿获得更好的发展。

第三节 教师设计的集体戏剧教学活动

在前述建构性幼儿戏剧活动的范例中,我们清楚地看到教师为幼儿自主学习、自主发展提供了尽可能大的空间,也清楚地看到幼儿在态度、能力、知识技能三方面的可喜成长,以及教师怎样不断完善自身对幼儿潜能、幼儿发展、幼儿学习和怎样支持幼儿学习等方面的认识。但是,我们仍旧应该把建构性学习看成是一种观念。在更多起始于教师设计、指导的另外一些集体戏剧教学模式中,教师还是可以使用"建构性学习"指导的具体策略来激励幼儿主动学习。

一、故事表演游戏活动

帮助幼儿更好地学习语言,是故事表演游戏发展的源起。因此,利用戏剧的活动性、交流性,动作表演的自由性、创意性,以及适当地利用美术、音乐、可操作的物体(道具)手段,激发、维持幼儿参与活动的积极性,提高幼儿对比较抽象的语言(词汇)的理解,通常是教师设计这类活动的出发点。只要我们仔细体会以下戏剧和属于教研教育的故事之间的联系,就会明白它们之间其实是相互重合的。幼儿在进行戏剧学习的时候,怎么能够离开对剧本所讲述的故事情节,以及讲述故事所使用的语言的理解、体验和表达呢?

需要认真关注的第一个问题是:幼儿的语言文字能力发展和戏剧编演能力发展,需要吸收许多优秀的文学作品的精髓作为基础。如果幼儿没有大量接触优秀作品的机会,没有丰厚的语言文字经验积累,没有生活、戏剧以及其他相关经验相互建构的经验的积累,想要在建构性戏剧活动中发挥出前述范例中的水平,其实是不可能的。所以,不能因为"建构"是更能激发主动性和创造力的模式,就废弃教师提供优秀作品的活动。就像有人说:"不可想象将贝多芬、拉菲尔从小流放到某一大海中的荒岛上,他们还能成为音乐和美术大师。"也不可想象印度的狼孩能够像前述范例中的幼儿一样,在教师给予的同样机会中来建构他们的戏剧活动。

需要认真关注的第二个问题是:在以往的故事表演游戏活动中,确实存在教师"过度控制"的问题。有经验的教师甚至坚信,细致入微的控制可以避免自己和幼儿许多不必要的麻烦。虽然这些信念在许多场合保障了教学的流畅和舒适,但是,多关注幼儿的想法和愿望,多给幼儿一些自主选择的机会,也是非常必要的。如在词语理解方面,教师可以更多地关注幼儿怎样根据他们原有的经验来解释一个新的词语,或将一个词语应用在新的场合,而不是急于要求所有幼儿根据教师的认识和解释来作出反应等。

需要认真关注的第三个问题是:既然这类活动的教学目的是侧重幼儿积累文学戏剧经验,教师在选择故事文本时就应该关注故事本身的整体质量,关注故事是否能够有效地帮助幼儿积累更高水平的语言文字经验。当然,如果教师的选择是在幼儿最近发展区的,该选择必然会激发起幼儿的学习热情。

二、节日表演戏剧活动

节日表演戏剧活动也是真实社会生活的一个重要组成部分。因此,要尽可能接近人们心目中至善至美的审美标准来进行"正式"表演之前的排练,就如同人们花费许多时间和精力为自己准备"美食"一样,其目的和做法都是无可非议的。而且,人们在精益求精的过程中,发展了整个人类和个人的艺术审美能力,铸造出辉煌的人类艺术文化。

幼儿作为人类社会的成员,很自然地在社会生活中经历了各种节日庆典以及其他各种社会娱乐活动。对这些活动所能够带来的乐趣也逐步开始了解,同时日益产生更多的深入拓展相关体验的需要。因此,借助节日娱乐活动,满足幼儿的愿望并由此自然地发展出幼儿新的需要,应该是幼儿园节日活动以及其他娱乐活动自然产生的价值。但是,我们往往看到不太快乐甚至是痛苦的排练过程。产生这种情况的原因是什么呢?

一些对年龄较大的儿童的调查研究显示:小学、中学、大学的学生在为节日娱乐活动排演节目的过程中,当教师把自主决定权更多地给他们时,参与的学生,特别是在其中担任组织编导排演工作的学生,能够获得更多自主锻炼的机会,也能够收获更多驾驭感和自信心。学生通常的感受是:演得好虽然重要,但更重要的,这是我们自己弄出来的东西。观察一般幼儿园的"六一"节目排练,我们可以看到:教师认为幼儿年龄小,需要在高程度的控制下才能够排演出令人满意的节目,就自己全盘作主,排练时焦急地催促甚至训斥,这种情况非常普遍。虽然随着幼儿慢慢长大,他们能够理解教师的苦心,感谢教师的训导,但毕竟损失掉许多主动发展的机会。

因此,在举办幼儿园节日娱乐活动中的戏剧表演时,应当注意这样几点:一是每个幼儿应该有机会决定自己是否参与、何时参与,以及用何种方式参与,即把参与选择权还给幼儿;二是每个幼儿应该有机会对演什么和怎样演发表意见,即把表演活动的建构权还给幼儿;三是随着幼儿日益成长,教师应该逐步把整个活动过程的规划、组织工作的权力逐步交还给幼儿;四是教师在这一过程中向幼儿推荐各种优秀的作品,提供各种建议和具体帮助,但提供的方式和态度应该让幼儿感受到尊重,即尊重他们的喜好,尊重他们认可的完美标准,尊重他们的排练进度,以及尊重他们的努力和各阶段取得的实际进步。

三、心理康复戏剧活动

心理康复戏剧活动也是具有特殊教育目标的一种戏剧活动。曾经有人反对艺术教育活动的非艺术目标和为非艺术非审美的目标所做的努力。这种观点明显地割裂了艺术教育的整体性。但是,这种观点向艺术教育的实践者提出一条有价值的忠告:当这种艺术活动蕴含明显的教训或批评意见时,或者自然审美吸引感染的作用明显不足时,参与活动的学生(包括幼儿)会因为反感成人的教训或批评而抵制教师组织的这类活动。这样,活动往往是事倍功半,有时甚至起一些消极的作用或反作用。这种情况在大年龄的幼儿那里十分明显。这是什么原因呢?

如果我们结合这一现象回忆自己童年的类似经验,就不难体会到:随着儿童逐渐成长,他们的自我意识日益觉醒,他们更希望通过自己的力量来澄清各种道理;对于自己发展的不完善,他们同样更希望由自己来把握澄清问题、找出原因、设定努力目标这一过程,而不希望由别人来把握。这就是孩子们所需要的一种尊重。但是,幼小的儿童通常没有大孩子对这个问题认识得清晰,他们把握自己发展方向的意愿也没有大孩子清晰,所以,他们的反抗也似乎没有大孩子那么目的清晰。然而,他们还是会用自己的方式来表达对"包办"和"不尊重"的不满。更小的幼儿会体现出情绪和行为的抗争,而稍微大一点的幼儿会很聪明地告诉成人说:我知道你是在说我!

为了让幼儿感受到教师对他们自我完善意愿的尊重,教师在选择优秀脚本的时候,需要仔细鉴别这些文本,甚至可以提供若干剧本让他们选择。当然,教师也可以利用"建构性戏剧"的某些操作方式,这种方式在某种程度上类似"游戏治疗"的思路,鼓励幼儿编演自己喜欢的故事,在这一过程中搞清自己需要搞清的问题并逐步自我康复。总之,重要的问题是让幼儿感受到自己是自我发展、自我完善的主人。

四、综合主题活动中的戏剧活动

与其他类型的活动相比,综合主题活动中的戏剧活动的独特目的是:其一,借助具有建构性的戏剧活动为幼儿相关能力的全面发展提供机会;其二,作为一种多学科经验的集大成的活动,在戏剧创作和表演的过程中,将相关的前期经验提升到一个更高的高度,将零散的经验整合成一个有机的整体。经过这样的过程,相关经验在未来的学习生活中,其可激活性、实用性的水平会不断提高。

这种活动可以从教师提供的经典文学故事或戏剧脚本开始进入,逐渐引导幼儿开辟对其中各种问题进行研究的思路,建立各种研究的"项目",再把研究的结果逐步结合到幼儿建构性戏剧表演活动中来。如北京师范大学刘焱老师所领导的研究小组,便是从经典童话《爱唱歌跳舞的蟋蟀》开始,引导大班幼儿们开辟了昆虫是如何过冬的一系列研究项目。他们研究了各种适合表现特定事物特点的服装道具,如蚊子的口器、蝴蝶的卵等;研究了如何更逼真地表演,如表现饥饿寒冷时应用形体的颤抖等;研究了关于昆虫死亡的各种问题,以及有关葬礼的问题。这些研究所获得的知识,后来在他们的戏剧表演中都得到了展现。

再如北京刘诗昆应用幼儿园的教师团队,他们从科学探索活动开始,发展出大班的一个综合总体活动。幼儿们从收集各种动物的相关资料入手,到自己出海洋板报,在教室里布置海洋世界,再继续深入到编演海洋生活背景下的戏剧。虽然幼儿的创作很稚拙,但这种稚拙在改变了观念的教师看来,有一种特殊的美在里面。特别令教师感到意外和喜悦的是:通过这次活动,幼儿们发现了即兴音乐表演的乐趣。他们经常在晚间就寝之前(这是一所寄宿制的幼儿园),邀请教师和他们一起享受音乐表演活动的快乐。

五、社会角色游戏中的自发戏剧活动

实际上,社会角色游戏本身是一种"准戏剧"活动。不过,这种戏剧活动在意识上还没有从游戏活动中分化出来,幼儿还没有从"扮家家"的活动中跳出来,向自己和别人展示自己对模仿家庭生活的审美认识。

但是,有心的教师会注意到:哪怕是 2 岁的幼儿,在没有被打扰的情况下,他们对生活的"表演"往往可以达到"惟妙惟肖"的程度。这种现象给我们的启示是:给幼儿创造适合的外部物质环境和宽松的心理环境,让幼儿自然地去做他们想做的事情,幼儿的"戏剧表演"能够呈现出比当下常见的压抑状态下高得多的发展水平,甚至是让我们成人惊讶不已的水平。

 本章提示

我们不能简单地认定各种戏剧教学设计组织的方式孰优孰劣,一切均取决于幼儿园教学实践活动的需要。这就是说,采用何种类型,完全取决于特定场合和情景中的特定的需要。其中,教师必须关注自身理解和驾驭戏剧教学的能力发展现状和儿童的最近发展区。

 问题与讨论

1. 全班交流:关于戏剧、戏剧教育和建构性戏剧教学与现代幼儿教育观念转变的关系。
2. 个人书面作业:假如你是一个幼儿园的教师,如何将戏剧和教学结合起来?
3. 小组集体设计:任选自己感兴趣并能够驾驭的戏剧教学模式,设计一个幼儿园戏剧教学方案。

主要参考文献

1. S·阿瑞提著,钱岗南译:《创造的秘密》,辽宁人民出版社,1987年。
2. W·L·布雷顿著,哈咏梅、程昌柱译:《儿童美术心理与教育》,江苏美术出版社,1990年。
3. 恩斯特·卡西尔著,甘阳译:《人论》,上海译文出版社,1985年。
4. 冈田正章等著:《幼稚园戏剧活动教学设计》,台湾武陵出版有限公司,1993年。
5. 高文:《教育中的若干建构主义范型》,《全球教育展望》,2001年第10期。
6. H·加登纳著,兰金仁译:《艺术与人的发展》,光明日报出版社,1988年。
7. H·加登纳著,兰金仁译:《智能的结构》,光明日报出版社,1990年。
8. 黑格尔著,朱光潜译:《美学(第一卷)》,商务印书馆,1979年。
9. 胡志毅著:《神话与仪式:戏剧的原型阐释》,学林出版社,2001年。
10. 库尔特·考夫卡著,李维译:《格式塔心理学原理》,北京大学出版社,2010年。
11. 赫伯·里德著,吕廷和译:《通过艺术的教育》,湖南美术出版社,1993年。
12. 列维-布留尔著,丁由译:《原始思维》,商务印书馆,1981年。
13. 刘沛:《美国艺术教育国家标准》,《舞蹈》,1999年第3期。
14. 刘焱、朱丽梅、李霞:《主体性表演游戏的探索研究》,《学前教育研究》,2003年第5期。
15. 楼必生、屠美如著:《学前儿童艺术综合教育研究》,北京师范大学出版社,1997年。
16. 鲁道夫·阿恩海姆著,滕守尧、朱疆源译:《艺术与视知觉》,中国社会科学出版社,1984年。
17. 罗伯特·兰迪著,洪光远等译:《戏剧治疗:概念、理论与实务》,心理出版社,1998年。
18. 孟京辉编:《先锋戏剧档案》,作家出版社,2000年。
19. 庆子·凯萨兹著,吴小红译:《我的幸运一天》,江苏少年儿童出版社,2016年。
20. 让-罗尔·布约克沃尔德著,王毅、孙小鸿、李明生译:《本能的缪斯——激活潜在的艺术灵性》,上海人民出版社,1997年。
21. 邵瑞珍主编:《学与教的心理学》,华东师范大学出版社,1990年。
22. 滕守尧著:《审美心理描述》,中国社会科学出版社,1985年。
23. 滕守尧著:《艺术与创生:生态式艺术教育概论》,陕西师范大学出版社,2002年。
24. 席勒著,徐恒醇译,中国社会科学院哲学所美学室编:《美育书简》,中国文联出版公司,1984年。
25. 许卓娅主编:《歌唱活动》,南京师范大学出版社,2002年。
26. 许卓娅主编:《欣赏活动》,南京师范大学出版社,2002年。

27. 许卓娅主编:《韵律活动》,南京师范大学出版社,2002年。
28. 许卓娅主编:《幼儿园音乐教育活动》,人民音乐出版社,1995年。
29. 许卓娅著,沈冬绘图:《学与教的心理探秘——幼儿园集体音乐舞蹈教学指南》,南京师范大学出版社,2006年。
30. 张金梅著:《幼儿园戏剧综合课程研究》,江苏教育出版社,2005年。
31. 周兢主编:《幼儿园语言教育活动设计与组织》,人民教育出版社,1996年。

后 记

本书的内容积累了我们团队 30 年努力研究的成果。同时,还要衷心感谢南京师范大学的孔起英老师,华东师范大学的季云飞老师,浙江杭州科技职业技术学院的韩江敏老师,安徽合肥市巢湖学院的曹璐老师及福建师范大学的张玉敏老师对本书的支持。衷心感谢南京市北京东路小学幼儿园,南京市游府西街幼儿园,南京市第一幼儿园,南京师范大学幼儿园,南京市三八保育院,南京市石杨路幼儿园,南京市鼓楼幼儿园,南京市小天鹅幼儿园,南京市晨光幼儿园和其他相关幼儿园的支持。衷心感谢华东师范大学出版社。

许卓娅

2020.1 于南京